「鍵山掃除道」の実践録

「SJクラブ」と「求根塾」の取り組み

亀井民治
Tamiharu Kamei

PHP

まえがき

本書は隔月刊誌『衆知』（ＰＨＰ研究所）に私が連載した記事の原稿を基にして、ＰＨＰ研究所の安藤卓さんが加筆・追加取材したうえで発刊される運びとなりました。

本書に登場する企業や法人は、「掃除の神様」鍵山秀三郎《かぎやまひでさぶろう》氏（以下、鍵山相談役）の教えを真摯《しんし》に学び、忠実に実践しているところばかりです。しかし、鍵山相談役に出逢うまでの経営者たちは、会社経営に悩み、苦しみ、先の見えない不安な日々を送っていたのです。

ところが、鍵山相談役に出逢ったことで、人生観や経営観が変わったり、おだやかな社風になったり、地域から感謝されるようになったりと、会社が生まれ変わっていきました。

では、彼らは、鍵山相談役から学んだ貴重な教えを、自分たちの会社でどう具体的に実践してきたのか。それをなるべく克明に描こうと試みたのが本書です。実践の内容は各社さまざまですが、単純で平凡なことがほとんどなので、中小企業なら明日からでも実践できるはずです。

編集を担当された安藤さんは、「ＳＪクラブ」の合同研修会にも「求根塾」の例会にも、ほぼ皆勤でご出席いただいてきました。それくらい、両会に対する安藤さんの思いは強く、両会の理解者でもあります。

安藤さんは仕事柄、日本を代表する経営者や各界のリーダーの書籍を編集されてきました。その安藤さんから「この『ＳＪクラブ』の研修システムは、とくに中小企業の研修としてお手本になると思います」としばしば評価されてきました。

同様に鍵山相談役も、「求根塾」の例会はもちろんのこと、「ＳＪクラブ」の合同研修会にも何度もご参加いただき、同じような評価をいただきました。そうした鍵山相談役や安藤さんからの高い評価を受けて、私たちは両会の運営を自信をもって続けてこられたのです。

現在は、コロナ禍《か》のもと、「ＳＪクラブ」の合同研修会も「求根塾」の例会も自粛を余儀なくされています。そのようなときだからこそ、活字の力で鍵山相談役の教えを広く世に伝えたいというのがＰＨＰ研究所の発刊理由とうかがっています。

事実、コロナ禍にあっても、本書に登場するどの企業も懸命に打開策を見出し、社員を解雇することもなく、健全経営を貫いておられます。それこそが「鍵山掃除道」の底力ではないかと思うのです。

出版に際しまして、当初からご理解とご助言をいただいた鍵山相談役に心より感謝とお礼を申し上げます。現在、鍵山相談役は過酷な難病とご闘病中ですが、ご病気のご回復を本書の登場者共々、衷心《ちゅうしん》よりお祈り申し上げます。

そのうえで、ご闘病中の鍵山相談役にこの本を謹《つつし》んで捧げます。

最後になりましたが、こうした書籍を企画編集していただいた安藤さんとご賛同いただいた本書の登場者に、重ねて心より感謝とお礼を申し上げ、まえがきに代えさせていただきます。ありがとうございます。

令和三年八月吉日

亀井民治

「鍵山掃除道」の実践録――目次

第三章 鍵山塾長との問答録〈掃除編〉

第四章 鍵山塾長との問答録〈経営編〉

第五章 鍵山塾長との問答録〈人生編〉

第十章 白岩運輸の取り組み

第十一章　トラストの取り組み

第十六章　社会福祉法人いずみの取り組み

第十七章　植木鋼材の取り組み

装幀　印牧真和

第一章　「SJクラブ」発足の経緯

鍵山相談役との出逢い

私が初めて鍵山秀三郎《かぎやまひでさぶろう》氏（イエローハット創業者、NPO法人日本を美しくする会相談役。以下、「鍵山相談役」もしくは「鍵山塾長」という呼称を使わせていただくことをご了承ください）を知ったのは、一九九三年三月のことだった。

当時、私は、集塵機《しゅうじん》などの公害防止機械を製造販売する㈱H＆K《エイチアンドケイ》を経営しており、会社を預かる身としてさまざまな経営者が書いた書籍を読んできたが、そのころはまだイエローハットという会社も鍵山秀三郎という経営者も知らなかった。

ある日、年間購読していた月刊誌『致知』（致知出版社）の三月号を手にしたところ、「凡事を徹底する中で人は気づき、目覚めていく」という見出しが目に飛び込んできた。それは、鍵山相談役と、日本青年会議所会頭の岡田伸浩さんとの対談記事だった。

対談の中の鍵山相談役の発言を読んだ私は、心にビンビンと響く衝撃を受けた。「こんな考え方・生き方をしている経営者がいるのだ」という、いままで感じたことのない衝撃だった。よほど記事の内容が気になったのだろう、その対談ページを切り取り、いまでも大切に保存しているくらいだ。

手元にある対談記事の中には、若かりしころの鍵山相談役の顔写真も掲載されている。鍵山相談役が六十歳のときのスナップだ。発言のほとんどにマーカーで線が引かれている。繰り返し、私が何回も熟読した跡である。

空きスペースには、〇三‐三七二六‐一三一六、パート四百名、社員八百七十名、年商五百二十五億円、経常利益六十六億円など、私の字で走り書きしたメモが残っている。当時のローヤルに関する数字や文字だ。私が鍵山相談役に、並々ならぬ興味を抱いていた証《あかし》でもある。

1975年、30歳のときにＨ＆Ｋを創業したころの筆者

そんな私に予期せぬチャンスが訪れたのは、その年の十二月も押し迫った三十日午前のことだった。自宅に一本の電話が鳴り響いた。電話の相手は、私と同郷で伝記作家の神渡《かみわたり》良平《りょうへい》先生だった。

「亀井さん、今日は時間ありますか」

私はとっさに、「何かあるんですか」と聞き返した。その問いかけに対して、神渡先生から返ってきた返事が、次のような内容だった。

「もし時間があるようでしたら、私につきあいませんか。これから私は、ローヤルの鍵山社長を訪ね、取材します。ご一緒しませんか」

驚いた私は、「えっ、あの鍵山社長ですか」と聞き返し、同行を即答した。

ところが、当日の夜、私には忘年会の予定が入っていた。私が所属していたテニスクラブの仲間と忘年会をすべく、以前から計画していたのだ。しかも、私が幹事役。神渡先生に同行の約束はしたものの、私ははたと困ってしまった。

平素、先約優先を信条としている私である。だが、そのときばかりは「破約せざるを得ない突発的な局面だ」と勝手に決断した。結果的に、テニス仲間にお断りする以外なかった。神渡先生からの電話を切ったあと、私はテニス仲間への対応に追われることになった。

年の瀬も迫った十二月三十日の午後、私は神渡先生の付き添いとして、大田区北千束《きたせんぞく》のローヤル本社を訪ねた。広い事務所には数人の社員しか見当たらなかった。鍵山相談役は自分の机だけを照らした電気の下で、黙々とハガキを書いていた。いま思えば、そのころから鍵山相談役が書き始めるようになった複写ハガキだった。

私たちの来訪に気づいた鍵山相談役は、応接室へ案内してくれた。最初は、神渡先生の取材で始まった。一通りの取材が終わったあと、三人の懇談になった。初めて会った鍵山相談役に対す

鍵山相談役と出逢って1年後、筆者の自宅にて食事会(左は神渡良平先生)

る私の印象を一言でいうと、「丁寧な人」。丁寧な対応がそのまま、おだやかな人柄に表れているように私には見えた。

鍵山相談役は私たちに、成功者によくありがちな勇ましい話をするわけではなかった。話す内容は、およそ経営とは無関係の生き方や考え方ばかり。それだけに、鍵山相談役の一言一言が心に響いた。話によると、その日は、各店舗から届く報告を待っているということだった。各店舗の責任者は、鍵山相談役に直接報告して喜んでもらうのを年末の楽しみにしていたのだ。

ここに、鍵山相談役自筆のメモ用紙がある。メモには「カール・ヒルティ、岩波文庫、幸福論、眠れぬ夜のために」と書かれている。鍵山相談役がそのとき私に勧めてくれた、本の題名と著者と出版社のメモだ。相変わらず、きちんとした楷書《かいしょ》で書いてある。私にとっては、こうしたメモさえも捨て切れずに保存しておきたくなるくらいの出逢いだった。

夢のようなひとときを過ごした私は、早めの年越しそばをご馳走になり、ローヤルを後にした。その日から、私の判断基準はすべて、鍵山相談役の生き方・考え方が基をなすようになった。いま振り返ると、一九九三年十二月三十日を境に、私の人生は百八十度、変わったのである。鍵山相談役との出逢いはまさに、「人間は一生のうちに、逢うべき人には必ず逢える。しかも、一瞬早過ぎず、一瞬遅すぎないときに……」（国民的教育学者として名高い森信三先生の至言）そのものであった。

イエローハットの掃除研修に衝撃を受ける

鍵山相談役と面識を得たころ、私は小さな社屋を建てるにあたり頭を悩ませていた。建設の情報を知った隣近所の方々から猛反対されたうえ、無理難題を押し付けられたからである。しかし、法に反することは何もしていなかったため、のめる要求だけを受け入れて、予定どおり社屋を完成させた。しかし、それ以来、近隣住民とはギクシャクした関係となり、気さくに挨拶を交わし合うような間柄ではなくなってしまった。

近隣住民とのコミュニケーションが希薄になったことが心に重くのしかかり、せっかく自前の本社を建てたのに、うれしいという気持ちより、前途多難という不安な気持ちのほうが強くなっていた。

そんなときに鍵山相談役と出逢った私は、まずはイエローハットの掃除研修に参加してみようと思った。当時、イエローハットでは、鍵山相談役の掃除を学びたいという人たちを対象にした独自の掃除研修を行なっていたからだ。

掃除研修の開催は、原則として週一回。スケジュールは、おおよそ次のような内容だった。

六時三十分　イエローハット本社に集合
六時三十分～七時　自己紹介とオリエンテーション
七時～八時　トイレ掃除
八時～八時三十分　簡単な朝食
八時三十分～九時三十分　鍵山相談役の卓話と質疑応答
九時三十分～十時　社内見学後、解散

参加希望者は、主に会社経営者とその社員。なかには、前泊で遠方から参加する熱心な人もいた。研修は毎回希望する人が多く、予約はいつも満席。申し込んでも二～三カ月待たされることが常だった。

Ｈ＆Ｋの社屋（現在は他社の保有だが、ビルの右上部にロゴだけ残る）

運よく早めに予約が取れたので、私は幹部社員二人を連れて研修を受講した。そのときの受講者は、私たち三名を含めて八名だったと思う。私たち八名に対して、四〜五名のイエローハット社員が親切にお世話してくださった。

じつは、当時の私は、「たかが掃除」というくらいの意識しか持っていなかった。掃除そのものよりもむしろ、イエローハットを訪問し、鍵山相談役と会えることのほうを楽しみに参加したといっていい。ところが、そんな薄っぺらな掃除研修ではないことを、時間の経過と共に痛感させられることになった。「目から鱗《うろこ》」とは、まさにあのときのことだった。

それ以降、私はトイレ掃除の威力に惹《ひ》かれていった。周到な準備、工夫された掃除道具、無駄のない掃除方法、そして掃除から学ぶ気づき等々、教わった一つひとつが新鮮な驚きの連続だった。「たかが掃除」とはいえ、こんなに奥が深いものとは考えたこともなかった。

驚いたのは、掃除だけではなかった。掃除を終えたあとに用意してあった、心のこもった朝食にもまいった。二個のおにぎりと果物、鍵山相談役手作りの味噌汁。私は現在まで、あんなにおいしくいただいた味噌汁の記憶はない。参加した人たちもみな、あまりのおいしさに何杯もおかわりをしていた。「取引先でもない私たちに、どうしてここまで……」と、素朴な疑問を抱きながらも感動したのをはっきりと覚えている。

さらに私が驚いたのは、研修が終わって帰ろうとしたときのことだ。

乗ってきた私の車がきれいに洗車されたうえに、ワックスがけまでしてあり、ピカピカに磨きあげられていたのだ。そういえば、訪問したとき、社員の一人が私のキーを預かった。その意味に、私はそのとき初めて気づいたのだ。

驚いた私は、近くにいた社員の皆さんへ深々とお礼を申し上げ、「いつもこうされるんですか」と愚問を発した。すると、皆さん、清々《すがすが》しい笑顔で、「そうです」の一言。そのとき私は、打ち震えるような感動で胸がいっぱいになった。

「人を喜ばせるとは、こういうことなのだ」

私はイエローハット社員の皆さんのさりげない振る舞いを見て、「鍵山掃除道」の真髄《しんずい》を肌で学んだ気がした。

改めて考えてみると、社会生活も会社経営も「いかに人を喜ばせられるか」にかかっている。人を喜ばせられる人が幸せになり、そうでない人は不幸な人生を歩む。誰が考えても、理屈ではない当然の道理である。

大切なのは、直接、自分の利益に結びつかないことに対して、どこまで「自分の時間と身体を使って」喜ばせられるかだ。そうか。この研修は単なる掃除研修ではなく、人を喜ばせるための「おもてなしの心」を磨く具体的な研修だったのだ。わずか数時間の掃除研修ではあったが、私たちは大きなカルチャーショックを受けて帰途についたのである。

それからすぐに、私は社員とともに会社周辺の掃除を始めた。変化が現れ出したのは、始めて三カ月経ったころだ。なんと、近所の方々が私たちに挨拶をしてくれるようになったのである。関係改善の活路を見出せずにいた私にとって、まさに青天の霹靂《へきれき》であった。

このとき、自分をそのままにしておいて相手だけを変えようとしても、人は変わらないこと、自分が変わった分だけ、相手も確実に変わることを学んだ。その第一歩は、自ら下坐《げざ》に下りることだった。早速、掃除がもたらした近隣との関係改善を鍵山相談役にご報告したところ、鍵山相談役が口にされたのが、「掃除という下坐は一切のものを包容する」という西田天香《てんこう》先生（社会事業家、一燈園創始者）の言葉だった。

それ以来、私はますます鍵山相談役に私淑《ししゅく》し、生涯の師と仰いできた。掃除の実践はもちろんのこと、できるかぎり鍵山相談役の間近で立ち居振る舞いや発言をこの目と耳で吸収することを自分に課したのだ。

会社の倒産で運命が変わる

それから九年後の二〇〇二年、私に大きな転機が訪れる。主要取引先が倒産し、その煽《あお》りを受けて連鎖倒産に追い込まれてしまったのだ。二十六年間、手塩にかけて育ててきた会社をたたむのはあまりにも無念だった。しかし、負債金額に対応できず、私の力ではどうにもならなかった。

あとひと月で不渡りを出すことが決定的になったある日、たまたま鍵山相談役と掃除をご一緒した帰りに食事をする機会があった。このとき、自分の苦しい胸の内を鍵山相談役に打ち明けるべきかどうか、迷いに迷った。そこで、こんな質問をしてみたのである。

「よく、喜びは人と分かち合うと倍になるといいますが、逆に苦しみは人と分かち合うと半分になるといわれます。そういうものでしょうか」

本音のところは、話を聞いてもらいたい、相談に乗ってもらいたいという一心だったのだが、鍵山相談役からの返答は、「いいえ、そうではありません。喜びはともかく、苦しみは苦しむ人を一人増やすだけです」というものだった。

結局、不渡りのことは口にできないまま、帰途についた。

鎌田建設の鎌田善政社長（右）の後押しで「鍵山秀三郎研究所」のような会社をつくろうと決意した筆者（左）

不渡りを出した当日、その報告のため、鍵山相談役のもとを訪れた。話を聞き終えた鍵山相談役は、耳を疑うような提案をされた。

「起きてしまったことはしかたがありません。ローヤルという会社があります。この会社を使って再起を図ってください」

ローヤルとは鍵山相談役が一九六一年に独立された際に設立した会社で、イエローハットの前身である。イエローハットを設立する際、事業はすべてイエローハットに移したが、ローヤルという法人はそのまま残していたという。いわば休眠状態にあったのだが、私は驚きのあまり、お礼を述べようにも言葉にならず、ただただ涙を流すだけだった。

これから鹿児島へ向かうことを告げた私に、鍵山相談役はわざわざ航空券の手配までしてくださった。その航空券を手に、羽田空港から鹿児島に飛んだ。もともと同郷の友人である鎌田《かまだ》建設㈱の鎌田善政《よしまさ》社長にも倒産の報告をする予定だったからだ。

鎌田社長は、後述するように、「鍵山掃除道」の正統な実践者で、鍵山相談役のことを深く尊敬している。私は、鍵山相談役から預かったローヤルという会社をどのように経営すべきか、鎌田社長と三泊四日にわたり徹底的に話し合った。その結果、「鍵山相談役のこれまでの足跡を後世に遺し、伝えるための会社」、すなわち「鍵山秀三郎研究所」的な意味合いの会社にするべきだ、との結論で一致した。

こうしてスタートしたのが、㈱システムジャパン（ローヤルの商号は後日、鍵山相談役にお返しし、新社名とした）という会社である。

ＰＨＰ研究所とのご縁

ちょうどそのころ、ＰＨＰ研究所から鍵山相談役に書籍を出版させてほしいとの依頼がきていた。鍵山相談役にお会いして、そのお人柄や経営哲学に心酔した櫛原吉男さんからの依頼だった。そこで鍵山相談役は、「それなら亀井民治さんに原稿を編集・整理する作業をお願いしてください」と櫛原さんに伝えたのである。

それまで私は『実践経営指南録：西郷隆盛に学ぶ指導者像』（三五館）という著書を世に出し

ていたが、鍵山相談役の原稿を書くなど恐れ多いことだった。最初は腰が引けたが、櫛原さんに説得されて、お引き受けすることになった。

そのとき、櫛原さんが語った言葉が心に響いた。曰《いわ》く、「鍵山相談役という人物をたとえるならば、水みたいなものだと思います。水は、そのまま放置しておけば、当然、いつかは蒸発してなくなることでしょう。それでは、取り返しのつかないことになります。その危険を防ぐためにも、いったん氷にしていつまでも保存できるようにしておくことが大事だと思います。そのうえで、必要なときに解凍し活用できるようにしておくことです。その作業が、作品づくりです。ＰＨＰ研究所としても、全面的に協力します。亀井さんも協力してください」。

櫛原さんからこの話を聞いたとき、私は自分が直面している責務の大きさに身の引き締まる思いだった。そして、改めて使命感に目覚めた。

しかし私は、文章を書く作業が苦痛であるばかりでなく、もっとも苦手だった。

そこで考え直したのが、鍵山相談役に特化したモノ書きになる方法だった。それだったら、時間をかけて努力をすればできるようになるかもしれない。平凡なことを徹底して継続すれば非凡になれると、鍵山相談役から教わっていたからだ。

それからは、寝ても覚めても私の頭のなかは鍵山相談役のことばかり。夜中にヒントが浮かべば、そのまま起きて作業を進めたことも数知れなかった。

約十九年前、会社が倒産したときは、茫然自失《ぼうぜんじしつ》していた私だった。しかし、いまとなっては、天職が与えられた気がしている。これも、倒産という試練を体験しなければけっして出会えなかったことではないかと思う。換言すると、一連の試練は、私が天職に出会うための神様からのメッセージだったのかもしれない。

「人生に、無駄な経験は何もない」と思えるようになったのも、「身の回りに起きることは、すべて必然」と思えるようになったのも、この天職に出会ったからだ。

尊敬する人がいて、その人の作品づくりが私の仕事。人生、これ以上の幸せはない。

書籍の実務担当は安藤卓さんだった。安藤さんは当時から出版界でも名を馳せていたヒットメーカーだった。いわば、最強の助っ人が編集責任者として加わってくださったのだ。以来、鍵山相談役に関する本はすべて安藤さんの手によって世に出ることになった。その安藤さん曰く、「どうせ出すなら、長く読み継がれる本がいいと思います。たとえば、一日一話形式はどうでしょうか。弊社でも『松下幸之助「一日一話」』や『本田宗一郎「一日一話」』などはロングセラーでずっと売れていますから」とのこと。

見本を拝見すると、一つの話は二百字程度。これなら私でも書けるかもしれないと、作業をスタートした。このとき役に立ったのが、鍵山相談役の発言をこまめにメモしてきた数十冊の大学ノートだった。それでも内容を重複することなく三百六十六話を書き上げるのはそれなりの困難を伴う作業だった。できあがった原稿は鍵山相談役がくまなくチェックされたのだが、修正箇所については鍵山相談役が伝えたい真意がよく理解でき、私にとって大きな学びとなった。

そして二〇〇四年三月に発刊されたのが『鍵山秀三郎「一日一話」』である。本書はおかげさまでさまざまな企業や団体、学校等の朝礼で活用され、鍵山相談役の掃除哲学が世に広まる一つの役割を担《にな》うことができたのではないかと思っている。

続いて編集を担当したのが『掃除道』（二〇〇五年八月刊）である。本書は、鍵山相談役の掃除道を実践した会社や学校、地域がどう変わったかを紹介した内容で、掃除の驚くべき力がよくわかる本として、いまも文庫版になって読み継がれている。

さて、こうした書籍の執筆に携わる過程で、数社から「５Ｓ」のコンサルティングを依頼されるようになった。つまり、「鍵山掃除道」を中心に置いた「５Ｓ」研修のコンサルティングを、社内研修として引き受けてほしいという依頼だった。そうした流れの中で設立したのが「ＳＪクラブ」である。二〇〇四年六月のことであった。

筆者が最初に編集に関わった
鍵山相談役の著書（2004年刊）

そのときコンサルティングを依頼してきた会社の社長（ヘイコーパック㈱の鈴木健夫社長、㈱武州養蜂園の栗原正典社長、㈱ニッコーの山﨑貞雄会長、鎌田建設㈱の鎌田善政社長、㈱トラストの金子貴一社長）は、いずれも鍵山相談役を尊敬し、師と仰いでいる

アイウィル18カ月間経営者能力養成コースでの講義風景

人だった。

平素、現役の経営者として実務に東奔西走《とうほんせいそう》している社長たちは、鍵山相談役の身近で直接指導を受けたくても気軽には動きが取れないのが実情だった。そこで、せめて私を介して「鍵山掃除道」を社内に導入したいという希望を持っていたのだ。そんな鍵山相談役の、真の意味での理解者であり信奉者たちからコンサルティングの依頼を受けたのである。私にとって、こんなに誇り高く心強いことはなかった。

そのとき私は、「いまの自分の立場なら、この社長たちと鍵山相談役の橋渡し役を担わせていただけるのではないか」と、新たな使命感が湧いてきたのを覚えている。そんな思いもあってスタートしたのが、掃除の実践をベースにした「5S」のコンサルティングだった。

私にコンサルティングの経験はなかったが、

中小企業の経営者として苦労を重ねながら人材の育成に力を注いできた、ささやかな実績だけはあった。そうした実績に光を当ててくださったのが、ベストセラー『上司が「鬼」とならねば部下は動かず』（プレジデント社）の著者でもある染谷和巳《そめやかずみ》先生で、染谷先生が主宰する研修会社アイウィル（東京都文京区）の研修講師を依頼され、現在まで長年務めている。これらの経験や実績に加え、鍵山相談役の「掃除道」と、アイウィルの「挨拶」を軸にした「５Ｓ」のコンサルティングなら、私なりの独自色を出せるのではないかと考えたのである。

趣旨は以下の二つとした。

①掃除の実践をベースにした「５Ｓ」を、会社に定着させる社風作りを目指す。

②社長と社員の「思い」が一致する「５Ｓ」を目指す。

「５Ｓ」とは「整理」「整頓」「清掃」「清潔」「躾」の頭文字をとったもの。「５Ｓ」の実践を通して個々人の人格を磨き、社会に貢献し、そして会社としても発展していくことを「ＳＪクラブ」の目的としたのである。

「５Ｓ」が続かない二つの理由

人間生活に挨拶や身だしなみ、掃除や整理・整頓が欠かせないのと同じように、会社を運営するかぎり「５Ｓ」は必ずついてまわり、終わることはない。経営を真剣に考えている社長なら、だれでもそのことは意識しているはずだ。

ところが、ここに二つの壁がある。一つは「マンネリ化」である。「5S」は地味な取り組みである。意識づけを始めた当初は引き締まるかもしれないが、基本的には毎回同じことの繰り返しになるので、次第に新鮮味を失い、モチベーションが下がってくることは否めない。

もう一つは、経営者は前向きでも、社員はそこまで積極的になれないことである。「5S」は、あまりにも当たり前のことなので、一般的にはそれをやることが仕事とはみなされない傾向がある。通常業務とは別に、プラスアルファとして取り組むこと、あるいは片手間にやることと思われがちだ。だから、社長が「5S」を叫びはじめると、社員は心の中で「ああ、また余計なことをやらされる」と思ってしまうのである。

これらの問題を解決するための工夫が、「SJクラブ」独自の「合同研修」だ。仕組みはこうだ。研修の会場は各社持ち回りとする。会場になった会社は、外からお客様（参加企業の社員たち）を迎えることになる。この「外部の人から見られる」ということが、大きなポイントである。ふつうの家庭でも、普段は散らかっていても、だれかが家に来るとなれば、途端に部屋を片づけたり、玄関を掃除したりするもの。外から人が来ると、人はいわれなくてもきれいにする。その自然な取り組みを研修に取り入れたのである。

合同研修の開催は、日常業務に支障を与えないように、土日いずれかの午前中。当日は開催会社手作りの朝食のあと、挨拶の練習、幹事役の会社の代表による朝礼発表や各社の「5S」の成

第２回「ＳＪクラブ」合同研修会（2004年10月、ニッコーにて）

果発表を行なう。その後、参加者全員で移動し、掃除実習となる。掃除をする場所は、近隣の道路や公園、駅や学校など、公共の場が多い。昼前に終了し、閉会式、講評を行なったあと、昼食をかねて参加者の交流会が開催される。これが合同研修の大まかな流れである。

掃除の場所は、当初は「お互いの会社をきれいにしましょう」という趣旨で、会場となる会社の社屋や工場を掃除していた。ところが、これは他人に自分の家を掃除されるようなもので、お互いになんとなく気まずさが残る。そこで、幹事役の会社の近隣にある公園や学校、公民館など、自分たちとは直接利害が結びつかない公共の場所を選んでするようになった。ところが、この選択が思わぬ効果を生むことになった。掃除先や地域の住民から感謝されたり、喜ばれるようになったからである。結果的に地域社会への恩返しになったのだ。

合同研修のもう一つのメリットが、「おもてなしの心が養われること」だ。いまでは毎回百名以上の参加者があり、研修会をスムーズに進めるためには、さまざまな工夫や配慮が必要になるからだ。とくに迎える側は何日も前から準備して、当日も朝早くから食事を用意したりしなければならない。移動をスムーズにするために立て札を立てたり、資料を色分けして見やすくしたり、わずか半日の研修でも、工夫の余地はいくらでもある。

幹事会社の社員たちにとっては、たいへんな労力だが、手間暇かけた分、参加した人は感動する。とくに過去に迎える側を体験している人は、「これをここまでやるとは、たいへんだったろうなあ」と心を打たれ、「今度自分が迎える側になったときは、もっと驚かせたい。もっと喜んでもらいたい」と思うようになるのだ。

相手をもてなし、相手から感謝される体験をすると、お互いの関係もずっと親しみ深いものになってくる。経営者であれば、その気さえあればさまざまな異業種交流の機会を持つことができるが、地方の中小企業の社員にとってはそのようなチャンスは少ない。

また、百数十人の前で朝礼や成果発表を行なうことで、プレゼンテーションの訓練にもなり、人前で話す技術が磨かれていく。社員にとっては、志をともにする他社の人たちとふれあう場であるとともに、自分たちが成長する機会にもなっているのである。

「５Ｓを徹底しよう」というスローガンは、どこの会社でも掲げている。しかし、それがスローガンだけに終わってしまい、実効性を欠いているというケースは少なくない。

なぜ、かけ声倒れに終わってしまうのか。それは、「５Ｓを唱えながら、掃除は業者まかせにしているから」である。自分の手を動かして実際にきれいにしてみるから、気づきが研ぎ澄まされ、職場に愛着がわき、機械や道具を大切にしようという気持ちになる。

実際、掃除に目覚めた社員は、私に対する接し方が少しずつ変わることが多い。はじめのころは、私が訪問すると、みな伏し目がちになり、目を合わさないようにしていた。たぶん何かいやなことを指摘されるのではないかと思うのだろう。なかにはこちらが訪問するのがつらくなるくらい冷たい空気を感じた職場もあった。

しかし、一緒に掃除を体験すると、それが正反対になる。いまは、私が行くと、みんな温かく迎えてくれる。そして「ここをこんなふうに改善しました」「あちらはあんなふうにきれいに片づけました」と、あちこち案内してくれる会社もある。みんな自分がきれいにした場所を見せたくなるものなのである。

私が、宝物のように大切にしているものがある。それは、研修先の社員たちから届いた手紙や感想文である。なかには自分から掃除の「ビフォー＆アフター」の写真を添えて、手紙を送ってくる社員もいる。

合同研修後には、Ａ４一枚の感想文を提出してもらう。はじめのころは数行しか書けない人が多かった。ところが、最近の感想文は、ほとんどがびっしりと最後の行まで文字で埋められている。書く量が多いということは、それだけ感じていることがあるということ。改めて、掃除は感じる心、気づく心を培《つちか》う、ということを実感している。

スローガンを掲げるだけでは、人は動かない。逆に、人が自分の本心から気づき、感じたことは、他人からいわれなくても実践するようになる。

鍵山相談役が経営者として実践してきたことを一言でいえば、「よい社風をつくる」ことにあった。なぜなら、その会社で働く人の振る舞いは、社長の命令や会社の規則によるのではなく、社風に大きく左右されるという揺るぎない信念があったからだ。

SJクラブ「五つの提言」と「憲章」を制定

以下が「SJクラブ」が目指す五つの提言である。

一、「5S」を職場に徹底させる

会社には、ムダ、ムラ、ムリが垂れ流しになっています。会社の元凶ともいうべきこのムダ、ムラ、ムリをなくせば、必ず業績が上がるようになります。

では、このムダ、ムラ、ムリを解消するのにもっとも効果的な方法は何か。

一言でいうと「５Ｓ」しかありません。

「５Ｓ」は誰もが知っている古くて新しい言葉。ハッキリしていることは、どんな会社でも、必要なことであり、会社経営するに当たっては避けて通れない大事なことだということです。ところが、この「５Ｓ」が、ほんとうの意味で定着している会社、とくに中小企業は皆無といっても過言ではありません。

なぜか。原因はいろいろ考えられますが、もっとも大きな原因の一つは「５Ｓ」以前の社内環境が整っていないからだと思います。

そこで、このＳＪクラブは知識としての「５Ｓ」ではなく「社風に心を通わせる」「５Ｓ」運動をテーマに進めてまいります。

二、掃除の実践を習慣化する

「５Ｓ」が定着しないもっとも大きな原因の一つに、「５Ｓ」のベースともいうべき掃除の実践が、社風として定着していないということがあります。

「５Ｓ」を声高《こわだか》に唱えながら、社内清掃を外注に依存するなどということは論外です。「仏を作って、魂を入れず」とは、まさにこのことです。そういう姿勢で、「５Ｓ」に心が通うはずがありません。

自分たちの職場は、自分たちの手できれいにする。このことは、忘れてはならない基本中の基本です。ＳＪクラブではこのことを徹底します。

三、挨拶を徹底する

会社は人間の集まりです。人間関係がうまくいかなければ、会社は楽しくないばかりか決して発展するものではありません。

人間関係でもっとも大切なことは、挨拶です。挨拶の飛び交う会社で人間関係が悪い会社を見たことがありません。

挨拶は形から入ります。そのうえで心を込めていきます。明るく元気な挨拶をキチンとできる社風にする。ＳＪクラブがもっとも目指していることです。

四、合同研修で人間性と社風を高める

いままで「５Ｓ」に取り組んで、中途半端で終わった多くの企業の共通点は、単独企業で行なったということも大きく作用していると思います。

そこで、ＳＪクラブは、同盟企業が手を組んで共に励まし学び合いながら「５Ｓ」を進めます。

さらに、「５Ｓ」だけではなく、合同研修を通して「式を執る」ことの大切さ、「発表能力」と「リーダーシップ」の大切さも併せて学びます。

また、「合同掃除に学ぶ会」を開催し、職場をきれいにすると同時に感動を分かち合います。

どちらかというと経営者同士の付き合いが多かった関係を、社員同士の付き合いにまで広げ、ほんとうの意味で異業種交流を図ります。このことが、ＳＪクラブならではの特徴です。

五、会社の繁栄と社員の価値観を一致させる

私たちは、好むと好まざるとに関わらず、起きている時間の三分の一以上を職場で過ごしています。

それくらい職場は私たちにとって貴重な時間であり場であるにもかかわらず、ほとんどの人が義務的に対応しているのが実態ではないでしょうか。

改めて考えてみると、これくらいムダで不幸なことはありません。

幸せになりたい、出世したい、給料がもっと欲しいと願望しながら、まったく逆の取り組み方をしているのですから、人生がよくなるはずがありません。

人生をよくするためには、仕事に対する積極的な取り組みをすることです。

そのためには、会社を好きになることです。会社の仲間と仲よくなることです。

明るく元気な声で挨拶をし、職場をきれいにすることです。

私たちは家族の次に大切な同志ではありませんか。

たとえ社外は競争であっても、せめて社内は共生でありましょう。

そういう考えにお互いがならないかぎり、会社がよくならないばかりか、自分の人生も決してよくなることはありません。

お互いが協力すれば、成果を出すことはそんなに難しいことではありません。

職場の「5S」は、お互いが楽して気持ちよく仕事ができる運動です。

この「5S」運動を通して、会社の繁栄と自己実現を一致させましょう。


そして、「SJクラブ」憲章も制定した。

「SJクラブ」は、掃除の実践をベースにした「5S」活動を通じて、社風がよくなる企業作りを目指します。
一、私たちは、「5S」で社員としての品性を磨きます。
一、私たちは、「5S」で会社の品格向上に努めます。
一、私たちは、「5S」で「会社の繁栄」と「社員の幸福」が一致する会社運営を目指します。
最初は、「SJクラブ」を支持してくださり、趣旨に共鳴していただいた五社でスタートした。
①ヘイコーパック㈱：栃木県芳賀郡。紙袋、包装紙等の製造。
②㈱武州養蜂園：埼玉県熊谷市。はちみつ、ローヤルゼリー、プロポリス等の蜂産品の製造お

よび販売。
③㈱ニッコー：神奈川県大和市。農・畜・水産物を利用した冷凍食品の開発生産、販売。
④鎌田グループ：鹿児島県霧島市。鎌田建設、鎌田石油、鹿児島イエローハット、社会福祉法人政典会などを運営。
⑤㈱トラスト：神奈川県横浜市。薬局（三店舗）の運営（注：現在は退会）。
その後、次の五社が参加して、現在九社が切磋琢磨している。
⑥㈱アクセス：神奈川県川崎市：パチンコ店、フィットネスジム、イタリアンレストランなどを運営。
⑦シバ電話工業㈱：神奈川県横浜市。通信設備工事、電話工事。
⑧㈱シンコー：神奈川県横浜市。建設機械や土木建築資材の販売やレンタル。
⑨社会福祉法人いずみ：神奈川県横浜市。保育園（六カ所）の運営。
⑩植木鋼材㈱：栃木県宇都宮市。一般鋼材、非鉄金属及び自社加工を主力とする鉄鋼販売業。

では、掃除の実践をベースにした「５Ｓ」の定着は、企業に何をもたらすのであろうか。詳しくは後述するが、参加企業の一例をあげよう。

鎌田建設のグループ会社である鹿児島県の鎌田石油は、長年赤字に苦しんできた。景気の低迷や若者のクルマ離れなど、ガソリンスタンドは販売が厳しさを増す一方、競合と激しい価格競争を強《し》いられる状態が続いてきたからだ。ところが、「5S」を導入して以来、売上が急速に回復し、利益も黒字に転換した。ただスタンド内を整理整頓し、給油口の一つひとつまできれいに磨き上げると同時に、元気な挨拶を実践しただけである。

神奈川県で薬局を展開するトラストには、ある大手薬局の店舗と隣接している店があった。目の前には病院があり、処方箋を持った患者さんが、どちらかの店を訪れる。以前は苦戦していたが、毎朝の掃除と朝礼を実施してからは、九割の人がトラストに入るようになった。どうやら、人は明るいところ、美しいところに自然に引き寄せられるようだ。

栃木県で包装紙や紙袋を製造しているヘイコーパックは、二〇一四年に大雪が降った際、雪解けの水で工場が水浸しになった。ところが、社員が出てきてたちまち片づけ、二日後には操業を再開できたという。周辺では、業者が片づけるのを待っていて再開するのに一週間以上かかった工場もあった。

掃除は職場を美しくする。「5S」は仕事を効率化する。しかし、それだけでは測れない何か、目には見えないけれども、もっと大きな何かがもたらされていることを示すエピソードではないだろうか。

第二章　「求根塾」発足の経緯

「広める塾」ではなく「広まる塾」を目指して

「求根塾」（鍵山塾）が発足したのは二〇〇八年二月四日。十数年来、温めてきた塾の設立である。念願がかない、私たち世話人は感無量だった。

設立に当たっては、当然、鍵山相談役の理解と承諾を得た。塾の名称を命名したのは鍵山相談役である。相談した私に、鍵山相談役がふっと提案したネーミングが「求根塾」か「求懇塾」だった。すぐに気に入った私は、世話人の皆さんに報告し、「求根塾」で全員の賛同を得ることができた。

例会場所については、PHP研究所の安藤卓さんと櫛原吉男さんに相談した。この二人は、鍵山相談役の作品を最初から手掛けてくれている担当者である。同時に、もっとも深い鍵山相談役の理解者であり信奉者でもある。二つ返事で、PHP研究所東京本部のホールを無償で提供してくださった。

夢のような気分だった。「求根塾」の開催場所として、このうえない理想的な会場だったからである。例会を開催するホールの手前には、「経営の神様」と呼ばれた松下幸之助翁の大きな写真が飾られている。その会場で「求根塾」の例会が開催できるのかと想像しただけで、胸が高まるのを覚えた。

設立まで六回の準備会を開き、議論を重ねた。世話人一同で話し合いのうえ、「求根塾」の設立趣旨として掲げたのが次の三つだ。

一、鍵山秀三郎の考え方、生き方に学ぶ
二、鍵山精神を後世に伝え遺すための活動
三、会員相互の交流と切磋琢磨

この趣旨からも読み取れるように、「求根塾」は単なる異業種交流会ではない。鍵山相談役の考え方・生き方に特化した学びの塾を目指している。したがって、この趣旨に反する人には参加資格がない。反対に、この趣旨に賛同できる人だったら、年齢・性別・職業は一切不問。まちがっても、人的交流だけの集まりにはしたくなかったのである。

もちろん、塾長は鍵山相談役である。ところが、当初、「塾長」という呼び方を鍵山相談役が

「求根塾」設立式典で挨拶する鍵山塾長（2008年２月）

固辞した。あくまで「皆さんと同じ呼び方にしてほしい」というのが、鍵山相談役からの強い要望だった。しかし、いくら鍵山相談役からの要望といっても、聞けることと聞けないことがある。このときばかりは、簡単に「そうですか」と理解を示すことはできないと思った。そこで、塾生一同、鍵山相談役に懇願して「塾長」と呼ぶことを了解してもらったのだ（以下、塾長）。

「塾長」といっても、鍵山塾長自身、皆と同じように会費を払って参加している。この塾を通して「一塾生として、皆さんと一緒に学びたい」と、純粋に正直に思っているからだ。毎回、楽しそうに参加している鍵山塾長を見ているだけで、私たち塾生の心も洗われる思いであった。

発足に当たって、鍵山塾長が唯一希望した

ことは、「参加者の動員が目的になるような塾にだけはしないでほしい」ということだった。これは、設立準備をする段階で、世話人会でも話題になっていたことだ。そこで、この塾は、「広める塾」ではなく「広まる塾」として運営していくことを世話人一同で申し合わせた。私たちも、鍵山塾長同様、自分の意志で自主的に学びたいという人だけの集まりにしたかったからだ。

幸い、設立式典には、その趣旨を十分に理解した塾生が二十四名集まった。この二十四名は、たまたま塾の設立案が話題にのぼったとき、自主的に参加を表明した人ばかりである。それだけに、お互い何の違和感もなく、じつに気持ちのよいスタートを切ることができた。

以来、年四回開催する例会を、休むことなくこれまで続けてきた。

二〇二一年三月現在、すでに五十二回を超える例会を開催してきた。塾生も一時期八十名を超えたため、人数制限を設けたこともある。それでも、遠くは北海道や鹿児島県から、時間をつくって駆けつけてくるのだ。飛行機を使って泊まりがけの参加である。そこまで自己負担をして参加するということは、それだけの魅力がこの塾にあるということではないだろうか。

さらに、姉妹塾として「横浜求根塾」と「札幌求根塾」も誕生した。仕事の都合等で東京の例会に参加できない人たちが中心メンバーとなっている。

求根塾が設立当初から一貫して標榜《ひょうぼう》してきたのは、「広める塾」ではなく「広まる塾」。このように自然と広まった塾は、じつに居心地がよく楽しいものだ。お互い自主的に参加している分、塾生同士は常に対等。案内に対する出欠の返事も早く、遅刻する人などいない。運営に対しても、不毛の議論は皆無。みんなが、当事者になっているのだ。これも、ひとえに鍵山塾長の人間的魅力と求心力によるものだろう。

時間と挨拶を大切にし『君が代』を正しく歌う

「求根塾」の例会は、年四回開催している。

開催月は、原則として二月、五月、九月、十一月の第二月曜日。午後一時から一時三十分までが開会式。午後一時三十分から三時三十分までが講義。そして、午後四時三十分から約二時間が交流会という流れだ。

例会運営に当たって、とくに気をつけていることは「時間」と「挨拶」。

時間厳守は、こうした塾を継続していくために避けて通れない大切な約束事だ。また、挨拶は、学ぶ以前に身につけておくべき当然の作法である。例会に適度な緊張感を持たせる意味でも、「時間」と「挨拶」に重点を置いて運営している。

そこで、「求根塾」の活動指針として掲げたのが、次のことだ。

一、理念……「凡事徹底」～平凡なことを非凡に務める～

二、行動指針……「時を守り、場を清め、礼を正す」

いずれも、やろうと思えば誰でもできる簡単なことである。ところが、徹底して実践するとなると、なかなかできないことばかりだ。かりそめにも「求根塾」は鍵山塾長の生き方・考え方を学ぶ塾である。せめて「知っていること」を「できること」に、「いっていること」を「やっていること」にしたかったのである。

したがって、例会は、定刻通りに始まり、予定時間の五分前に必ず終了する。開会も、全員起立して「よろしく、お願いします！」で始まる。さらに号令も、大きな声で「ありがとうございます」と「はい！」の挨拶を実践するように徹底している。

開始定刻二分前には、姿勢を正し、一分間の黙想《もくそう》。黙想が終わると、全員起立して国旗に正対し、『君が代』を斉唱。心を静めて『君が代』を歌うとき、日本人であることを自覚する身の引き締まる瞬間だ。『君が代』斉唱のあと、司会者の号令にしたがって、先述の「行動指針」を唱和する。ここまでの一連の流れが、塾生にとって講義開始前の貴重なひとときとなっているのだ。

『君が代』斉唱については、次のようなことがあった。塾生の『君が代』斉唱が不揃いなだけでなく「さざれ石」の歌詞を歌うとき、「さざれ〜」で息を吸い「石の〜」と続けていた。この歌い方に、鍵山塾長が苦言を呈したのだ。

「『さざれ石』はひとつの歌詞です。したがって、息を継がずに続けて歌うのが正しい歌い方です」

この苦言に対して、私を含めた塾生のほとんどがキョトンとした様子をしていた。それでも、

「求根塾」の開会前、司会の注意事項に耳を傾ける塾生たち

塾長の指摘だ。早速私は、インターネットで『君が代』の正しい歌い方を調べた。調べて初めて、『君が代』の正しい歌い方を知った。その解説によると、鍵山塾長が苦言を呈したとおりだったのだ。

次の例会で塾生にそのことを紹介し、開会式の前に練習することにした。三回練習をしたあと、開会式の冒頭いつものように『君が代』斉唱を行なった。練習の効果はてきめんだった。いつになく、引き締まった『君が代』斉唱になったのだ。

同じ『君が代』斉唱でも、こんなにも違うものかと、そのとき私たちは実感した。どうせ歌うのであれば、正しい歌い方で歌う。できなければ、練習をする。行動指針に掲げている鍵山塾長の持論、「凡事徹底」に対する認識の甘さを痛感した瞬間だった。

例会からの帰り、私はいつになく清々しい気持ちになっていた。鍵山塾長からの苦言に対して、塾生みんなが素直に従っていた姿を思い浮かべていたからである。練習しているときの塾生に、小学生のような微笑《ほほえ》ましい純粋さをだぶらせていたからかもしれない。

鍵山塾長の教えを学ぶための講義

講義は基本的に、塾生と鍵山塾長との一問一答形式。塾生はあらかじめ質問を用意しておく。その質問に対して、鍵山塾長が回答するというスタイルだ。

その際、質問者にはテキストの朗読が義務づけられている。質問する前に、鍵山作品の中から一小節を選んで音読してもらうのだ。

テキストとしてよく使用している本は、『ひとつ拾えば、ひとつだけきれいになる』と『人間を磨く言葉』（いずれもPHP研究所）。この本はともに見開き二ページで文章がまとめられており、朗読するのに適しているからである。

朗読する文章の選定は、本人の自由。内容も、質問に関連した箇所でも自分が気に入った箇所でもかまわない。起立して、大きな声でゆっくりと音読してもらうのが目的だからである。

「求根塾」でもっとも重要視していることは、じつはこの音読なのだ。私たちは小・中学生のころ、先生から音読の大切さを教わった。英語も漢文も、音読しながら暗誦《あんしょう》し意味を理解するようになった。かつての日本人も、中国の四書五経をはじめとする古典を音読して暗誦し学んできた。

このように、声に出して読むことが、学びを肉体化する具体的な方法ではないかと信じているからだ。中国のことわざにも「読書百遍義自ずから見る《あらわ》」（どんなに難しい書物や文章であっても、何回も読めば意味がわかるようになる）とある。たぶん、音読の実践こそが、このことわざの意味を教えてくれる唯一の方法ではないかと思う。開塾以来、私たち塾生一同、子どもに戻った気持ちでこの音読に取り組んでいるのだ。

その際、忘れてはならない大切なことは、学びの対象が散漫になってはいけないということだろう。つまり、すぐれた人（尊敬する人）の教えを、繰り返し深く学ぶことが大切なことではないかということだ。

その点、この「求根塾」は、鍵山塾長に特化した学びを標榜《ひょうぼう》している。そもそも、私たち塾生が私淑している鍵山塾長の生き方・考え方を、繰り返し深く学ぶことがこの塾の目的である。したがって、この目的だけは見失うことなく運営していかなければ、この塾の存在意味がないということだ。

コロナ禍以前は、講義が終わったら、塾生みんなで会場の後片付けをして懇親会場へ向かった。懇親会場でも、鍵山塾長を囲んで食事しながら塾生同士の交流だ。一人の人物を師と仰いでいる集まりだけに、入塾の新旧関係なくすぐに意気投合できる。こういうところが、単なる異業種交流会と大きく違う点ではないかと思う。

山梨県警察本部警察学校での旅行例会

太陽がジリジリと照りつける真夏のような日だった。

二〇一〇年九月五日の山梨県甲府市の外気温はなんと四十度にまで達していた。そんな日に、第十一回「求根塾」旅行例会が開催された。

今回は、塾生の清水徹さんが山梨県警察学校の校長に就任されたのを記念しての例会となった。清水さんより「鍵山塾長のもとで経営者の皆さんが真摯《しんし》に学ばれている姿をぜひ生徒に見せたい」との要望があったからだ。清水さんは生徒の人間的成長を図るために、日頃から鍵山塾長の著書を読ませており、生徒たちに鍵山塾長の教えを直接受けさせたいと考えたのである。参加した塾生は三十五名。全国各地から現地入りしたその夜は、ホテルに一泊して翌日の例会に備えた。

六日朝八時にホテルを出発した私たちは、同八時三十分に山梨県警察学校へ到着した。玄関に到着した私たちを、清水校長以下、学校幹部のみなさんが敬礼で出迎えてくれた。ただそれだけで、身の引き締まる緊張感が身体中を走った。

挨拶もそこそこに、校舎前で行なわれた全生徒による九時からの警察礼式を見学。生徒は、二十歳前後の男女である。この学校で一年間、警察官としての訓練を受け、卒業後、山梨県下の警察署などに赴任していくのだ。

生徒のなかにはまだ高校を卒業したばかりの若者も多数いた。そんな若者も、熱中症にかかりそうな炎天下で、一糸乱れぬ凜々《りり》しい礼式に耐えていた。初めてこういう光景を目にした私たち塾生も、自然と直立不動の姿勢になった。

そのとき私は、体調のすぐれなかった鍵山塾長のことが気になっていた。太陽光線を遮《さえぎ》る場所もないところでの見学である。私でさえ、クラクラとめまいがするほどの強烈な日差しだったからだ。ところが、私の不安をよそに、鍵山塾長も塾生ともども微動だにしない姿勢で約三十分間の見学を無事終えた。

教える人があきらめたら伝わらない

礼式を見学した私たちは、三階に用意された講義室に移動した。

私たち塾生三十五名と、生徒七十四名が合同で受講する会場だ。また「山梨掃除に学ぶ会」の会員十名も聴講生として参加された。

会場の正面には大きく「求根塾」と書かれた垂れ幕とともに日の丸が掲げてあった。最前列の机に、鍵山塾長と清水校長、私の三人が座った。私たちと対面するかたちで、塾生が着席。そして、塾生を囲むような陣形で生徒たちが席に着いた。

いつものように、国歌『君が代』を斉唱し、理念「凡事徹底」、行動指針「時を守り、場を清め、礼を正す」を声高らかに唱和して講義が始まった。心なしか、いつもより塾生の声が大きく聞こえた。凜々しい式典を見学した直後だけに、塾生も生徒の前で気合が入っていたのだ。

質問のトップバッターは、佐藤広典塾生。佐藤塾生は、若干三十三歳の東京都議会議員（当時）である。

「今朝はすばらしい朝礼を見せていただき、警察学校の皆さんが強い使命感を持って訓練されていることがよくわかりました。そこで、国や社会に対して使命感を持って働いている方に報いるには、尊敬や賞賛や感謝の念を伝えるほかに、どのような心構えや行動が必要でしょうか」

佐藤塾生の質問に対して、鍵山塾長が答えた。

「いまの質問に対しては『感謝の念』を持つ以外にないとお答えするしかありません。警察の皆さんが、暑さや寒さに耐えて自らを律しながら国民の生活を守ってくれている。そのご苦労に『ご苦労さまです』『ほんとうにありがとうございます』と、直接言葉でお伝えできればいいのでしょうが、言葉でお伝えできなくても、そのことを強く想うことによって必ず伝わると思います。そして、一市民として警察に負担をかけない生き方が、感謝の心の表れなのです」

次に、生徒の村松智也さんが質問に立った。村松さんは社会人として働いた経験があり、三十一歳で最年長の生徒。学級委員長としてまとめ役を務めている。

山梨県警察学校で開催された「求根塾」(2010年９月)。
教室の壁側に座るのが警察学校の生徒たち

「同期の中には高校を卒業したばかりの者もいます。若い人たちとの接し方や指導法をご教示ください」

この質問に対する鍵山塾長の答えはこうだった。

「教える人は、教えられる人の百倍根気よく努力しなければ教えることはできません。五回いっても、十回いっても、二十回いっても通じない。ところが、教えられる人は、『また同じことをいっている』と思っている。そうなると、教える人のほうが根負けしてくる。これだけ同じことを言い続けてもわからないのだから、もうムダだ、ムリだとあきらめてしまうのです」

そこで紹介したのが次のエピソードだった。

「私は一九六一年、自転車一台の行商から始めました。それから北海道から鹿児島まで、自分で車を運転しながら商売をしました。一週間の出張で一日しか旅館に泊まらないという過酷な仕事をしていました。そのとき、会社の人たちへの指示は、売上の責任は私が持つから、とにかく『掃除をきちっとしてほしい』『車をきれいに洗ってほしい』という、この二つだけに徹したのです。ところが、なかなか社員に理解されませんでした。多少理解されるまでに十二年かかりました。もし私が十年で『もう伝わらないから』とあきらめていたら、『日本を美しくする会』は生まれなかったでしょう。私には何の才能もないですけれども、あきらめずに掃除をやり続けてきました。その結果、いまでは、掃除の輪が国内のみならず世界にまで広まっています。あきらめずに、やり続けてきてよかった。この私の体験が、教える立場にいる人へのアドバイスです。教えられる人から同情されるくらいでなければ、教える資格はないのです」

このように、鍵山塾長の回答はいつも明解である。しかも、老若男女、相手を選ばず通用するのも鍵山塾長の特徴である。鍵山塾長の口から発せられる一言一言が、すべて体験から出たアドバイスであるだけに、生徒も塾生もいたく納得した様子だった。

すぐに効果を求めずやり続ける

次に、白鳥宏明塾生が質問に立った。

「以前、鍵山塾長は、ある警察官の方に勇気をいただいたことがあるとお聞きしましたが、そのエピソードをお話しいただきたいのですが」

それに対し、鍵山塾長がこう語った。

「北海道にAさんという警察官がおられて、何度かお会いしてもいます。Aさんは転勤されるたびにお便りをくれるのです。あるとき、帯広の駐在所に勤務されることになりました。Aさんは勤厳実直な方だったので、住民が駐在所の近くの路上に車を停めると、すぐに駐車違反の摘発《てきはつ》をしました。すると、住民から『前任のおまわりさんはこの程度の駐車では何もいわなかった。なんであんたは厳しく取り締まるのか』と文句をいわれたそうです。そこで上司に相談したところ、『少々のことは目をつぶれ』といわれたのですが、Aさんにはそれができない。悩んだ末に『正しいことをするなというなら、職務を遂行できないから、警察官を辞めます』というお便りが届きました」

そこで、鍵山塾長はAさんにきわめて単純なアドバイスをされた。

「私は、『朝早く起きて、駐在所の付近一帯の掃除をしてはどうですか。掃除を続けたあとで、またお便りをください』と伝えました。しばらくすると、近隣の住民や文句をいっていた人たちが、Aさんの子どもにお菓子を持ってきてくれたり、『いつもありがとう』とお礼をいってくれるようになり、駐車違反もしなくなったという、うれしい報告が届きました」

帯広の勤務を終えたAさんは、次に札幌の警察署に異動、留置場の勤務になったという。そこでまた鍵山塾長に「今度はどういうことをしたらいいでしょうか」との相談があった。鍵山塾長の返事は以下のとおりである。

「私は留置場に入ったことがないのですが、映画やテレビで見るかぎり、留置場の真ん中には通路があるはずです。あなたは一時間前に出勤して、その通路を掃除しながら、両側の人たちの顔を見て、朝の挨拶をしてください」

Aさんはすぐに実行に移したそうだ。それから二カ月も経たないうちにすごい内容の手紙が届いたという。それは、留置されていたある人が、「隠し持っていた睡眠薬をいっぺんに飲んで、ひと騒動起こして迷惑をかけてやろうと思っていたが、あなたには迷惑をかけることができない」といって、自発的に睡眠薬をAさんに差し出した。そのことを署長や副署長も喜んで、ボーナスも上がったという内容だった。そして、鍵山塾長はこう締めくくった。

「しかし、他の人がそれをしたからといって効果があるかどうかはわかりません。ときにはよかれと思ってしたことが裏目になって表れることもあります。私も掃除をしていて酔っ払いにからまれたり、付近の住民に文句をいわれ、パトカーを呼ばれたことさえあります。しかし、私はそれでもやり続けてきました。『きれいになればいい』と思ったり、『きれいにしましょう』と声をかけるだけではダメで、たとえ効果が出るかわからなくても、間違いなくよいことだと信じて、やり続けることです」

限られた時間のなかだっただけに、まだまだ質問をしたい人がたくさんいたが、残念ながら割愛せざるをえなかった。講義のあと、警察学校が昼食を用意してくれた。ボリューム満点のカレーライスだった。私たち塾生は教室の机でご馳走になり、心もおなかも充分に満たされて学校を後にした。

帰りの車中、「今回の旅行例会はほんとうによかった」と、繰り返し絶賛していた鍵山塾長の満足そうな顔が強く印象に残った記念すべき例会だった。

後日、塾生全員から感想文の提出があった。なかでも、石川美保塾生の感想文の一節に私は目を奪われた。その一節を、最後に紹介したい。

「今朝歩きなれた駅前の見慣れた交番の前に差しかかりますと、思わず背筋が伸びました。交番の入り口に立っていたおまわりさんがほんとうに神々《こうごう》しく見えたからです。このお方も山梨警察学校で拝見した使命感と責任感に満ちたあのような朝礼の訓練を経てここにいらっしゃるのだと思うと、一市民として心底からありがたい気持ちになりました」

第三章　鍵山塾長との問答録〈掃除編〉

前章でも紹介したが、「求根塾」の最大の魅力は、塾生たちの質問に対する鍵山塾長の当意即妙《とういそくみょう》の答えやアドバイスにある。塾生たちの多くは会社を切り盛りする経営者であり、日々の売上から社員教育まで、その悩みが尽きることはない。だからこそ、鍵山塾長への質問は切実であり、少しでもヒントを得ようと必死なのである。そこで本章から第五章において、二〇〇九年～一三年にかけて開催された例会での質疑応答をピックアップしてご紹介したい。

心のマンネリを防ぐには

問い　毎朝、掃除をしていると、動作もやり方も毎回同じになっていることに気づきます。行動のマンネリ化については、たまにしかやらない照明器具を掃除したり、目線を上下させて、見逃しているところをきれいにするなど、案外簡単に打破することができます。ところが、「掃除をしているから、これでいいんだ」という気の緩《ゆる》みや甘えが出てきたときは、なかなか解決法が

鎌田安典塾生の質問を受ける鍵山塾長

見つかりません。この心のマンネリを打破するにはどうしたらいいでしょうか。

鍵山　マンネリとは「心の居眠り」です。目も見え、耳も聞こえているけれども、心が居眠りしているため、ただ手足を動かしているだけという状態です。この居眠り状態から目覚めるには、自ら変化を与える以外に方法はありません。ちょっとしたことでも、工夫を重ねることで、マンネリは防げます。何も工夫しない人は、必ずマンネリに陥《おちい》るのです。

イエローハットの本社は、一九九九年から二〇〇九年までの十年間、東京都目黒区青葉台にありました。二〇〇九年に中央区日本橋に本社を移転した後も、お世話になった恩返しに、青葉台の旧本社の周辺を有志三〜四人とともに掃除をしています。

本社があったときは、毎朝三十～四十人、多いときは五十人の社員が掃除をしていた場所です。人数が多いときは手当たり次第にやっていましたが、いまは少ない人数でもできるだけ以前に近いようにやろうと思い、場所の設定や人の配置などの段取りを工夫するようになりました。たった二人で始めた昔の新たな気持ちに戻って、掃除に取り組むことができたのです。

今年（二〇〇九年）七月半ばのことです。いつも旧本社の周辺を散歩されていた二人組の女性に、「イエローハットさんは引っ越しされたのではないですか」と尋ねられました。「先月、引っ越しました」と答えると、「なのに、まだ掃除を続けられるのですか」と問われたため、「次の人がやられるまで続けます」と申し上げました。すると、女性の一人が涙をポロポロと流されました。そして翌日から、その二人の女性が掃除に参加されるようになったのです。

このように、少しずつでも自分たちの身体でできることを続けていると、ある日突然、大きく動きはじめることがあるのです。ほかにも、わざわざ板橋からホウキとチリトリ持参で参加されるご夫婦もおられます。「道具はここにありますから」といっているのですが、持ってこられるのです。ゴミまで担いで帰ろうとされたのには驚きましたが、そういうお姿がほんとうにすばらしいし、ありがたいと思います。私一人では何もできませんが、人様が私に感謝の念を与えてくれるのです。感謝の念や感動があれば、決してマンネリズムに陥らないのです。

掃除の意義とは

問い　志の低い質問で恐縮ですが、掃除をしていると、周りの人から、「一銭にもならないことをよくやっているな」とか、「何のためにやっているんだ」などといわれることがあります。そこで、掃除の実践の意義について、改めてご教示ください。

鍵山　兵庫県に東井義雄《とういよしお》という有名な小学校の教師がいました。その著書（『培其根《ばいきこん》』）に次の一節があります。

「人にものを伝えるときに、言葉でものをいう、文字でものをいう。これも大事だけど、からだでものをいう、生き方でものをいうほうがもっと大事である」

私の父はほんとうに無口で、「ああしろ」「こうしろ」といわれたことはありませんでした。でも、私は父の生き方から、たくさんのことを学びました。

ところが、一生懸命やればいいかというと、ただの熱心は人に嫌われる。そういうものなのです。熱心にやっているから周りはわかってくれるはずと思うのは間違いで、「何かあてつけがましいことをしている」と、逆に疎《うと》んじられるのです。

では、後ろ姿を見せればいいかというと、「暗いなあ」「陰険だなあ」などといわれる。とにかく難しいものです。それがほんとうに相手のことを思っての熱心な行動であるとか、国家社会のことを思っての熱心な行動でないと、なかなか伝わらないのです。

むしろ、相手に理解してもらえないことや、誤解されることのほうが多いのです。「掃除に学ぶ会」でも、会費が千円というと、なかには掃除をすると千円もらえると勘違いする人もいます。「千円くれると思ってきたのに、千円も払って掃除をするのか」というのです。しかし、そんな人でも、掃除が終わったあとは、「千円払ってでも、参加してよかった」と感動し、それからずっと参加してくださるケースもあるのです。ですから、私は、いいことをやり続けていれば、必ず伝わると信じています。

私はいまでこそ人前で話ができるようになりましたが、昔はまったく話せませんでした。「話さない」のではなく、「話せない」のです。そういう人間でした。だからいっそう言葉や文字で足りないところは生き方で伝えようとしたのです。

生き方や姿勢で伝えることは、言葉や文字で伝えるよりも強い。しかし、なかなか伝わらない。そう簡単に伝わるものではないということを知っておいてほしいのです。

「気づける人」になるには

問い 何年も一緒に掃除をしているのに、工夫のできない人、気づくことのできない人、そう

目黒区立菅刈公園のトイレを掃除する鍵山塾長

いう人が仲間にいるのが残念でなりません。そこで、鍵山塾長は、掃除の実践のなかで、どうやって「自ら気づける人」を育ててこられたのか。「気づき」を促すコツがあればご教示ください。

鍵山　「こうしたら必ずよくなる」とはいえないのですが、「効果がある」といえることがあります。そもそも気づかない人とは、感動しない人です。無感動な人は、まず物事に無関心で、夢がないという共通点があります。そういう人たちに気づきをアドバイスするには、小さなことでいいから、目の前の人を喜ばせることが出発点になります。

なぜなら、「気づく人」になるために最も大事なことは、人を喜ばせようと思うことだからです。人を喜ばせようと思う人は、次々と気づくようになります。逆に、そういう気持ちのない人は、まったく気がつかない。

たとえば、エレベーター内の開閉ボタンの前に立っている人が、ドアが開いた途端、真っ先に出ていくことがあります。本来ならば、自分はボタンを押し続けて、中にいる人がみんな出てから、最後に出るべきですね。それができないのは、自分本位の生き方をしているからです。

人を喜ばせようと思う人は、自然とボタンを押し続けています。また、ボタンを押してくれている人に対して、一礼して感謝の念を伝えています。物事に気づけるかどうかは、人を喜ばせる気持ちを持てるかどうかにかかっているのです。

そこで、気づかない人には、用事を頼むことです。ちょっとしたこと、なんでもないようなことでも、常に頼んで手伝ってもらうのです。そういう機会を頻繁《ひんぱん》につくり、「助かったよ」「手伝ってくれてありがとう」とほめることです。それで変わっていく人を私はたくさん見てきました。なかにはどうにもならない人もいますが、それは手遅れとあきらめます。私はそのように心がけてきました。

まず、ほめる種まきをする。種まきとは、用事を頼むことです。種をまけば、必ずほめる芽が出てくる。その際、「すごいね」「すばらしいね」といった抽象的な言葉ではなく、何がすごいのか、何がすばらしいのかを具体的に伝えてほめてあげる。この繰り返ししかありません。

もう一つ大切なことは、「いいこと」は「いいこと」を生み出し、「悪いこと」は「悪いこと」を生み出すことを知ってもらうことです。

早朝から国会議事堂周辺の掃除をする鍵山塾長

昔、中国の殷《いん》という国に、紂王《ちゅうおう》という悪政を行なったといわれる王がいました。あるとき、紂王が象牙《ぞうげ》の箸《はし》をつくったという話を聞いた箕子《きし》という有能な政治家が、「象牙の箸を使うなら陶器の器では満足できず、玉《ぎょく》の器をつくることになるだろう。玉の器に盛る料理が粗末では満足できず、山海の珍味を乗せることになるだろう。このように贅沢がやめられなくなってしまうに違いない」と危惧《きぐ》し、紂王を諫《いさ》めます。箕子は紂王の叔父でもあったので、甥っ子を立派な王に育てたかったのでしょう。しかし、紂王はまったく聞き入れず、贅沢三昧《ぜいたくざんまい》の生活を送ったため、やがて周の武王に滅ぼされ、殷最後の王となりました。

私は、「いいこと」に気づいて実行する以外に、人生をよくし、会社をよくし、社会をよくする方法はないと思います。紂王のように、ささいなことだからいいだろうと、「いいこと」を疎《おろそ》かにしていると、必ず「悪いこと」が大きくなっていくものです。
もし身近に「気づくことができない人」がいたら、いい人生を送るためにはまず気づくことが大切だということを伝え、気づけるかどうかは人を喜ばせたいと思うかどうかだということも言い添えたらいかがでしょうか。

掃除したトイレを汚されたら

問い ある日、会社のトイレ掃除を終えてしばらくしたら、トイレの床に土のついた足跡がついていました。それを見た途端、トイレ掃除できれいになった心が、一気に恨《うら》めしい気持ちになってしまいました。その話を社員にしたところ、鍵山塾長ならそうは思われないだろうとか、いやいや鍵山塾長といえども人間だから……といった意見が出ました。そこで、鍵山塾長ならどう思われるか、おうかがいします。

鍵山 私も人間ですから、そういう光景を見たら、「せっかくきれいにしたのに」という気持ちにはなります。ただし、その気持ちをいつまでも引きずりません。そして、うちの社員はマナーが悪いからしょうがないなあと思わずに、いつかは汚しても平気な顔でいる社員が一人もいない会社にしようと思うでしょう。

誰が汚したのかなどと犯人捜しをしても仕方がありません。犯人捜しをすれば、会社の中ではやらなくなっても、よそでやるかもしれません。土足で汚すような人は、ほんの一部の人でしょう。その一部の人がやらなくなるようなレベルまで、あきらめずにやり続けることが大切なのです。

世の中には「糠《ぬか》に釘《くぎ》」という、やっても甲斐《かい》のないことをたとえる言葉がありますが、私の場合は「糠に釘」どころではありませんでした。「空中に釘を打つ」ようなものでした。「そんなことやっても意味がない」といわれ続けても、私は空中に打ち続けた釘はいつかどこかで止まるときがくることを信じてきたのです。

その結果として、「日本を美しくする会」は、日本だけではなく海外にも影響を及ぼすようになりました。掃除によって心の荒《すさ》みをなくしたいという思いは万国共通であることがわかりました。街をきれいにすれば、社会全体のモラルが上がることも証明されました。

つまり、一見ムダに見えることであっても、「どうなってほしい」ではなく、「どうありたいか」という気持ちを持ち続けることです。そのためには、根気よく、自分に負けないでやり続けるしかありません。

私の経験からも、小さいところ、わずかなところからコツコツ取り組みはじめて、一定のレベルまでいくと、あるとき、「ティッピング・ポイント」といいますが、一挙に変わります。ですから、社員にトイレを汚されたことは、経営者にしっかりと目標を与え、それにどう対処すべきかを教えてくれたのだと、そう捉えてください。

よい習慣を身につけるためには

問い **習慣が人間をつくるといわれます。鍵山塾長はすばらしい習慣を身につけておられますが、それは掃除の実践から身につけられたのでしょうか。よい習慣を自分のなかに落とし込む方法があれば、お教えください。**

鍵山 後世に伝えたいこととして、私がいちばん大切にしている習慣は、「自然の循環を私が壊さない」ということです。

小さなことでいえば、私は毎日、旧本社の周りや公園（目黒区立菅刈《すげかり》公園）を掃除していますが、昨日は雨が降って凍《こご》えるほど寒かった。水たまりには、落ち葉とバラバラに砕《くだ》けた発泡スチロールが一緒に浮かんでいました。落ち葉は堆肥《たいひ》になりますが、発泡スチロールはゴミです。ただ、この二つを分けるのはたいへんな作業です。それでも分けるのです。

公園には堆肥箱が設置してあり、落ち葉はすべてここに入れます。わが家の生ゴミも持参して堆肥箱に入れています。じつは、堆肥箱を設置するのも、公園の管理者に理解していただくまで

菅刈公園で掃除する鍵山塾長と筆者

にそうとうの時間と努力を要しました。イエローハットは絶対に反社会的なことはしないというお墨付きをいただいたからこそ、ご協力いただいているのです。

ゴミを燃やすには石油を使わなければならないので、生態系を壊してしまいます。私も電気を使うし、車にも乗りますから、生態系を壊している加担者の一人です。しかし、ミカンの皮一つでも自然に戻せば、少しでも生態系の破壊を食い止めることができるのではと考えているのです。

私一人ではどうにもなりませんが、まずは一人でも始めなければ前に進みません。一人の願いは桁違《けたちが》いに小さいけれども、だからといってあきらめたらおしまいです。「いいこと」をしていれば、その活動に共感する人や理解者が現れ、輪が広がっていくものです。

先日も、立川市立第十小学校の保護者への講演で「堆肥箱」の話をしたところ、副校長からすぐにつくってほしいと依頼されました。このように少しずつでも輪が広がっていくのです。

公園の落ち葉を清掃していると、私にはその中の微生物が見えるような気がするのです。現代人は、目に見えないものをとても疎かにしています。環境を破壊すれば、それが必ず人心の荒廃につながります。本《もと》を正せば、刑事犯罪ですら自然環境の汚染や破壊から始まっているのです。

公園にはカエルがいっぱいいます。堆肥箱に餌《えさ》のミミズがいるからです。ミミズは堆肥をつくるうえで欠かせません。そのうちヘビが出てくるかもしれませんが（笑）、自然の連鎖が生まれているのです。カエルさえ生きられない環境で、人間が健全に生きられるはずがない。小さな生物が元気に生きられる環境づくりを、会議室の議論からではなく、現場で落ち葉を一枚拾うところから始めるというのが、私の習慣なのです。

第四章　鍵山塾長との問答録〈経営編〉

社員に夢や希望を与えるには

問い　昨今の厳しい経営環境に直面して、社員に耐えることばかり求めがちです。どうすれば社員に夢や希望を与えることができるか、ご教示ください。

鍵山　私が質問したいような問いですね（笑）。私の答えは、「経営者はどの社員よりも多く耐えなければならない」ということです。

現在の日本の社会構造は、弱者に耐えさせて、上に行くほど楽をするという図式になっています。そうではなくて、上に立つ者ほど耐えなくてはならないのです。そして、上があんなに耐えて頑張っているのだから、私たちも耐えなければと思わせるようでなくてはならないのです。

私も自分の力を過信して、いろいろなことを引き受けすぎて、たいへん困難な状況にあります。しかし、私は言い訳や弁解はしません。耐えることが私の使命であり、私は誰よりも耐えることができると思っているからです。

上に立つ人ほど、不合理、不条理なことを引き受けてほしいとお願いしたい。そうすることによって、世の中がよくなるからです。上に立つ人がそこから逃げだしたり、楽をすれば、ツケを払うのは下の者や後世の人たちであることを忘れてはなりません。

二代目の心構えとは

問い いま私は父である社長と会社を経営しています。そこで、二代目の心構えというものをお教えください。

鍵山 いろいろな後継者の例を見ると、初代は許されたことでも、二代目がやると、「なんでそんなことをするんだ」と許されないことがあります。まず二代目は、そういう現実を理解することが重要です。それが人間の心理であり、不合理な感性なのです。

では、どうすればいいかというと、周りの人から気の毒に思われるくらいに働くことです。それしかありません。周囲の人から「二代目っていいなあ」と思われたらおしまいです。「二代目はたいへんだなあ、なにもそこまで働かなくていいのになあ」と、同情されるくらいの存在になることです。

成長とはどういうことか

問い　鍵山塾長の謦咳《けいがい》に接してから十年が経ちました。自分自身、器が少しは大きくなってきたかなと思いながら会社の経営に努めてきましたが、成長とは具体的にどういうことを指すのでしょうか。

鍵山　成長の跡がない私がお答えするのは、まことに申しにくいのですが、成長した姿がどうであるかということより、成長しつつあるかどうかということに重きを置いています。

どんな有能な人でも、順風満帆《じゅんぷうまんぱん》のなかで成長を続けることは、まず難しいと思います。なかには、それでも成長できる偉大な人がいるかもしれませんが、弘法大師《こうぼうだいし》でさえ橋の下で寝起きしたことで、そこから学んだわけです。

私は、小学五年生までは、とてもだらしのない怠け者でした。それが第二次世界大戦で東京から疎開したことで境遇がガラリと変わり、それ以来苦難の道を歩いてきました。しかし、これでもか、これでもかと押し寄せてくる苦難のおかげで、道を踏み外さずに生きてこられたのです。

話は変わりますが、イエローハットは全国に五百店舗ありますが、競争相手がいない地域が一カ所だけあります。しかし、かつてはその店の近くに大きな競合店が四店舗もできて、過激な価格競争を繰り広げてたいへん苦戦した時代がありました。

その店は、「いつまでも異常な価格競争を続けるわけにはいかない。どうすればお客様にとって魅力のある店になれるか」を社員みんなで考えました。プロの手を借りず、お金もかけずに、徹底的に手を加え、魅力的なお店をつくったのです。その結果、他の競合店が競争することをあきらめて撤退していきました。

このように、人はたいへんなときにしか成長しないものです。たいへんなことを引き受けるからこそ成長できるのです。

会社を大きくする目的とは

問い **会社を大きくしたい、安定させたいというのは、世の経営者の誰しもが思うことですが、私にとって理想の会社であるイエローハットさんを五百店舗まで拡大された鍵山塾長に、会社を大きくするポイントをお教え願います。**

鍵山 かつてカー用品を扱う会社はどこも乱脈経営がまかり通り、業界の体《たい》をなしていませんでした。私はたまたまこの業界に携《たずさ》わったため、これを放置しておくことができなかったので

創業当時の鍵山塾長(30歳ごろ)。
「大阪のお母さん」と慕っていた中井喜代子さんと

す。「このまま売上や利益を上げても虚《むな》しいだけ。この業界そのもののあり方を変えないといけない。そのためには力を持つ必要がある」というのが私のエネルギーになったのです。

いまから四十年前の業界は「暴走族の巣」のようなもので、彼らは五十万円とか百万円もする車のパーツを平気で買っていく。そんな時代でした。私は、そういう輩《やから》を相手にする商品は扱わず、百円単位、せいぜい千円単位の商品を仕入れて売りました。そのため、従業員からも「なんで扱ってはいけないんですか。売上はどうでもいいんですね」と面と向かってよくいわれていました。

そこで、自分の考えを「正しい」と証明するためには、一～二店舗では通用しないという思いが、会社を大きくしたいというエネルギーになりました。そうして少しずつ業界の悪しきルールを変えてきたのです。

たとえば、当時の業界では、雪が降ると、タイヤのチェーンを十倍、二十倍に値上げして販売していました。これを正常に変えようとしただけで、同業者からたいへんな妨害を受けたこともあります。雪が降ると、同業者が当社のチェーンを買いあさりにきて、降りやむと返品にくるのです。また、有力な同業者がメーカーに圧力をかけて、当社が注文した商品が入荷されないこともありました。そういう妨害があったからこそ、よけいに妨害に負けない会社にしよう、もっと発言力をつけて正しいことを主張しようと思ったのです。

また、一九六五年ごろから、D社、I社、N社といった大型量販店との取引が増えて、売上全体の六〇％を占めるようになりました。しかし、このまま取引を続けると会社がダメになることを見通して、一九七六年に大型量販店との取引をすべてやめると宣言して実行しました。

周囲からも従業員からも会社がつぶれるといわれましたが、その決断が私の新たなエネルギーになりました。「これを成し遂げなければ業界を変えることができない」と信じて取り組んだことが、誰もが予想した倒産の危機を乗り越える原動力となったのです。

当時の業界は、五千円でも手形を書くような商売をしていましたが、私は「何年かかるかわからないが、手形を発行しない会社にする」と宣言すると、経理の担当者から「できっこありませんよ」といわれたものです。でも、実行できました。

このように、立ちはだかる壁が厚くて、高くて、大きかったからこそ、エネルギーが湧いたのです。何の障壁《しょうへき》もなければ、そんなエネルギーは出てこなかったと思います。

社員の幸せを守るためには

問い **鍵山塾長は、常軌《じょうき》を逸《いっ》したともいえる過酷な要求をしてくる大手量販店との取引をやめました。そのとき、「正気《しょうき》の沙汰《さた》ではない」と周囲から猛反対されたそうですが、なぜそのような決断ができたのか、お聞かせください。**

鍵山 結論から先に申し上げますと、「私」を大事にするか、「公」を大事にするかということだけだと思うのです。私自身の安泰《あんたい》だけを願うのであれば、社員が無理難題を突きつけられて苦しもうが、社内のモラルが下がろうが、取引は現状維持ということになるでしょう。しかし、私は自らも現場にいて、社員が卑屈《ひくつ》な思いをしたり、苦しんだりしている姿をこの目で見ていましたから、私自身の安泰を投げ捨てても社員を守りたいと思ったのです。つまり、「私」という物差しと、「公」という物差しの、どちらが長いかなのです。

佐藤一斎という江戸時代の儒学者が、『言志四録』の『言志録抄』という著書のなかで、次のように述べています。

「当今の毀誉《きよ》は懼《おそ》るるに足らず。後世の毀誉は懼る可《べ》し」

いま批判されるのを恐れることはないが、後世になって批判されることを恐れなさいという意味です。この言葉の後には、もう一節あるのです。

「一身の得喪《とくそう》は慮《おもんぱか》るに足らず。子孫の得喪は慮る可し」

自分の損得を心配することはない。子孫や未来の人たちの損得を心配しなさいという意味です。

もしも、私があのとき、「こんなことをして会社が潰れたらどうしよう」とか、「自分の立場はどうなるだろうか」などと心配していたら、とても決断できませんでした。とにかく社員の幸せを守るためには、そうするより他に道はないと思い、実行したのです。

社員に辞表を出されたら

問い 社員が辞表を出すときはいきなりの場合が多いのです。なるべく冷静に対応しようと思うのですが、理由も聞かずにただ受け取るだけで終わってしまいます。去っていく人に何か一言いってあげればよかったと後悔することもあります。こんなとき、どうすればよいのか。アドバイスをお願いします。

鍵山 私も、引き留められるものなら引き留めたい、送別会のときでさえ、まだ引き留めたい

リングカバーを爆発的ヒット商品に育てた鍵山塾長

と思ったことがありました。創業当時はとくに人手不足でしたので、白い封筒を胸から出されるたびにショックを受けていました。

しかし、退職の理由を根掘り葉掘り聞いたところで、当時の私にはそれに応じられる力も余裕もありませんでしたし、社員もよくよく考えて決断し辞表を出したのでしょうから、引き留めることはしませんでした。

そんなとき、いつも自分に言い聞かせていたことは、辞めていった社員が「辞めなければよかった」、在籍する社員が「辞めなくてよかった」と思ってくれる会社をつくろうということでした。

誰も大喜びで辞める人はいないのです。辞められるほうもつらいけど、辞めるほうだってつらいのです。ですから、私は、社員に辞められたショックを「できるだけ辞める人がいない会社をつくろう」という向上心やエネルギーに変えていったのです。

社員の少ない会社ほど、退職者が出たときの社内の動揺は大きいものです。しかし、どんな大企業も、創業当時は同じような状況に悩まされたはずです。「金は天下の回りもの」といわれますが、世の中はよくしたもので、また必ずあなたの会社に合った社員が集まってくるようになっているのです。そんな波長の合う社員と会社を経営していき、「あの当時はたいへんだったね」と笑って振り返れる会社をつくっていただきたいのです。

心配や不安に打ち克つには

問い 人生を歩むなかで、また経営をしているなかで、自分が積み重ねていることがどこかで崩れ去ってしまうのではないかという不安が頭をよぎることがあります。そういうとき、どのような心の持ち方をしたらいいか、ご指導いただければ幸いです。

鍵山 心配したり、不安に思ったりするのは、経営者の資格です。経営者というのは、心配だらけ、不安だらけなものです。悩んだり、苦しんだり、ときには人に煮え湯を飲まされたりするものです。そんなときはやせ我慢しかありません。

苦労をしないで苦労をしていないような顔は、誰でもできます。苦労をして苦労をした顔も、誰でもできます。しかし、さんざん苦労をしながら苦労をしていないような顔は、努力なしにはできません。これはやせ我慢しかないと思います。

ほとんどの人は、何かが起きると、それを引きずって生きていきます。しかし、私は、たいへんなことが起きたら、それは起きたところに置いて生きていくようにしています。

これからの理想の会社とは

問い　私たちは鍵山塾長から直接、掃除や経営のご指導をいただける立場にあるので、ありがたく思っております。しかし、鍵山塾長が若いころは、そういう機会も少なく、おそらく長い時間をかけて経営者としての理想や理念を追究されてきたのだと思います。そこで、鍵山塾長が考える理想の会社とはどんな会社でしょうか。

鍵山　人間の社会では競争は避けられません。競争があるから向上するという面もあります。ですから、競争そのものが悪いわけではありません。しかし、現代はすべての競争で度が過ぎている。度が過ぎると痛みになります。

たとえば、ライバル会社との競争も、ある程度は仕方がないかもしれませんが、同じ仲間であるはずの社員同士が競争させられて、売上の多寡《たか》で出世が決まったりする。場合によっては降格や左遷といった仕打ちさえ受ける。こういう会社にいるかぎり、良心を痛《いた》めてでも成績を維持しなければなりません。

イエローハットには一流企業を辞めて入社してくる人が何人もいます。当社にくると給料が減るから、転職しないほうがいいですよとアドバイスするのですが、「良心が許さない」というのです。理由をうかがうと、「上司の命令を実行すると、お客様に迷惑をかける。お客様に迷惑がかかるのを承知のうえで仕事を遂行するのは、人間として耐えられない」というのです。

みなさん、優秀ですばらしい人材です。そういう人をみすみす手放してしまっている。こういう事態が至るところで起きており、それがいじめや家庭内暴力といった陰湿《いんしつ》な社会問題の因縁《いんねん》になっていると思えてなりません。

そんな過激な競争をしないと会社が発展しないのであれば、いずれ国家すらも破綻《はたん》してしまうのではないかと真剣に危惧《きぐ》しています。

もちろん、能率を高めたり、効率を上げることは大切ですが、度が過ぎると、人の心を壊します。やはり、人の心が維持できる範囲でやっていくことが肝要《かんよう》です。

ある会計士の著書に、「人を幸せにしながら伸びる会社と、人を不幸せにしながら膨張していく会社がある。いまはむしろ人を不幸せにしながら膨張していく会社のほうが多い」ということが書かれていました。私も同感で、これでは世の中がよくなるわけがありません。

ですから私は、人を幸せにしながら会社も成長していくというのが、これからの理想の会社の姿だと思っています。

リーダーに不可欠の資質とは

問い　私は以前、利益が出ないと会社は成り立たないという考え方で、一生懸命利益を追求していた時期がありました。そのうちに壁にぶち当たって悩みに悩んでいたころに鍵山塾長に出逢ったことで考えが大きく変わりました。そこで、これからの経営者やリーダーに向けて、これだけは守るべきという指針がありましたら、ご教示ください。

鍵山　先日、木南一志さんが経営されている新宮運送さんを見学させていただきました。お世辞ではなく、すばらしい会社だと思いました。私も運送関係の会社さんを多々存じていますが、これほどの会社に出会ったのは初めてです。会社の敷地全体が粛然《しゆくぜん》としているのです。

掃除が行き届いているのはもちろん、トラックも一糸乱れず整然と駐車している。向かう途中で新宮運送さんのトラックと何台もすれ違いましたが、運転がじつに穏やかなのです。

「凡事徹底」の三大条件の一つが、「すべてにわたって行き届いている」ですが、それが見事に表れている。これはすごいことです。この部分はすごいけれども、この部分ではまだまだという会社が多いからです。

新宮運送さんは、駐車中のトラックを見ただけで、日頃から「凡事徹底」をきちんと実行されていることがよくわかりました。社員のみなさんから受ける印象もすばらしかった。よくこのレベルにまで高められた、穏やかな社風をみごとに育てられたと、その並々ならぬ努力に敬意を表します。

しかし、最初は会長である木南さんのお父さんも幹部社員も、掃除に対して積極的ではなかったそうですね。地域の人からも冷ややかな目で見られていたとうかがいました。私もそういう目に遭っていますから、よくわかるのです。しかし、それに耐えて、途中で挫折せずに続けてこられた。これはそうとう強い信念がないとできません。

人間には、誰でも「こうしたい」という願望があります。「こういう会社にしたい」「もっといい会社にしたい」「社員にもっと成長してもらいたい」など、それぞれに願望があるのです。しかも、その願望は誰でも大きいはずです。

一方で、「何があっても貫こう」とか、「ずっと続けよう」という意志は、とても小さいものなのです。つまり、大と小でバランスがとれないため、どんなにすばらしい願望を持っていても、それを叶えることができずに、挫折してしまうのです。ですから、願望を叶えるには、願望と同じくらいの大きさの意志を持たなくてはいけません。木南さんはそれを持ち続けたということです。

ところで、リーダーとは非常に窮屈で不自由な存在です。ローマ最大の英雄と称されるユリウ

鍵山塾長に質問する木南一志塾生

ス・カエサルも次のようにいっています。

「指導者というものは、不自由なものである。人からも監視され、とくに下から監視されるし、干渉もされるし、いろいろな周囲の監視・干渉というものがある。しかし、その不自由に耐えるから、権力を持たない人から権力を委《ゆだ》ねられることができるのだ」

もう一つは、これもカエサルの話ですが、スペインで反乱が起きたため、カエサルが五千人の兵士を連れて鎮圧に向かった。カエサル軍は戦争をするたびに兵隊が減っていくのに対し、敵は数万、数十万とどんどん増えていく状況に陥ります。どう考えても勝てない。でも勝った。勝ったからローマが残ったわけです。

戦争が終わったとき、「どうすれば戦争に勝てるのか」と質問を受けたカエサルは、

「私を戦場に連れていけ。その場で考える」と答えたそうです。つまり、カエサルには現場を見てすぐに対応する、すぐれた能力があったということです。

私は、リーダーが持つべき資質には「不自由に耐える不屈の忍耐力」と「現場に即対応できる臨機応変の判断力」の二つが不可欠だと思うのです。

第五章 鍵山塾長との問答録〈人生編〉

読書から得たものとは

問い 鍵山塾長は、自分には古人・先人の言葉や箴言《しんげん》が数限りなく宿り、それによって心が創られ、いまも読書から多くのことを学び続けていると書いておられますが、これまでの読書遍歴と、本の読み方についてご教示ください。

鍵山 少年時代は講談本をよく読んでいました。永禄時代から慶長時代にかけての岩見重太郎や塙団右衛門《ばんだんえもん》といった豪傑の活躍を綴《つづ》ったもので、まるでその物語の中に入ったかのように、心を躍らせながら読んだものでした。

東京から疎開した十一歳以降は、本を買って読めるような生活状況ではありませんでしたが、二十代になって自分でお金を稼げるようになってからは、『十八史略』『史記』など中国の歴史書をよく読みました。おかげで「管鮑《かんぽう》の交わり」「刎頸《ふんけい》の友」「完璧」などの語源を知り、中国五千年の歴史と知恵を学ぶことができました。『論語』も好きな書物で、作者の孔子については、井上靖さんの『孔子』（新潮社）で詳しく知りました。なかでも「逝《ゆ》く者は斯《か》くの如きか　昼夜を舎《お》かず」という言葉が好きで、いつも心を打たれます。

ご存じのとおり、孔子はつらく険しい人生を送った人ですが、弟子の子路《しろ》に「あなたは聖人といわれているのに、なぜこのように窮しているのか。もっと余裕のある生き方ができないものか」と問われると、即座に「聖人だって困ることはある。しかし、聖人と小人の違いは、小人は困るとすぐに乱れることだ」と答えます。その答えに子路はたいへん喜び、手を広げて舞いながら歩いたといいます。

私には、この喜ぶ子路の姿が見えるのです。本を通して、はるか二千五百年前の人が近づいてくるし、自分から近づいていくこともできるのです。人物だけではありません。塩野七生《ななみ》さんの『ローマ人の物語』（新潮社）を読んでから、地中海の地理がよくわかるようになりましたし、遠くの場所までが身近に感じられるようになったのです。本を読めば、何千年も昔の人やはるか遠くの地域に近づくことができるのです。

また、私は宮城谷昌光《みやぎたにまさみつ》さんの『晏子《あんし》』（新潮社）という小説を読んで、主人公の晏嬰《あんえい》という人物の大ファンになりました。晏嬰は身長が六尺（一五三センチ）にも満たない小さな人でしたが、斉の国の名宰相と称せられました。命を落とすほどの危険な目に何度遭遇しても、決して信念を曲げなかった、知恵と勇気の塊《かたまり》のような人物です。『晏子』には多くの名言がありますが、なかでも「益はなくとも意味がある」は至言ではないかと思います。

人間は生まれて二十年経てば、生物学的には大人といわれていますが、昨今は五十歳、いや八十歳になっても、自分のことしか考えない、大人になりきれない人がいます。社会的に大人になるためには、不利、不条理、不合理なことを、できるだけ引き受けなければならないし、またそれが大人としての義務なのです。

私はとくに歴史と地理が苦手でしたが、いまではいちばん好きになりました。このように、読書というのはほんとうにすごい力を持っているのです。昨今は本を読む人が少なくなったといわれていますが、これは個々人にとってたいへんな損失だと思います。

「登場人物の名前や言葉など、よく本の内容を忘れずに覚えていますね」といわれますが、それは感動するからだと思います。そんな感動を与えてくれる本に、これからもたくさん出会いたいと思っています。

相手に伝わる話し方とは

問い　鍵山塾長のご講演はユーモアもあり、たいへんわかりやすいのですが、相手の理解を深めるために、どのようなことに気をつけられているのか、お教えください。

小学校の生徒たちに話をする鍵山塾長

鍵山　私が人に話すときに心がけているのは、できるだけ具体的に話すことです。「ちゃんとやれ」「手を抜くな」「がんばれ」などといっても、「がんばります」といった抽象的な返事しか返ってきません。「もっということはないのか」と聞いても、「一生懸命がんばります」となります（笑）。「何を、どうやって、いつまでに」がついてないと、ほんとうの意味でがんばることにはなりません。また、話す相手だけではなく、だれもがわかる例を用いて話すようにしています。

もう一つ大切なことは、どんなにいい話をしても、話し手の態度や表情が傲慢であったり不快であったりしたら、真剣に聞いてもらえないということです。以前、講演後の感想文のなかに、「鍵山さんは、演壇に上がるときにスリッパを脱いだ。演壇に上がる前も、上がってからも、マイクの前に立ったときも、何度も何度もお辞儀をしてくれた」と、態度ばかりほめられたことがあります。講演内容に一言も触れていないのが問題ではありますが（笑）、このように話をするときの態度や表情は大きな力を持っているのです。

また、講演の際は、私のような者の話を聞いてくださることに感謝しています。先日は、二千五百人の聴衆を前に九十分も話したのですが、全員の延べ時間に換算すると、たいへんな時間をいただいていることになります。そのため、「この程度の話で申し訳ないが、一つでも二つでも伝わってほしい」との願いを込めて、一人ひとりに話しかけるように話をしました。私は目があまりよくないので、聴衆の方々の表情は見えないのですが、私の話を吸収してくれていることは間違いなく伝わってきました。

このように、相手に伝わるように話すには、具体的な例を示しながら、態度や表情に気をつけながら、ということが大切なのではないでしょうか。

手紙やハガキを書くときのコツとは

問い　私自身もそうなのですが、「鍵山塾長からいただいた手紙は絶対に捨てられない」という声をよく耳にします。短い文章で、ポンと相手の心に響く言葉を書かれているからです。コツ

というと失礼かもしれませんが、手紙やハガキを書くとき、どんなことに気をつければいいでしょうか。

鍵山　東井義雄先生というすばらしい教育者が兵庫県におられました。この方に『培其根』という分厚い全六巻の著書があります。そのなかに、「本物」と「偽物」についての記述があります。正確ではないかもしれませんが、「本物とは、人の見ていないところで、どういう生き方をするか」であり、「偽物とは、人が見ているところだけをよくしようとして、ほんとうの偽物になっていく」と書かれていました。つまり、人の見ていないところでどう過ごすかによって、人間の評価は決まるのです。

手紙を書いても、受け取った当人以外は誰も知りません。さらに受け取った当人も、このハガキが夜中の三時までかかって書き上げたことなど知る由《よし》もありません。

ハガキの場合、私は時候の挨拶や枕詞《まくらことば》などはほとんど書きません。用件から入って、用件で終わります。相手によっては多少時候の挨拶を入れることもありますが、基本は用件のみです。そして、相手が何を望んでいるかを念頭において書いているつもりです。

いただいた書状への返信はなるべく早く出します。たまに身の上相談を書いてくる方がおられますが、こんなことまで他人に相談しなくてもいいのではと思うようなことや、私が相談したいようなことまで書いてあります。それに対してきちんと返事を書くと、その人の質問内容がガラッと変わってきます。やはり、やってきたことはムダではなかったと思います。

実践力を身につけるには

問い　**私は何か事を始めるときに、最初の一歩を踏み出すことがなかなかできません。どうすれば最初の一歩を踏み出す実践力を身につけることができるでしょうか。**

鍵山　六十歳のときに書いた『おはん』（新潮社）という小説で有名になった宇野千代さんという作家は、この小説以降十年近くのあいだ、一行も書けなくなってしまった。それで文筆家としての能力はすでに閉じたとあきらめていたときに、中村天風《てんぷう》師からこういわれたそうです。

「できないと思うものはできない。できると信念することは、どんなことでもできる。人間は何事も自分の考えたとおりになる。自分の自分に与えた暗示のとおりになる」

そこで、二、三行書いてみたら、書けることがわかったといいます。宇野さんは「書けないのは、書けないと思ったから書けないのだ。書けると信念すれば書けるのだ」と述べています。

このように、人は挑戦することを躊躇《ちゆうちょ》しがちです。それは、失敗するんじゃないかという恐怖感があるからです。下村湖人《こじん》という作家も「何もしない人は、過失がない」という言葉を遺しています。それは、「何もしないということは、最大の失敗である」という戒《いまし》めなのです。

私たちは、いろいろな知識や経験が身についてくると、つい費用対効果や結果を先に考えて、躊躇することがあります。この躊躇がすべてを停止させてしまうのです。

私も何日か出張して家に帰ると、何もしたくないときがあります。そのままお風呂に入り、本でも読んで寝ようかなと思うのですが、とりあえず三通だけハガキを書いておこうと書きはじめると、三通のつもりが六通になることがあります。宇野さんと同じく、まずは一行書くことが大切です。住所だけ書いて、宛名を書かずにやめる人はいません。宛名を書くと、拝啓と書くというふうに、筆が進みはじめるのですから不思議です。

気が進まなくても、まず着手すること。これが物事をやりはじめる元なのです。頭で考えているうちは、今日は疲れているからとか、明日は早いからとか、マイナスの条件ばかりが浮かんできます。そうすると、ますます実践から遠ざかってしまいます。

難しい本を読むときも、ページ数が多いなあとか、漢字が多いなあとか、最初は躊躇するものです。私が塩野七生さんの『ローマ人の物語』を読みはじめたときがそうでした。聞きなれない地名や長い人名など、最初は抵抗ばかりですが、まずは数ページ、なんとか一巻は読破したいと思いながら読みはじめて、とうとう全十五巻を読んでしまいました。まずは頭で考えないで着手する。これしか方法はないと思います。

実践力も同じです。私も身体の調子がよくないときは、今日は掃除をしたくないと思うことがあります。しかし、とりあえず現場へ行って、具合がよくなければ中止にしようと出かけるのですが、現場に着くと、さっきまでの身体の調子がいつの間にか変わるのです。そういうことは多々あります。

蒸気機関車の大きな車輪が動き出すには、そうとうな力が必要です。しかし、いったん動きはじめれば、あとは惰性《だせい》で、わずかな力で動きます。最初の車輪の一回りを動かすのがたいへんなのです。人間もこれと一緒で、実践力を身につけるには、まず自分の手足を使って身体を動かすこと。それしか方法はありません。

忙しいときに落ち着くには

問い　歯科の仕事をしていますが、ときには待合室で多くの患者様をお待たせしてしまうことがあります。そのようなとき、私は頭の中で段取りを必死に考えているのですが、外見上は決して急いでいるようには見えない、落ち着いた態度でありたいと願っております。私が慌てる素振りを見せれば、スタッフが動揺したり、患者様も落ち着かない気持ちになってしまうからです。そこで、急いでいてもそうは見えないようにするためのアドバイスをいただけたらと思います。

鍵山　私の父の話で恐縮ですが、父は裸一貫から商売を始めて、そこそこの資産を築き上げましたが、戦争ですべてのものを失ったので、そうとう気落ちしたはずです。にもかかわらず、い

岐阜県の疎開先の畑に立つ鍵山塾長

つも悠々としていました。きっと、つらいことも、愚痴をいいたいこともあったと思うのですが、そういう姿を私たち子どもに見せたことはありませんでした。ですから、私自身も父を見習い、いつもお金に困り金策に追われながらも、社員に「社長はお金があって悠々としている」といわれるくらい余裕があるように振る舞うことができました。

父に関していえば、何事にも徹底した準備と後始末をしていました。これは見事なものでした。田植えや稲刈りのときには、一日の仕事が終わったら疲れてヘトヘトになり、何もかも放り投げて休みたいものです。しかし、父は使った道具を柄《え》まできれいに洗って整然と並べ、いつでもそれを手に取れる状態にしてから休んでいました。

また、父は仕事が丁寧でした。草刈りで

も、土を耕すのでも、ほんとうに丁寧でした。それがいつの間にか私にも伝わって、私も掃除を丁寧にするようになったのです。人は、丁寧にやると時間がかかると思いがちですが、そうではありません。丁寧にしたほうが、遠回りでも、結果的には早いのです。ですから、忙しいとき、時間に追われているときほど、丁寧を心がける。その丁寧なことが、自分の心を落ち着かせる。雑にやると、心が波立ってくる。これは間違いのない事実です。

復唱しますと、「準備と後始末」、それと「急いでいるときほど丁寧に」。これにもう一つ加えるとしたら、お客様をお待たせしているときは「すみません、お待たせして」と声をかけるのはどうでしょう。声をかけられると、お客様は待っている時間が少し短くなったような気がしますし、忙しい自分の心を落ち着かせることにもなります。心の中で焦っていると、その焦りは必ず行動に表れ、それが周囲の雰囲気にもなって悪循環になってしまいますから。

努力に対する見返りとは

問い　鍵山塾長は、「現代人が幸せを実感できないのは、努力以上の見返りを求めるからだ」とおっしゃられています。私も「見返り」という言葉は嫌いです。しかし、そうはいっても、この不景気のなかで、自分は一生懸命がんばっているのに、何の見返りもないと、夢や希望が持てずに、暗い気持ちになってしまうこともあります。そんなとき、どのように考えればいいのでしようか。

鍵山　こういう方程式があります。

「現実－欲望＝幸せ」

自分に与えられた現実から欲望を引いた残りが幸せだということです。欲望が小さければ、大きな幸せが残ります。欲望が現実より大きければ、残るのはマイナスの幸せ、つまり不幸せです。

もちろん、欲望はマイナス面だけではありません。向上心も欲望の一つですから、人間にとって大切なものです。問題は、度の過ぎた欲望です。

努力に対して見返りを期待するのはいいのですが、見返りにモノやお金を求めないことです。ほんとうの努力というものは、仮にモノやお金が得られなくても、次の努力に向かうエネルギーになります。逆に、モノやお金を期待した努力は、そのエネルギーを失うことにつながります。

私はありがたいことに、少年時代に八年半、過酷な農業生活を通して、やってもやっても形（農作物）を手にすることができないという経験をしました。まったくムダな労働をよくやりました。でも、その見返りとして、努力し続ける強靭《きょうじん》な精神力を身につけることができました。それが私の財産です。何があっても投げ出さない精神力を得たのです。

努力の見返りは、次への努力と人間的な成長にあると思います。ただし、次の努力につながるためには、いまやっていることに自分自身が真に納得できるようでなければなりません。

マザー・テレサがエリザベス女王から、「あなたのやっていることは、私は百万ポンド（約一億五千万円）もらってもできません」といわれたとき、「私もできません。お金をもらってはできません」と返事をしたそうです。このように、モノやお金の見返りではできない努力というものがあります。できれば皆様にも、そういう世界に入り込んでいただきたいと思います。何を約束されたとしても、あとから振り返って、もうあれほどのことはできないというほどの努力をしていただきたいのです。

「行道の人」を目指すには

問い　「いっていること」と「やっていること」を一致させる「行道《こうどう》の人」になるために、生き方のポイントを教えてください。

鍵山　最初にお断りしておきますが、これができていれば自信を持ってお答えできるのですが、私は「そうありたい」と日々努めているだけなのです。

「いっていること」と「やっていること」を完全に一致できるのはお釈迦《しゃか》様くらいなもので、私たち凡人は完全に一致することなどできません。ただ、二つが重なる接点の部分を少しでも増やしていこうというのが、私の一生をかけての誓いです。

なかには、かろうじてくっついているものの、ほとんど違っている人もいます（笑）。また、いっていることはすごいけど、やっていることは全然違うという人もたくさんいます。

私の願いは、なるべく「いっていること」と「やっていること」を近づけるようにすること。自分がこの食い違いを「恥ずかしい」と思うことです。食い違いを絶えず「恥」とする自覚が大事だと思います。

換言すると、「いっていること」は論理的で、「やっていること」は情緒的ともいえます。いまは論理的なものばかりが大きくなって、情緒的なものが蔑《ないがし》ろにされています。皆さんにお願いしたいのは、情緒的なこと、つまり自分の手足や身体を通して学んでほしいということです。できるだけその部分を大きくする努力をしていただきたいのです。

まもなく私は七十六歳になります（二〇〇九年五月時点）。最近、私の文章が世の中に広がっていくようになって、「いっていること」と「やっていること」が乖離《かいり》しているのではないかと懸《け》念《ねん》を抱くこともあります。ですから私は、自分の都合が許すかぎり、早く会社に行って、社員の皆さんが出勤する前にゴミの整理をしたり、前日の後片付けをするようにしています。いちばん低いところで、この接点の部分を増やすのが、もっとも具体的な実践だと信じているからです。

本来、上に立つ人とは、不自由なものです。この不自由を甘んじて受け入れるから、権限のない人はその人に権限を委ねようという気持ちになるのです。たしかに接点の部分を増やそうとするのは、不自由で窮屈な生き方です。しかし、それに耐えているから、皆がいうことを聞いてくれるのです。

心が荒む事件をなくすには

問い　二〇〇九年の刑法犯認知件数は二百五十万件以上で、一日当たり七千件近くも発生しています。この数字を見ても、年々、人間の心の荒みが広がっているように感じます。皆が夢や希望を持ち、思いやりあふれる社会をつくるために、私たちは何をしなければならないのでしょうか。

鍵山　戦後まもなくの日本は何もなくて、モノさえ手に入れば幸せになれると思っていたものですが、いまはモノに満ちあふれても幸せになれるわけではないという世の中に変わりました。

終戦直後は、靴下一足でも手ぬぐい一本でも、手元にあることがありがたかったし、うれしかった。そういう時代でしたから、すべてに対して感謝ができました。両親への感謝であり、祖父母への感謝であり、先祖や私たちが住んでいる地球環境への感謝、そういう念を昔の人は強く持っていました。ですから、神社仏閣の前を通るときは、必ずそこで頭を下げ、手を合わせるということをしておりました。

いまは、モノが十分に満たされた反面、感謝の心がなくなってきました。感謝の心がなくなる

米軍厚木基地の周辺清掃が縁となり、横須賀基地の空母ジョージ・ワシントンに招待された鍵山塾長（操舵室の艦長席にて）

と、同時になくなるものがあります。それは、未来への責任です。過去や周囲に対する感謝の心のない人が、未来への責任感を持っていることはありません。そういう過去と未来のない人は、いまだけよければ、私だけよければ、という刹那《せつな》的な生き方を送るようになります。刹那的な考え方をしている人が、社会で助け合っていくことはできません。未来のことも、周囲のことも、過去のことも考えられる人のみが、助け合っていけると私は思います。

だからといって、物事は、何事もいっぺんに変えることはできません。まず自分の行動を変え、自分の行動を通して人の行動を変えていく。これしかないと思うのです。

現在、地球上には六十五億人の人が住んでいます。そんなことは到底できないかといえば、そうでもないのです。人間というのは不思議な力を持っていて、あるところまでいくと、周りが急速に変わっていくという影響力を持っているのです。したがって、人間は「悪いこと」を「いいこと」に変えることができると信じて、実践していただきたいと思います。けっして大それたことではなく、身近なことでいいのです。

しかし、ここで覚えておかなくてはならないことがあります。それは、悪いことはどんなに小さなことでも一回で悪ですが、善は一回や五回や十回では善とはいわないということです。繰り返し繰り返し積み重ね、年月をかけて「善」といわれるのです。

善がたいへんなのは、時間の洗礼を受けることです。時を乗り越えれば、あとはスッといけます。乗り越えるところまでやり続ける。必ずよくすることはできる、これを信じてやっていただきたいのです。

いっぺんにガラッと変えることはできませんが、辛抱強く、信じて取り組んでください。時の洗礼を受けつつ、それに耐えてください。それが私からのお願いです。

好きな花とは

問い　私は花をたくさん育てており、美しい花が咲くと「ありがとう」とか、元気がなくなると「お水をあげないでごめんね」とか語りかけると、いつも不思議と安らかな気持ちになります。鍵山塾長にもそんな経験はありますか。また、どんな花が好きですか。桜の花でしょうか。

鍵山　もちろん、桜の花は好きですね。でも、そんなに深い思い入れはありません。思い入れがあるのは、アザミの花です。

私は一九四五年三月に岐阜県に疎開しましたが、それはもうたいへんみじめな生活を送りました。そんなとき、父がどこからかウサギを買ってきてくれ、飼いはじめました。三月の岐阜の山奥はまだ枯れ野のような状態でしたが、川沿いの土手にはアザミのきれいな紫の花が咲き誇り、そして濃い緑の葉が広がっていました。

ウサギはアザミの葉を好んで食べるものですから、私はカゴいっぱい摘んできました。するとウサギは喜んで食べる。その食べる姿を見るのがうれしくて、一人で一生懸命、カゴに集めました。アザミの葉にはトゲがあって、触るとチクチク痛いのですが、ウサギの喜ぶ姿を思い浮かべると、そんなことはまったく苦になりませんでした。

このことが、少年時代の、何の希望もない、寒々しい私の心を癒してくれました。いまから六十年以上も前の話になりますけれども、いまでも私の始まりのような気がするのです。そのあと、ＮＨＫのラジオ歌謡で『あざみの歌』（一九四九年から放送）という歌がはやりましたが、そんなことも重なって、他の人にとっては雑草の一つにすぎないようなアザミの花が、私にとっては特別な思い入れのある花になっているのです。

第六章　新宮運送の取り組み

無事故無違反ドライバーがたくさんいる会社

兵庫県たつの市は「播磨《はりま》の小京都」と称され、しょうゆ、そうめん、皮革の地場産業で知られる。JR姫路駅から在来線に三十分ほど乗ると、同市の新宮《しんぐう》町にたどり着く。その町で半世紀以上にわたり運送業を営んでいるのが㈱新宮運送だ。

従業員百名（グループ全体では二百九十名）、保有車両百台を超え、売上二十三億円を誇る、地元を代表する優良企業だ。率いるのは木南一志社長（六十二歳）。

一九九二年、社内にて先代（創業者の父・岩男さん）から続く安全運転への取り組みを強化、内部からの強い反対があったものの、月一回土曜日、全社員を休日出勤させて「CSミーティング」（安全講習会）を開催。強い反対の理由は、その人件費。売上はゼロである。しかし、木南社長は、安全教育を徹底させ、事故を無くすことで経費を吸収すると主張した。一九九三年からは

松下幸之助歴史館にて、鍵山相談役(右)と新宮運送の木南一志社長

「S-DEC運動」(Safety pro Driver's Endless Challenge systems)と称する四千日間の無事故無違反無トラブルを推進する循環型の安全運動を始める。これは、単に四千日を目指していく右肩上がりの運動ではない。達成したらまたゼロから取り組むという循環型、自然の摂理《せつり》は同じように循環しているというところにヒントを得たそうだ。その結果、同社グループでは四千日、つまり、十一年間にわたって休日や私生活での運転も含めて無事故・無違反・無トラブルを達成した社員が三十七名も生まれている(二〇二一年四月時点)。これは運送業界のなかでも稀有《けう》な事例である。

こうした安全運転への取り組みにより、「エコドライブコンテスト」(環境省・環境再生保全機構主催)にて二〇〇九年に環境大臣賞、二〇一一年に環境エコドライブ活動コンクール最優秀賞、二〇一〇年に兵庫県大気環境保全連絡協議会主催の「あおぞら大賞」を受賞するなど輝かしい成果を上げている。

一方、一九九九年、鍵山相談役との出逢いをきっかけに、木南社長は「播磨掃除に学ぶ会」を立ち上げ、近隣の学校や駅のトイレ掃除をはじめ、地元の環境美化に努めている。

そんな木南社長が経営観や人生観を大きく変える出来事があった。二〇〇一年、四十二歳の厄年《やくどし》のときにスキルス性胃ガンを発症したのだ。奇跡的に回復したのをきっかけとして、鍵山相談役の「益はなくとも意味はある」生き方に気づき、それまでは毎年、経営計画発表会を開き目標を数字化していたものを、数字だけを目指すことは欲望を満たすだけで、私欲に走り人間性を損《そこ》なうとして追いかけることをやめた。そして、社外から講師を招き、人生や生き方を学ぶ勉強会「養心の会　播磨」をはじめる。

東北の復興支援にも尽力されており、月刊誌『ＰＨＰ』を被災地の学校に贈呈する活動や、とくに福島県内の多くの児童施設に対しては、『綿毛にのって』という三本杉祐輝《さんぼんすぎゆうき》先生の詩と矢口洋子さんの写真をもとに写真集や日めくりカレンダーを発行して、全国の有志から支援を受けて千五百万円もの支援を行なった。三本杉祐輝先生は、福島県双葉町出身。熱血の中学校教諭であったが、血液のガンで入院中に被災し、原発事故の影響で病院ごと避難するも他界した。

毎月発行している「こころ便り」は、社員の給料袋にメッセージとして入れていたものだが、いまでは愛読者が七百名を超える。「こころ便り」には、鍵山相談役から木南社長に届いた手紙がたびたび掲載されるため、鍵山相談役のいまの思いを伝える貴重な情報源ともなっている。

以上のように、鍵山相談役の教えを日々実践し、鍵山相談役が最も頼りにする経営者の一人が木南社長である。

人を使う難しさに悩む日々

新宮運送の創業は一九六二年。木南社長の父、岩男さん（現会長）が三十二歳のとき、従業員五名、トラック三台からスタート。社名は、播磨の新宮の地名を広く世間に知ってほしいという思いから、「新宮」の文字を託すことを当時の町長に許可されたことに由来する。

たつの市や揖保《いぼ》郡では手延《てのべ》そうめんの「揖保乃糸」が有名だったため、北陸方面や東海方面などにそうめんを運ぶ仕事が舞い込み、出足は順調だった。

しばらくして、姫路に石油化学工場が進出し、大手運送会社の下請けの仕事が入ってくる。一生懸命仕事をしていたら、下請けではなく、直接に運送の依頼もきた。時代は高度経済成長期。工場の拡張が進むにつれ、トラックの台数が当初の三台からどんどん増え続け、十年で三十台を超えた。さらに自動車整備工場もつくり、民間車検ができるようにした。

しかし、会社経営が軌道に乗ったころ、岩男会長の妻に乳ガンが見つかる。幸い、手術は成功し、再発もなかった。その間、妻の通院に連れ添った岩男会長の人生観が変わる。「カネ儲けだ

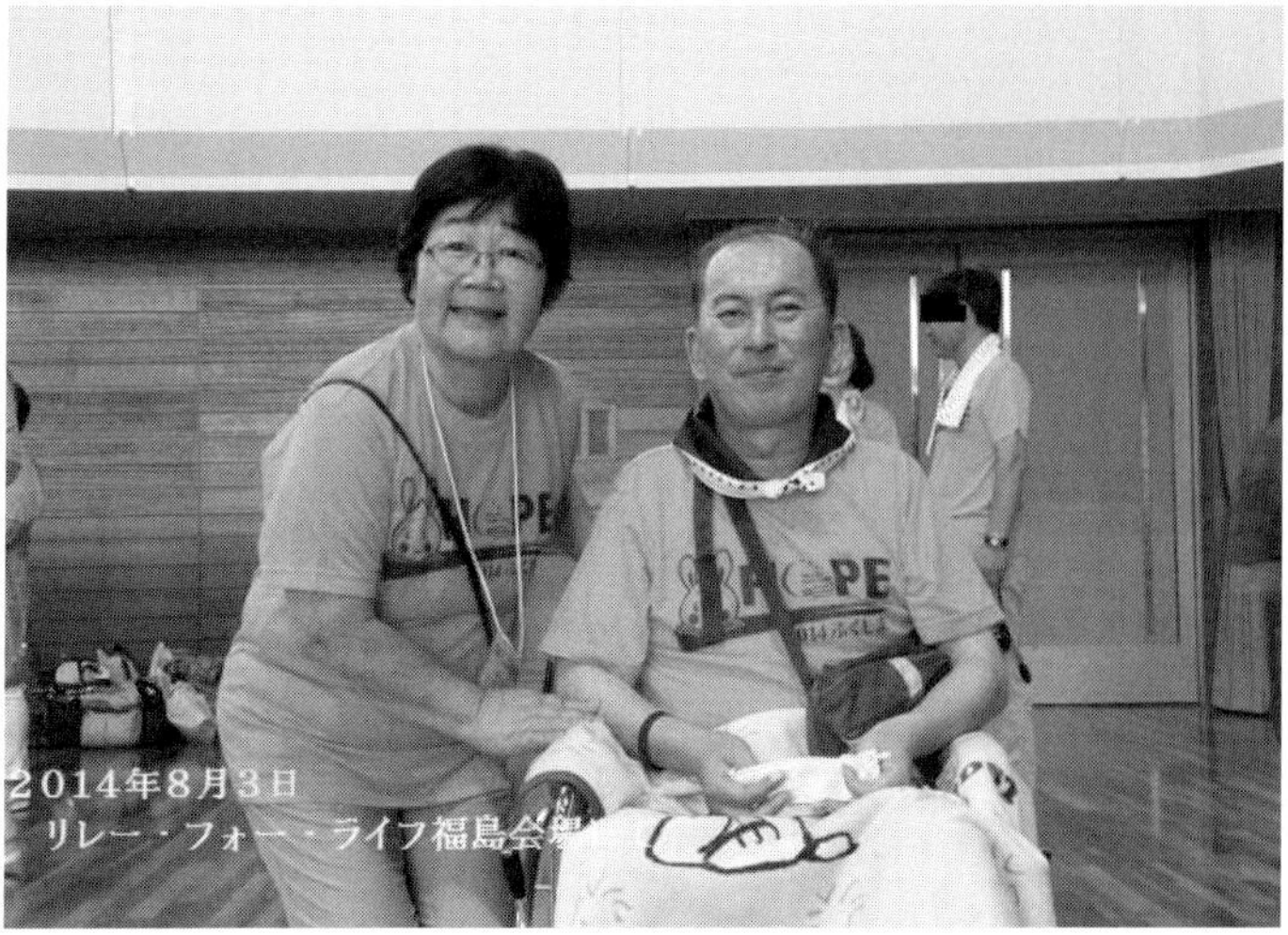

三本杉祐輝先生（右）と矢口洋子さん

日めくりカレンダー『綿毛にのって』第一集〜第三集

けじゃない。世のため人のために生きる」との思いが強まり、社会活動に力を入れはじめた。その実績が認められ、「全国商工会連合会理事」「近畿府県商工会連合会連絡協議会会長」「兵庫県商工会連合会会長」「兵庫県共済協同組合理事長」などの要職を務めるまでに。

やがて社会奉仕活動で知られるライオンズクラブの地区ガバナー（代表責任者）として多忙になり、社長としての仕事との両立が困難になったことから、二〇〇一年、社長の座を長男の一志さんに譲ることにした。一志さんが四十二歳のときだ。

木南社長は流通経済大学卒業後、大手運送会社に勤務ののち、二十五歳のとき新宮運送に入社。二代目経営者であるものの、「経営者は代々初代」がポリシーだ。まだドライバーとして仕事をしていた三十歳のときだ。あるお客様から「この仕事をしてくれないか」と声をかけられた。「帰って社長に相談します」というと、その方は「君に頼んでいるんだ！」といわれ、その場で返事をした。そんな経験もあって、みずから㈱兵庫物流を設立し、新宮運送の勤務もこなしながら経営のイロハを学んでいった。

兵庫物流の経営は当初、順調だった。「仕事がたくさんあって、『楽勝や！』という感覚だった」と木南社長。ところが、仕事はたくさん入ってきても、従業員のほうが次第についてこなくなる。当時、兵庫物流は二十四時間の交代勤務で、配送先の製品を加工する仕事を請け負っていた。ある日、木南社長は通常の新宮運送での仕事を夜の七時に終えた。すると、兵庫物流の八時から夜勤に入る予定の従業員から電話がかかってきて、「出勤できなくなった」という。代わりの者がいないので、木南社長が夜勤に出た。翌朝、夜勤が終わると、新宮運送に出社し、寝る間もなく夕方まで勤務。すると、また七時半ころに別の従業員から「体調が悪いから休む」と電話が入った。

人を使うのはほんとうに難しいと悩んでいたところ、「掃除をしたら会社がよくなる」という話を耳にした。

「掃除くらいなら俺でもできると思い、翌朝からチリトリとホウキを持って、会社周辺の道路の掃除を始めました。目についたのはタバコの吸い殻で、懸命に拾っていましたが、いくらやっても会社はよくならない。それどころか、社員が『社長、こっちもお願いします』と言い出す始末でした（笑）。いま振り返ると、掃除を始めた当初は、『お前たちも手伝えよ』というオーラが私の背中から出ていたんじゃないか。だから協力者が出てこなかったのだと思います」

鍵山相談役との出逢い

そんな孤軍奮闘を続けていた木南社長に転機が訪れる。一九九九年の夏のことである。北九州市の木南社長の友人が、鍵山相談役の講演&掃除研修会を主催した。「トイレ掃除で上場会社をつくった経営者」と聞き、強い興味を持って北九州市へ向かった。講演の内容も衝撃的だったが、もっと驚いたのが、翌朝の掃除実習だった。中学校のトイレを掃除したのだが、このとき木南社長は初めて素手、素足で男性の小便器と向かい合った。

「自分は掃除をするつもりでやってきたのに、いざドロドロに汚れた便器を前にして、できれば他の人がやってくれないかなという弱気な気持ちが出てきました。そのときです、『お前、偉そうにいっているわりに、たいしたことねえな』と便器が話しかけてきたのです。それで、えい、ままよ！と、一心不乱で二時間かけて磨きました。やがて真っ白に輝いた便器を見たとき、『ああ、やったな』という充実感というか達成感が身体中にみなぎりました」

このとき、みんなで掃除道具を片付けたのだが、鍵山相談役がスポンジの水をしっかり絞ったかどうか、一つひとつチェックをしていたという。それを見た木南社長は、「ああ、こういうところを大事にされるのか」とびっくりしたそうだ。

とはいえ、その後も木南社長の掃除を手伝う社員は現れなかった。また、大雨が降る日などは外での掃除をあきらめ、事務所内の清掃をすることにしていた。事務所内といえども、床の端から端まで雑巾《ぞうきん》で拭き上げ、ホコリやゴミ一つ落ちていない状態に仕上げていった。それで満足している自分がいた。

そんなある日のこと。この日も朝から強い雨が降っていた。「今日はやめようかな」と思って、ふと壁を見ると、鍵山相談役の日めくりカレンダーの言葉が日に飛び込んできた。

「『晴れたら実施、雨なら中止』というように、あいまいな基準をつくるから徹底されません。例外をつくらないことです」

新宮運送の本社

鍵山相談役の日めくりカレンダー『ひとつ拾えばひとつだけきれいになる』より

「例外をつくらない」という言葉が木南社長を叱っているように感じた。そこで、意を決して雨合羽《あまがっぱ》を着て掃除に出かけた。土砂降りの雨の中で落ち葉をかき集めるのだが、ホウキはまるで役に立たなかった。ほかに道具はない。「なんでこんなことを始めてしまったのか」と悲しい気持ちになったという。

しかし、よく考えると、両手という道具があるではないか。根気よく落ち葉をかき集めているうちに、周りのことがいっさい気にならなくなり、自分しか見えなくなった。それからは、雨の日も「やるぞ」と気力がみなぎる自分がいた。掃除を始めて八年目のことで、この日から怖いものはなくなったという。

それから二年くらい経ったころ、ちらほら手伝ってくれる社員が出てきた。新宮運送の社員はほとんどドライバーである。木南社長が道路を掃除している姿を彼らは車の中から見てきた。雨の日も雪の日も黙々と掃除をしている木南社長を見て、だんだん心が揺さぶられていったのだろう。掃除を始めて十年。ついに社員の意識を変えたのだ。

「雪が降るなかを帰ってくると、トラックの車体もタイヤもドロドロです。その洗車を、寒い夜中に黙々とやる社員が出てきたのです。洗車については、いままで一度も命令したことがなかったので、うれしかったですね」

同じころ、「播磨掃除に学ぶ会」も大きな変化を体験していた。最初は友人と二人で駅のトイレ掃除から始めた。ローカル線の駅だからか、大便器の扉は板が打ち付けられて使用禁止。小便器は異臭が漂《ただよ》い、とても使う気になれない状態だった。そこを掃除させてほしいと駅員にいったら、返ってきた言葉が「何かの宗教ですか」だったという。

ところが、トイレがきれいになるにつれ、駅前に花が植えられるようになった。駅の周辺のお店が自分の店舗前を掃除するようになった。そしてついに駅舎が新しく建て替わったのである。木南社長は、地元にある二つの駅のトイレ掃除をやったのだが、この二つの駅だけ新しくなったというから驚きだ。

社長になった途端、ストレスから大病を患う

掃除を始めてから、木南社長は、自分の経営のおかしな点に気づくようになったという。じつは、木南社長は、小学六年生のときに松下幸之助の伝記の感想文を書いて表彰されている。それ以来、松下幸之助のような経営者になるのが目標になった。ところが、実際はどうだったか。

「利益を出さないことには事業を継続できないので、とにかく利益を上げるのが会社の仕事だと思っていました。社員ががんばって利益を増やせば、特別賞与も出す。それが社長として立派なことだと。だから社員に対して、『仕事をとってきたんやから、やれ！』という姿勢になっていた。まったくのカン違いです」

それを痛感したのが、社長に就任した四十二歳のとき、スキルス性胃ガンに襲われたことだ。

1993年から始めた「S-DEC運動」。4000日無事故・無違反・無トラブルの社員は37名もいる（2021年4月時点）

それには理由があった。かつて新宮運送の経営には名義上、岩男会長の親族がかかわっていたことがあり、木南社長が別会社を勝手に創業したことが引き金となって会社を分割することになった。その際、木南社長が十五億円の借金全額を引き受けることになり、これが木南社長の精神に重くのしかかったのである。

事実、手術を担当した医者からも「最近、大きなストレスはなかったですか？」と尋ねられたくらいだ。結果として胃の三分の二を切除することになったが、幸い健康状態は回復した。それから、木南社長は数字を追いかけることをやめた。

「新宮運送では毎年、経営計画発表会を開いていますが、いまは目標を数字で示すことはしていません。数字だけを追いかけると、私欲に走ってしまい、人間性が失われてしまうからです」

もう一つ、胃ガンになったときに鍵山相談役から送られた『晏子《あんし》』の言葉、「益はなくとも、意味はある」が人生の羅針盤になったという。

「私が病気になったことをたまたま知った鍵山相談役が、わざわざブラジルから航空便で『プロポリス』を取り寄せ、『晏子』の本と一緒に送ってくれたのです。まだお会いして日が浅いのに、一部上場会社の現役社長がここまでしてくれるとはと病床で心が震《ふる》えました。晏子（斉の名宰相）は、見返りのないことにどれだけ真剣に取り組めるかが人物の器を決めるといっています。それはまさに鍵山相談役の生き方そのもの。この本が送られてきたことは、私にとって生き方を変える大きな節目となりました」

数字より「風を起こさない運転」を目指す

それから木南社長は、数字を目標にしない経営を目指すようになった。では、何を目標としたのか。それが、「風を起こさない運転」である。

「退院後の二〇〇二年のこと。いつものように県道で掃除をしていた最中に、たった一台、風の起きないトラックに気づいたのです。速度は出ているが、風が起きなかった。『これがプロだ』と感じ、脳裏に『風を起こさない運転』というキーワードがひらめきました」

ドライバーの中には、走行車線を右へ寄ったり左へ寄ったりして、少しでも速く走ろうとする人がいるが、新宮運送では早く目的地に着きたいなら、ほかの人より三十分早く出発してゆっくり走ったほうが安全だという考え方に立つ。何より道路がわれわれの職場なのだから、マナーが大事。急ブレーキを踏んだり、急発進したりすることは職場を汚していくことと同じなのだ。

注目すべきは、ただ運転マナーを教えるのではなく、具体的取り組みの背景に、社員に対する人間教育があることだ。エコドライブの実践という小手先の技術の話ではなく、そもそも運送業務に携わるトラックドライバーとしてなすべきことをなすという教育をしているのだ。木南社長は、掃除の実践を通して、こんな考え方を持つようになったという。

「『わかっている、知っている』と、『やっている、できている』というのはぜんぜん違います。ゴミが落ちていたら拾うべきだというのは知っていても、実際にゴミを拾わなければダメ。拾うようにするには、実際に掃除を体験してみることです。一回できた、二回できたということを積み重ねていくなかで、自分で気づいてゴミを拾うことが習慣化される。そうすると、ゴミを捨てない、つまり世の中に迷惑をかけない人に育つのです。そこまで育てるのに時間はかかりますけれど。運転も同じ。掃除とは一見関係なさそうだけれども、世の中に迷惑をかけない運転の仕方ということが少しずつ理解できるようになってくるものです」

その成果は次々に現れる。二〇〇九年、環境省など主催の「エコドライブコンテスト」で、一万社近い参加企業の中からただ一社、最高の「環境大臣賞」の栄誉に輝いたことだ。エコドライブとは、環境負荷の軽減に配慮した自動車利用のことである。さらに同社は二〇一〇年にも、エコドライブ推進に力を入れたとして、兵庫県大気環境保全連絡協議会主催の「あおぞら大賞」を

運行前点検(上)やアルコールチェック(下)も徹底している

受賞した。科学的な燃費管理やエコドライブを実践するドライバーに対する報奨制度など、木南社長の環境問題へのかねてからの取り組みが実を結んだといえよう。

急ブレーキを踏んだり、急発進したりしないことは、安全面でプラスになるのみならず、エコドライブにも関係する。新宮運送が環境大臣賞を受賞した理由には同社の独自の取り組みもあるが、そもそもマナーを守るという人としての基本がトラックドライバーのあいだで確立されていたことも要因だろう。人間教育の大きな成果である。そのほか、「まんてん情報カード」を作成し、社員のいいところをできるだけ見つけて評価することに努めている。

「世直しREサイクル」で再生されたトイレットペーパーには、鍵山相談役の至言「ひとつ拾えばひとつだけきれいになる」が印刷されている

「トラックドライバーの仕事は一人でする孤独なものなので、他人からはその仕事ぶりがわかりません。社員同士も、たまたま出会ったときに会話を交わすくらいです。だから、互いにほめたり注意したりすることもない。それで、ほかの社員がいい

ことをしているのを見たり聞いたりしたら、ちょっとしたことでもいいのでカードに書き込んで、ほめようということにしました。互いに離れているがゆえに伝えられない部分を伝えていこうと。カードを見て初めて、みんないいことを、知らないところでやってくれていることがわかりました」

木南社長はその一方で、社員を他人と比較してほめるようなことはしないようにしている。一人ひとりの社員を大切にしているからこその方針だ。

新宮運送はリサイクル事業にも先進的な取り組みをしている。参加型のリサイクルシステム「世直しＲＥサイクル」では、企業のオフィスから出る大量の不要紙を「世直しＢＯＸ」と呼ぶ専用箱で回収し、再生されたトイレットペーパーを排出企業自身が購入するシステムをつくりあげた。「リサイクルは循環してこそ意味がある」と木南社長はいう。

「リサイクル事業に関していえば、私は目黒区の菅刈公園での掃除で鍵山相談役から多くのヒントを学びました。たとえば、大量の落ち葉はゴミとして捨てずに、公園の中につくった堆肥箱に入れて、生ゴミを混ぜて堆肥をつくっています。その際に重要な存在がミミズです。ミミズは土や生ゴミを食べて有機物や微生物を消化吸収して糞を排出します。それが良質な肥料になるわけです。そこで鍵山相談役はミミズが食べてくれるような堆肥をつくらなければいけないとおっしゃった。それはほんとうに地味な取り組みですが、続けることで循環型の社会に生まれ変わるのです。小さなことを地道に積み上げる。まさに凡事徹底です」

（文責：ＰＨＰ研究所）

第七章　ヘイコーパックの取り組み

地球に優しい工場として見学者が絶えず

栃木県芳賀《はが》郡芳賀町に本社があるヘイコーパック㈱は、現社長の鈴木健夫さん（六十五歳）の父・恒男さんが一九六五年に設立した㈲鈴木ビニール工業所が前身である。その後、ビニールの加工から紙製品の製造販売に移行、一部上場企業の㈱シモジマ（包装用品・店舗用品の総合商社）の紙製品の製造を請け負い、業容を伸ばしてきた。資本金八千万円、売上高二十三億円（二〇二〇年三月期）、社員百七十名を擁《よう》する、地元を代表する企業である。

鈴木健夫社長は大学卒業後の一九七九年に入社。一九八〇年、シモジマの足立工場閉鎖に伴い、その設備の一部と人員を含めて合併、ヘイコーパックを設立し、シモジマの専属工場として再出発、やがてシモジマグループ最大の工場に成長した。それだけにシモジマからの信頼は絶大で、二〇〇八年にシモジマの連結子会社となり、シモジマグループの新入社員教育の場としてへ

ヘイコーパックの鈴木健夫社長

イコーパックが利用されるまでになった。

なお、二〇二〇年十二月にヘイコーパックはシモジマが保有する全株式（二五%）の譲渡を受け、連結子会社ではなくなった。その理由として、新型コロナウイルス感染拡大による経済活動の低迷により、紙製品の需要が大幅に減少する一方、脱プラスチック等の環境問題に対する意識が高まっており、紙製品に対するニーズに急激な変化が生じている。そこで、今後ヘイコーパックがこれまでの領域に捉われず、さらなる技術開発や設備投資を通じて新たな販路拡大を含めた事業展開を主体的に行なうことを目指して、連結から抜けることになったのである。

さて、ヘイコーパックは掃除の実践をベースにした「5S」活動を徹底しており、工場内は機械も床もきれいに磨かれ、ピカピカに光っている。そのため、ユーザーである大手百貨店や同業者の工場見学も多く、業界のモデル工場として注目を浴びている。

さらに驚くべきことは、二〇二〇年にすでに取得ずみのＩＳＯ９００１と１４００１を返上し、独自の管理システム「ＫＥｉＡＩ環境・安全・品質マネジメントシステム」の運用を開始したことである。その目指すところは、「環境と安全と品質と生産性が一致する工場」である。たとえば、環境マネジメントの具体例には、

- プラスチック廃棄物の再資源化（リサイクル・固形燃料化など三分類）
- 紙廃棄物の完全リサイクル（五〜十分類）
- 自社完全再生紙の実現
- すべての排水はフィルター処理→オゾン処理→活性炭処理をして浄化
- 照明のＬＥＤ化を二〇一九年中に完全実施
- 蒸発熱を利用したコンプレッサーと触媒を使用しない空調機を一部に使用
- フレキソ、グラビアインキの一〇〇％水性化、接着剤の環境ホルモンフリー化
- 印刷の乾燥のための廃熱を利用して補助暖房に用いたり、最終工程には乾燥ＢＯＸを設け、機械やインキ等を掃除した後のウエス（布）を乾かして再使用したり、ウエスの焼却時の環境負荷を抑える

等々、常に業界に先駆けた取り組みを行なっているのだ。

床は輝くほどきれいに磨かれ(上)、物も無駄なく整理整頓されている(下)

また、会社周辺の掃き掃除にかぎらず、社員教育として、週一回公園と障害者授産施設のトイレ掃除を行なうなど、地域の環境美化に貢献する取り組みも続けている。

一九九七年からは「栃木掃除に学ぶ会」の事務局として「栃木県内の小中高校のトイレ掃除の会」等の企画運営を行ない、「掃除は、モノを磨くことを通じて人の心を磨く」をモットーに、産学一体となった心の教育活動を実践。

さらに、障がい者の雇用も積極的に推進し、いまでは社員数の四分の一近い三十八名の障がい者が働いている。彼らが働く姿を見学に訪れる行政や福祉の関係者も後を絶たない。ちなみに、障がい者の雇用によって会社の雰囲気は明らかに変わったという。

「第一に、社内的に思いやりの心が育まれ、穏やかな社風になりました。第二に、何事に対してもあきらめずに一所懸命に取り組む純粋な姿勢が根付きました。第三に、いままで気づかなかったことに気づかされ、健常者も人間的に成長することができました。よい社風こそ経済性を向上させます。障がい者の雇用のメリットは計り知れません」（鈴木社長）

その実績から、ヘイコーパックは「障害者雇用　中小事業主」に認定された。障害者の雇用の促進及び雇用の安定に関する取り組みの実施状況などが優良な中小事業主を厚生労働大臣が認定する制度（もにす認定制度）であり、障害者雇用の取り組みに対するインセンティブを付与することに加え、地域における障害者雇用のロールモデルとして公表し、他社においても参考にできるようにするものである。

鍵山相談役との出逢い

ところが、一九九六年、鈴木社長が四十歳のとき、父親の先代社長から経営を任されたころの会社は、いまとはまるで違う状況だったという。さまざまな難問が山積しており、何から手をつけていいのかもわからない日々を送っていたそうだ。

その第一は、なんといっても人の問題だった。それまで社員教育が放置された状態で、仕事をする以前に、従事する社員の意識がはなはだしく低かったのである。

最もひどいころは、会社に行ってみなければ、その日に誰が出社してくれるのかわからないほどだった。製造機械を動かす人数が揃わないときは、鈴木社長が家まで迎えに行って、まだ寝ている社員を起こし、会社に来てくれるように頼んでいたというのだ。そうでもしなければ、工場が回らなかったからである。

「そのころ、社員募集で学校や職業安定所に行っても、門前払いは日常茶飯事でした。求人誌などでの募集も、一年間に一本の電話もない状況が続きました。やっとの思いで採用にこぎつけた社員も、ちょっときついことをいえばすぐに辞めていきました」

第二の難問は、職場が著しく劣悪な環境だったことだ。機械は汚く、床は厚さ二〜三センチの糊《のり》とインキが混ざった汚れで覆《おお》われていた。工場内は雑然とし、不良品の山。生産性は上がらず、収支も最悪の状態だった。

鈴木社長と社員の心はすっかり荒みきっており、会社とは名ばかりで、労務倒産（人手不足、人件費増大、労使関係の悪化などが主な原因で起こる企業倒産）寸前。それこそ崖っぷちから落ちそうなところに、鈴木社長も会社も追い込まれていたのだ。

そんな状況にあったとき、鈴木社長の脳裏に、ある記憶が蘇った。それは、かつて視聴したビデオ『「感動を売る」経営』（日経BP社）の内容だった。

この作品は、イエローハットの創業者・鍵山秀三郎氏の掃除活動に重きを置いた経営体験を紹介したものだ。鈴木社長はこの作品を最初に見たとき、ショックで身体中に電流が走ったという。

「三十年間、独り黙々と掃除を続けてこられた鍵山社長（当時）に比べて、自分は……」

鈴木社長は己の至らなさを恥じ、あまりの感動で涙が止まらなかったそうだ。

社長就任後、改めて鍵山相談役の指南する掃除道のことが気になった鈴木社長は、藁《わら》にもすがる思いで、テープが擦り切れるくらい繰り返し見た。しかし、「ほんとうにこんな経営があるのだろうか」と、にわかには信じられず、すぐには行動に移すことができなかった。

というのも、これまでいろいろなことに取り組んできたものの、何一つ続かなかったからだ。

「今度こんなにすごいことを始めて、もしまた続かなかったら、すべてを失ってしまう」

鈴木社長は独り迷いながら、繰り返しテープを見ることに明け暮れていたという。

糊やインキで汚れた床を鈴木社長みずから掃除

そうこうしているうちに、「どちらにしても、こんな会社を続けていても仕方がない。やるだけのことをやるしかない」と肚《はら》をくった鈴木社長は、朝早く出社して、みずから社内を掃除することにした。

まず、水回りの掃除から始めた。ビデオで語られていた鍵山相談役の一言一言が、指先から身にしみてくるように感じた。

やがて糊や油、インキで曇《くも》ったステンレスの流しが、少しずつ輝いてきた。床のタイルやトイレの便器も光りだしてきた。

そうなってくると、「会社をどうしたい」とか「変わらなければ」という目先の焦りや義務感は次第に弱まり、心の奥底からの感動と満足感のみが、鈴木社長の身体中にみなぎるようになった。

約三カ月が過ぎたころ、「その掃除はすご

いですね」と一人の社員が気づいてくれた。鈴木社長の行動が社員の心を動かし始めたのだ。「これを会社が変わるきっかけにしたい」。そう思った鈴木社長は、幹部社員に集まってもらい、募る思いを打ち明けた。そうすると、数名の社員が賛同し、ともに掃除をするようになった。

ちょうどそのころ、鈴木社長は以前から気になっていた研修会社㈱アイウィルの研修に自ら参加すると同時に、管理職全員の派遣を決断した。社内に激震が走った。それまで安穏《あんのん》としていた社員は、予想していた通り猛反発した。しかし、鈴木社長が不退転の決意であることを察知すると、数カ月で十名近い社員が辞めていった。

当時のヘイコーパックは、まだ社員数五十名足らずの小さな工場だった。欠員の出た状態で、生産を維持するのは容易ではなかったが、それでも鈴木社長の心は落ち着いて、晴れ晴れとしていた。今度ばかりは覚悟を決めて臨んでいたため、心に迷いや不安の入り込む余地がなかったからである。

鈴木社長の覚悟が伝わっていくにつれ、社内に掃除の輪が広がり、少しずつ工場がきれいになっていった。そして、生産性や収益も上昇に転じ、社内に笑顔とさわやかな挨拶が飛び交うようになったというのだ。

これと前後して、鈴木社長は鍵山相談役が全国に展開していた「日本を美しくする会・掃除に学ぶ会」にも参加するようになった。参加するだけでなく、一九九七年に「栃木掃除に学ぶ会」

を新たに発足させた。現在もその事務局を担っている。

鈴木社長はこの過程を振り返って、他の誰でもなく自分自身が変わったと告白している。

「それまでの私は、社員ばかりを責めていたように思います。しかし、社員と一緒に掃除をするようになってから、社員の後ろ姿に手を合わせられるようになりました。同時に、少々のことでは動じないようになりました。身の回りに起きることの意味を感じられるようになったのです」

不思議なものである。時を置かずして、そんな鈴木社長と波長の合う社員が入社してくるようになったというのだ。鈴木社長が社内の変化を実感できるようになったのは、そのころからだそうだ。

工場は最大のセールスマン

どんな会社にも活路があるものである。ヘイコーパックの場合も、下請企業という消極的なイメージから、親会社に信頼され、あてにされる優良企業へと変身することができた。ひとえに、トップである鈴木社長の変身が、大きく影響したからだ。

ナポレオンの名言に、「一頭の羊《ひつじ》に率いられた百頭の狼《おおかみ》の群れは、一頭の狼に率いられた百頭の羊の群れに敗れる」というのがある。また、同じような意味で、不朽の名著『戦争論』を著したプロイセンの軍事学者クラウゼヴィッツは、「軍の戦力は、これを指揮する将帥《しょうすい》の精神によって決まる」と断言している。

つまり、会社がよくなるには、社長が有能で、社員が無能なことはあっても、その逆は絶対にありえないということだ。間違っても、社長のやる気をそのままにしておいて、社員のやる気を促すなどというのは、本末転倒もはなはだしいということである。

鈴木社長はそのことにいち早く気づき、掃除の実践を通して率先垂範《そっせんすいはん》するようになった。鈴木社長の鬼気迫る決意が、周囲の社員を圧倒していったのだろう。その結果、「掃除の実践こそが会社改革の第一歩」という共通認識が、社内にできていったのである。

掃除をして変わったのは、職場がきれいになったということばかりではない。働く社員の表情が変わってきた。それまで暗い表情だった人が、明るくなった。愚痴ばかりいっていた人が、前向きな意見をいうようになった。そして、冷ややかな人が優しくなった。

明確な理由はわからないが、そうなったことは事実である。おそらく、掃除をすると達成感が味わえるからではないかと思う。

たとえ小さな達成感でも、体験すると自信になる。その自信が、人間を変えていくのだろう。いままでは工場見学にきた人から、「働いている社員さんの笑顔がいいですね」と、異口同音《いくどうおん》に評価されるまでになった。社員たちの心の中から湧き出る気持ちは、自然とそのまま顔の表情となり、周りの人に伝わるのだろう。そんな笑顔こそ、訪れるお客様への最高のおもてなしである。

ヘイコーパックが会社として担う役割に、外に出ての営業活動は含まれていない。しかし、ヘイコーパックの社員たちは、工場内にいながらにして、見学にきた人をファンにしている。「工場は最大のセールスマン」――そう称されるほどに、ヘイコーパックは掃除と笑顔で、親会社のセールス面でも貢献してきたのだ。

気づく力と価値観を共有する力

掃除の効用は次の二つ、と私は鍵山相談役から教わった。

一つは、気づく人になることである。世の中で成果を上げる人とそうでない人の差は、無駄がないかどうか。掃除を通して気づく人になることによって、無駄がなくなるという教えだ。

もう一つは、価値観の共有である。掃除の効用の中でも、とくに大切なことだと私は思う。自分たちの職場をみんなで掃除することによって、協調性が生まれてくる。協調性は連帯感を育み、同じ価値観を共有する力になる。

ヘイコーパックは掃除の実践を通して、社員の気づく力を育んでいった。その結果、無駄がなくなり、成果へと結びついた。また、共同作業することによって連帯感が芽生え、価値観を共有する社風になっていった。

現状に愚痴や不満ばかりをいっていても、道がひらけることはない。みずから行動し、まず身近な相手が自慢したくなるような会社や自分になる以外に、活路を切りひらく方法はないのだ。ヘイコーパックはそのきっかけを、掃除の実践をベースにした「5S」活動でつかんだのである。

鈴木社長と鍵山相談役の直接の出逢いは、掃除を始めてから一年後の一九九六年四月。第一回「神奈川掃除に学ぶ会」が川崎市の有馬中学校で開催されたときのこと。鈴木社長は三名の社員を連れて参加した。鍵山相談役に挨拶をする前から感極まっていた鈴木社長は、鍵山相談役のにこやかな笑顔に接し、言葉に表せないほどうれしかったという。

翌九七年五月の休日、鈴木社長は社内で「掃除に学ぶ会」を開催する。場所は会社近くの公園のトイレ。事前に許可を取り、汲み取り式の便器を掃除することにした。もちろん強制ではなく自由参加だったが、半数近い社員が集まってくれた。

かなり汚れた便器を皆で心を合わせて磨き上げた。鈴木社長が感動したのは、掃除後の感想を聞いたときだった。若い社員が、「臭くて臭くて、正直逃げ出したかったのです。それだけに、やり遂げたとき、これからどんなにつらいことがあっても、このトイレの前に立てば我慢できると思いました」と涙を流しながら発表したのである。このとき、鈴木社長は社員の変化を実感したという。

その後、鈴木社長が中心となって「栃木掃除に学ぶ会」が立ち上がり、宇都宮駅前の清掃のほか日光などの観光地の清掃も行なうまでになり、いまでは全国にある「掃除に学ぶ会」の模範となっている。

「敬天愛人」の石碑に込めた思い

ヘイコーパックの入り口の左側には大きな石碑が建っている。タテヨコそれぞれ三mくらいの立派な石碑である。石碑には、鈴木社長が尊敬してやまない西郷南洲翁の座右の銘、「敬天愛人」が刻み込まれている。「敬天愛人」はヘイコーパックの社是でもある。掃除で培われた社風を、「敬天愛人」思想にまで志向しようという鈴木社長の熱い願いと祈りが込められているともいえる。

右前方の小さなほうの石碑に刻み込まれているのが次の言葉である。

「人を相手にせず、天を相手にせよ。天を相手にして、己を尽くし、人を咎《とが》めず、我が誠の足らざるを尋ぬべし」

この言葉は、生前、西郷南洲翁が自修の句として口癖のように唱え、自分自身の行動規範にしていた有名な考え方。鈴木社長はこの言葉を、自分の手帳とロッカーの扉に小さく書き写し、西郷南洲翁同様、自修の句にしている。

一九九九年一月十八日、この石碑の除幕式が厳粛に執り行なわれた。当日は、光栄なことに私が「敬天愛人と凡事徹底」というテーマで講演させていただいた。

そのあと、除幕式とパーティが執り行なわれた。

パーティで祝辞を依頼された鍵山相談役は、次のような挨拶をされた。

「皆様、こんにちは。ヘイコーパック様二十周年と石碑のご建立、おめでとうございます。

鈴木社長と私はご縁をいただいてそう長い年月ではありません。しかし、最初にお逢いしたときから、この若さでどうしてここまで人間ができていらっしゃるのだろうか、そう思いました。一人の人間をよく知るには長い年月が必要ですけれども、鈴木社長を知るには長い年月は必要ありませんでした。すぐにわかりましたね。

また、掃除を通してヘイコーパック様の社員の皆さんにお会いすると、皆さん人柄がとてもいいですね。これも大したものだと思います。いま、私も方々の会社とご縁がありますけれども、社員さんの人柄のいい会社というのは、とても少ないです。そういうなかにあって、このヘイコーパックさんはすばらしい社員だと思っていつも感心しております。

いま、『できた人』といいましたけれども、『できる人』と『できた人』はどちらもいいわけですけれども、私は『できる人』より『できた人』のほうが人間としてはずっとはるかに上だと思います。そういう意味で、鈴木社長がこの若さで、『あの人はできた人』だというふうにいわれる、そういう人間であることはすごいことだと思います。

鈴木社長に捧げる詩を一つご紹介します。

『幾年月、陰徳耐忍下坐《いんとくたいにんげざ》の行《ぎょう》。重ねられにし、この人にして』

「敬天愛人」の石碑（左から、鈴木社長、鍵山相談役、筆者）

人間は誰でも、目立つことをしたい、人から誉められたい、派手なことをやりたいという自己顕示欲を持っています。けれども、そういうなかにあって、鈴木社長またヘイコーパック様のみなさんがいつも陰徳、耐忍そして下坐の行、縁の下の力持ちに徹しておられる姿を見ると、この詩がそのまま鈴木社長とヘイコーパック様の社員様に当てはまりますね。

もう一回申し上げます。

『幾年月、陰徳耐忍下坐の行。重ねられにし、この人にして』

どうかこの社風をますます練り上げられて、日本一社風のよい会社にされることをここに願いまして、お祝いの言葉にかえさせていただきます。おめでとうございます」

東日本大震災の壊滅的な被害を乗り越える

二〇一一年三月十一日、東日本大震災が発生したとき、大災害を被《こうむ》ったのは東北方面だけではなかった。栃木県芳賀町も震度六強の大きな揺れに襲われ、ヘイコーパックも壊滅的な被害を受けた。新聞・テレビ等では大々的に報道されなかったが、実害は半端ではなかった。

ただ、同じ栃木県でも、鬼怒《きぬ》川を挟んだ西部と東部では被害に歴然とした差があった。鬼怒川を境にして断層が異なり、西部ではそれほど目立った被害がなかったのに対して、東部に位置するヘイコーパックの周辺では目を覆うばかりの惨状が広がっていた。

震災後、私がやっと現地に足を踏み入れることができたのは三月十四日。すでに震災発生から三日が過ぎていた。ある程度の片づけはなされていたものの、ほとんどが手つかず状態のままだった。工場内の機械は散乱し、天井や壁のいたるところが崩壊（落）し、床には一面、インキや糊がこぼれ落ちていた。

ヘイコーパックは、紙袋・包装紙の製造メーカーである。平素は、工場内に大型の製袋機械や印刷機械が所狭しと設置され、倉庫にはいつも直径約一メートル、幅約一メートルの紙ロールが約五メートルの高さに林立していた。

つまり、一歩間違えれば大事故になっていても不思議ではない職場環境だった。ところが、奇

東日本大震災で壊滅状態となったヘイコーパック創業の地の古い倉庫

跡的に怪我を負った社員は一人もいなかった。地震発生時、出張中だった鈴木社長は、まずこのことに胸をなで下ろした。

訪問した日、私は工場から五～六キロ離れた創業の地に建つ古い倉庫にも足を運んでみた。その倉庫近辺の一般家屋や石塀《いしべい》は、見るも無残。道路沿いの石塀は、軒並み倒壊していた。家屋は屋根瓦が剝《は》がれ落ち、傾いた家も数軒あった。また、ほぼ全戸の屋根に雨除けのブルーシートがかぶせられていた。

もちろん、大谷石《おおやいし》でできたヘイコーパックの倉庫も二棟がペチャンコ。驚きというよりも、唖然とするような光景だった。

それでも、鈴木社長の心は折れなかった。大被害にもめげず、全社をあげて復旧への一歩を踏み出した。当然、工場近隣に住む多くの社員も、何らかの被害に遭っていた。なかには、自宅が全壊した人も何人かいた。

にもかかわらず、ほとんどの社員が会社の復旧作業を優先してくれた。そんな社員の一致協力が功を奏し、一週間後には一部の機械が操業できるようになった。建物は修理しながらだったが、一カ月後には、ほぼ震災前の操業状態に戻った。

近隣の大企業でさえ、操業が再開できたのは五カ月後の八月だった。この事実からだけでも、いかにヘイコーパックの操業再開が早かったかがわかるだろう。これは、掃除をすることで培《つちか》ってきた粘りと精神力と協調性の結晶以外の何物でもなかった。

人や組織の底力は、危機に直面したときに表面化する。普段、それほど気にも留めていなかった社員の人間的な成長がこんなかたちで発揮されるとは、鈴木社長も夢にも思っていなかった。それだけに、鈴木社長は身震いするほど感激した。

「日頃、掃除（5S）に取り組んでいなければ、こんな大災害に直面して、とても立ち直ることはできなかっただろうと思います」

後日、鈴木社長はしみじみと口にした。この一言に、鈴木社長の思いがすべて込められているように思う。

ところが、鈴木社長が抱えていた問題は、工場の操業再開だけではなかった。震災前から進めていた第二工場の建設計画が悩ましい問題として残っていた。果たしてこの時期に、当初の計画どおり実施すべきか否か。最後の決断を迫られていたのだ。

2012年９月に竣工したヘイコーパックの新工場(市貝工場)

思い悩んだ末、鈴木社長はついに決断した。下した答えは、計画どおり新工場建設の断行。そして、着工したのが翌二〇一二年の二月。完成したのが同年八月末だった。

完成した新工場は、敷地面積が約三千坪、建物面積が約千五百坪。環境を重視した近代的で衛生的な工場である。とくに、障がい者雇用に配慮した優しいつくりにもなっている。工場内の壁面には、鍵山相談役の日めくりカレンダーの言葉が額に入れられて、至るところに掛けられていた。

九月二十七日、新工場で竣工パーティが開催された。壇上に立った鈴木社長の第一声は次のようなものだった。

「みなさんのお顔を拝見していますと、『大丈夫かなあ』という表情で私を心配してくださっているように見えます。そのとおり、いまの私は、うれしさよりも『これでよかったのかなあ』という不安のほうが強くあります。しかし、こうして建設した以上は前へ進むしかありません。何卒ご支援とご協力のほどを、改めて心よりお願い申し上げます」

あまりにも当を得た即妙のスピーチだっただけに、その場に居合わせた私たちは苦笑を禁じ得なかった。

しかし、そのときの鈴木社長は卑下《ひげ》したわけではなく、正直な気持ちを吐露《とろ》したのだ。心の奥深く、不退転の決意を秘めて挨拶したのである。本音を語りながら、オーバーにいえば身震いするような心境だったのではないかと思う。

後日、私の元に届けられた鈴木社長からの手紙には次のように書かれていた。

「まさにどん底の業績から、這い上がるべく行動できる幸せの真っただ中にいます。すべての答えはやはり、掃除にしかないように思います。必ずや……」

大震災から一年半。この時期に、少なくはない負債を抱えての再出発である。眠れぬ夜もあったはずだ。だが鈴木社長は、苦難が自分を強くしてくれると信じている。だからこそ、「這い上がるべく行動できる幸せの真っただ中にいます」と書いているのだ。そのエネルギーのベースになっているのが、これまで続けてきた「鍵山掃除道」の実践にほかならないのである。

障がい者雇用の先進企業

　掃除同様、ヘイコーパックが積極的に取り組んでいるのが、障がい者雇用である。現在、全社員百六十名のうち、三十八名には何らかの障がいがある。つまり、全社員の約四分の一が障がい者ということになる。

　そんな障がい者の潜在能力を発掘して、いかんなく発揮させ、見事な会社経営をしているのが鈴木社長である。鈴木社長の功績は、二代目として会社を大きくしたということにとどまらない。多くの障がい者にやりがいを与え、欠くことのできない戦力としながら、現在の会社のかたちをつくってきた。

　これと似たような事柄について、鍵山相談役も語っていた。

「よく人から『鍵山さんは平凡な人に非凡な仕事を任せて、会社を大きくしてきた稀有の経営者ですね』といわれることがあります。その評に対して私は、『いえ、そうではありません。私は平凡な人が平凡な仕事をしても、十分に成り立つ仕組みをつくって会社経営をしてきました』と説明するようにしています」

　自転車一台での営業から、一代で東証一部上場まで果たした鍵山相談役の弁である。能力だけで社員を選んできたのではない、ということを力説したいのであろう。いかにも、「能力」よりも「人柄」を大切にしている鍵山相談役らしい言葉である。

鍵山相談役の高弟である鈴木社長もまた、師の教えに則《のっと》って会社経営をしている優れた実践経営者である。その鈴木社長が障がい者を積極的に雇用しているのは、ひとえに、人を能力だけで選ばない会社経営を実践するがための取り組みなのだ。

実際、ヘイコーパックで働く皆さんは、障がいのあるなしにかかわらず、誰もがイキイキとしている。そして障がいのある方のほうが、掃除にしても、挨拶にしても、むしろ積極的なくらいだ。会社が最優先している掃除と挨拶の実践が楽しくて仕方ない、という雰囲気なのである。

そんな障がい者を子に持つ親は、喜々として会社に出かけるわが子の姿を見て感激するという。家族として、こんなにも幸せなことはないだろう。朝、会社まで子どもを送ってきて、出迎えた社員に深々と頭を下げて帰られる親御さんもおられるそうだ。

基本的に毎月一回、全社員で、ほぼ一日を費やして社内をきれいにする掃除活動の中心となっているのが、「敬愛塾」である。これは、西郷隆盛の座右の銘「敬天愛人」から、鈴木社長が命名したものだ。

「敬愛塾」で行なっているのは、まず各職場の徹底掃除だが、掃除の実践にもとづいた人間道場の趣旨も込められている。とくに障がい者が多いヘイコーパックでは、職場を皆できれいにしながら連帯感と協調性を育む場にしており、掃除後には講演ビデオを鑑賞したり、外部から講師を招いて講演会を開いたりすることもある。内容は業務とは直接関係はないが、人間としての考え方・生き方を学べるものばかり。

そして恒例となっているのが、「朝礼コンテスト」だ。一連の行事が終わった後、各職場対抗で朝礼の実践例を競うコンテストが行なわれている。審査員による審査が行なわれ、優勝チームにはドリンク等の賞品が贈呈されることもある。

このコンテストで、ひときわ光彩《こうさい》を放っているのが、障がい者だけからなる敬愛工房チームだ。最初のころは、声が小さいばかりか朗読も十分にできず、朝礼にならなかった。ところが、練習を重ねた結果、見違えるように声が大きくなり、皆で声をそろえて朗読できるようになった。

人間、やればできるものである。なかには、身体機能障がいのある女性が、どうしてもできなかった作業を来る日も来る日も練習して、三週間後にはついにできるようになったということもあった。そのとき、彼女の表情はたとえようもなく大きな達成感に満ち溢れていた。同時に、「難しいだろう」と思いつつ見守っていた周囲の人たちは、感動し、歓喜の声を上げた。その場にいたすべての人々が、大きな勇気をもらったのである。

当然、障がい者たちのそうした真摯な取り組みが会社全体に及ぼす影響は、小さくない。健常者が障がい者から、直接勇気をもらっているのだ。

この「敬愛塾」も着実に、鈴木社長が目指している「人柄のいい会社」に沿った学びの場となっている。

朝礼コンテストで自信が生まれる

以前、この朝礼コンテストを見学した鍵山相談役も、すばらしい朝礼だと賞賛された。とくに、障がい者だけからなる敬愛工房チームの朝礼に心を揺さぶられた。あまりに感動した鍵山相談役は、自社のイエローハットで、ヘイコーパックをはじめ「SJクラブ」に加盟する会社が参加しての朝礼コンテストを開催したらどうかと私に提案した。

イエローハットの経営理念とも呼ぶべきマインドは、「もっと感動、もっとしあわせ」。何よりも、感動をサービスの原点に置いている会社だ。鍵山相談役は、障がい者が放つ純度の高い感動を、自社の幹部たちにも味わってもらうことで、経営の原点を忘れないでほしいと伝えたかったのだろう。

朝礼コンテストが開かれたのは、二〇〇八年五月十一日。出演したのは、五社からなる「SJクラブ」の代表チーム。それぞれの会社の選抜チームである。

会場はイエローハット本社の大会議室。開催当日は、各チームの練習部屋まで用意されていた。まるで、歌手や舞台俳優になったかのような待遇である。いやがうえにも、出演者の緊張感は高まっていった。

各チームは、鍵山相談役をはじめ約百名の見学者の前で、各社独自の朝礼を披露した。

朝礼コンテスト(2008年)に出場した敬愛工房チームと鍵山相談役(右)

出演チームの真摯な朝礼発表に対して、見学者からは惜しみない拍手が贈られた。なかでもとくに注目を浴びたのが、ヘイコーパックの敬愛工房チームの朝礼だった。満場の拍手を浴びながら、自信たっぷりに壇上を後にした彼らの姿が、いまでも目に焼きついて離れない。

この敬愛工房チームの朝礼は、いまや社外でも注目されつつある。同社へ工場見学に訪れた際に、彼らの朝礼をぜひ見学したいと希望される人が多く、そのたびに敬愛工房チームは朝礼を披露するのだという。

人から評価されれば、自信になる。自信ができれば、自然と人を惹《ひ》きつける魅力が生まれてくる。鈴木社長は、彼らに自信を持ってもらい、そして、より魅力のある人になってもらいたいのである。

生まれながらに身体的なハンディのある人が、明るく元気に活躍している職場こそが「人柄のいい会社」である。そして、協力し合って互いのハンディを乗り越える過程で、さらに人間性の向上が育まれるのだ。

ヘイコーパックの取り組みは、どれも「すぐに結果を期待しない」ことばかりである。派手で華々しいものは何一つない。地味で、手間ひまがかかるということで一貫している。

すぐに結果を期待すると、どうしても目先の損得に振り回されがちだ。そうなれば、手段や過程を無視した強引な生き方にならざるをえない。しまいには、周囲の人を追い落とし、人の心を傷つけることになる。

第一、結果だけを急ぐと、生き方そのものに誠意がこもらなくなる。誠意の伴わない生き方は、一時は脚光を浴びることがあったとしても、いつか必ず転落する。これは、社員教育や会社経営にもいえることである。手っ取り早いものに、心は宿らないからだ。

その点、ヘイコーパックは、一見、遠回りと思える掃除と朝礼の実践に、膨大な時間と手間ひまをかけてきた。その取り組みは、社員の人間性向上にも大きな実を結び、予期せぬ大災害に対しても信じられないような底力を発揮してみせたのである。

コロナ禍での大きな変化と新たな希望

冒頭にも述べたように、新型コロナウイルス感染拡大による経済活動の低迷により、紙製品の需要が大幅に減少したことで、ヘイコーパックの業績も一気に落ち込み、二〇二〇年度の売上は前年比七割まで減少した。レジ袋の有料化により脱プラスチックに拍車がかかったものの、レジ袋に代わる紙袋の単価は五倍から十倍もするため、需要が高まることはなかった。

そのような経営環境の悪化に伴い、ヘイコーパックは二〇二〇年十二月にシモジマの連結子会社から脱したのだが、最近大きな変化を感じていると鈴木社長がいう。

「ひとつの例として、把手《とって》のつかない角底の紙袋の需要が急増しているのです。ファストフードのテイクアウトなどによく使われているものです。この紙袋は一九八〇年くらいまでは、スーパーや小売店で一般的に使われていました。しかし、プラスチックのレジ袋の普及によってほとんど需要がなくなりました。当然、メーカー側も製造機械を廃棄せざるをえなくなり、当時の機械はいまやほとんど残っていません」

つまり、需要があるのに製造する機械がないというのだ。ただ、需要がゼロになったわけではなく、細々とではあるがヘイコーパックにも注文があり、薄利ながら製造を続けてきた。当然、機械のメンテナンスも怠っていなかった。さらに、ヘイコーパックでは、他のメーカーが同様の機械を廃棄するという話を耳にすると、廃棄するなら譲ってほしいと交渉し、引き取っていたのだ。

「使わない機械をなぜ引き取っていたのかというと、古い機械を分解してきれいに掃除して組み立てるという作業が5S活動の延長線上にあって、自分たちにもできると思ったからです。部品の一つひとつを丁寧に磨き上げると、まるで新品同様になるのです。その瞬間は、えもいわれぬほどうれしいものです」

　結果として、5S活動の一環として取り組んでいた古い機械の分解・組み立て作業が思わぬ成果を生むことになった。その機械こそ、いま供給が逼迫《ひっぱく》している角底の紙袋の製造でフル稼働しているからだ。

「そうしてできた機械が現在五台あるのですが、どのメーカーもそんな古い機械は処分してしまい、数多く持っていないのが現状です。それだけの新台を買うとなると二億円以上かかりますから、いまだ他社の増設の話は聞こえてきません。そのため、いろいろな伝手《つて》をたどって弊社に注文の声がかかる状態が続いています」

　さらに驚くべきことは、シモジマと長年ライバル関係にあった大手の包装資材商社がヘイコーパックを訪ねてきたというのだ。やはり、角底の紙袋をつくるメーカーを探してたどりついたそうだ。

「幹部が何度か商談に来られたあと、社長も視察に来られました。時間をかけて視察をされたあと、すごいところが三つあるとおっしゃったんです。一つが、いまでは使われていない機械を分解して新品同様に使っている現場の技術力だと。二つ目が、弊社が開発した再生紙です。その会社もオリジナルの再生紙をつくるのが悲願でしたが、工場で分別しなければならないため、構想

古い機械のビフォーアフター
左上から時計回りで解体→磨き→塗装→組み立て

だけで終わっていたそうです。それで、弊社が分別から梱包《こんぽう》まで一貫して行なっている過程を見て驚いていました。三つ目は、障がい者と健常者が一緒になって和気あいあいと働いている姿だと。いずれも一朝《いっちょう》一夕《いっせき》では成しえないことだと感心されていました。それを聞いて思い出したのが、鍵山相談役の『微差、僅差の積み重ねが、やがて大差となる』という言葉でした」

じつは鈴木社長には、脱プラスチックの流れを見るかぎり、いずれ古い紙袋製造機が復活するのではないかという予感があったという。それは二〇一五年九月の国連サミットで採択された持続可能な開発目標（ＳＤＧｓ）の方向性に合致するものであり、自社製再生紙の開発もその流れに沿ったものだった。

鍵山相談役は「なにごとも毎日の努力の積み重ねが、大きな差となって表れます。しかも、気づいたときは、誰も追いつけないくらい大きな差となっている。骨惜しみをしないことです」といっている。５Ｓという地道な活動のなかで、それを見事に証明したのがヘイコーパックではないだろうか。

第八章　鎌田グループの取り組み

一代で地元を代表するグループ企業に育てる

鎌田建設㈱の本社所在地は、鹿児島県下第二の都市である霧島市にある。会社を率いるのは鎌田善政社長（七十四歳）。一九六七年四月、鹿児島大学農学部の二年生だった鎌田青年が国分《こくぶ》市（現霧島市）内に小さなガソリンスタンド（鎌田石油）を開業したのが創業である。以来五十四年を経て、総合建設業を営む鎌田建設を核とした鎌田グループ会社十社を束ねる代表者でもある。また霧島商工会議所会頭として、地元経済の活性化にも尽力されている。

グループ会社は、鎌田石油（四店舗）、中央測量コンサルタント、鹿児島イエローハット（七店舗）、社会福祉法人政典会（特別養護老人ホームやグループホームなど九施設）、高級温泉旅館「おりはし旅館」など多岐に及び、社員六百名、売上高百億円を誇る大隅《おおすみ》半島では屈指の大企業である。

社是は「おかげさま」。鎌田社長曰く、「企業の財産は人。それを支えるのは教育。一番忘れて

鍵山相談役（左）と鎌田善政社長（鎌田建設の社長室にて）

はならないのは地域社会への感謝。総合建設業の基本は技術、高い施工能力、そして深い信頼。そのためには、社員一人ひとりが、『この会社に入ってよかった、幸せだ』と思える会社を目指し、そして常に『おかげさま』の心を忘れず、世の中から信頼され、あてにされる会社を目指しています」。

鎌田建設の現場では、国土交通省が建設現場の生産性向上を目的として推進している「i-Construction」（ＩＣＴ技術を活用する取り組み）を早くから導入、二〇二〇年度「九州地方整備局優良施行業者表彰」をはじめ、高い評価を受けている。

また、女性社員の仕事と子育ての両立支援に積極的に取り組む企業として「かごしま子育て応援企業」に認定されているほか、女性が働きやすい環境整備や制度の導入などを行なう「鹿児島県女性活躍推進宣言企業」にも認定されている。

鍵山相談役との出逢い

鎌田社長と鍵山相談役との出逢いは、一九九六年十一月。鍵山相談役が鹿児島に出張した帰りに、鎌田建設の社屋を目にしたのが始まりである。車で空港へ送ってもらう途中、ひときわ上品な建物が鍵山相談役の目に飛び込んできた。そこで、運転をされていた鹿児島ヨコハマタイヤ㈱の鳥井ヶ原孝夫社長（当時専務）に、思わず「あの会社を経営しておられる人はどういう人ですか」と尋ねたそうだ。

すると、鳥井ヶ原さんが「私の同級生です」と答えたのだ。そこで鍵山相談役は、「あの会社は普通の会社ではないですね。なんと表現していいのかわかりませんが、『氣』みたいなものが伝わってきます。次回、鹿児島に来たとき、あの会社の社長にぜひ会わせていただけませんか」と鳥井ヶ原さんにお願いして帰途についたそうだ。

鳥井ヶ原さんは空港から帰る途中、鎌田建設に立ち寄り、鎌田社長に事の次第を話したところ、「ならば、そのうちというのではなく、鍵山社長（当時）のご予定をお伺いして、すぐ会いに行きましょう」と鎌田社長。

じつは鎌田社長は、鍵山相談役のことを映画『てんびんの詩』を通して知っており、いつかお

まるで美術館のような鎌田建設本社

会いしたいと思っていたという。
すぐに上京した鎌田社長は、鍵山相談役と会うなり、本物の経営者と確信され、以来、深い交わりを続けることとなる。
鍵山相談役も「住まいはその人の人柄を表すといいますが、鎌田社長と初めてお会いして、その言葉の意味がよく納得できました。私が目にした社屋の持ち主・鎌田社長は、あの社屋にふさわしい心温かい人柄がそのまま感じられる人だったのです。私は初対面にもかかわらず、鎌田社長の感受性豊かな人柄にいっぺんに魅了されてしまいました」と語っている。
それから鎌田社長は、短期間にイエローハットを二店舗も開店したほか、幹部社員をイエローハットの掃除研修に派遣、社内で「鍵山掃除道」を浸透させていった。また、すぐに「鹿児島掃除に学ぶ会」を立ち上げ、鹿児島県全域に掃除の輪を広げていったのである。現在、鹿児島県では、全国でも一番多い九つの「掃除に学ぶ会」が活動しているほどだ。

徹底した掃除がお客様の心を打つ

鍵山相談役が鎌田建設の美しい社屋に目を留めたのが、二人の出逢いの始まりだったが、しかし、その実態は「業者任せの掃除」であったり、「指示命令掃除」の域を出ていなかったそうだ。事実、鎌田社長自身も掃除を率先垂範することはなかった。

ところが、イエローハットの掃除研修に参加されてからの取り組みは、目を見張るものがあった。鎌田社長自身、出張で会社を不在にするとき以外は、毎朝六時には出社して会社周辺を掃除するのが日課となった。そんな鎌田社長を見ていた社員も、自然と手伝ってくれるようになり、いまでは社員が早朝掃除をする社風が見事に定着した。

それから掃除にまつわるエピソードが次々に生まれる。

鎌田建設は大規模な土木事業や建設事業のほかに、個人住宅の建設（カマダの家）も手掛けている。建築に当たり、もっとも徹底していることが現場での掃除と整理整頓である。

自分の家を建てるお客様にしてみれば、一生に一度あるかないかの高い買い物。当然、建築途中の現場には何回となく足を運んで、家ができあがっていく様子を見るのが楽しみでもある。そ

掃除が行き届いた検校川の堤防（右が鎌田建設の敷地）

のとき、いくら建築途中とはいっても、あまりにも雑然とした現場では、決して気持ちがよくないばかりか、心配にさえなってくる。
ところが、鎌田建設の現場では、常に道具や資材がきちんと整理整頓されているのだ。具体的には、火事の原因になりやすい木屑《きくず》等は溜めないようにする。とくに床下など見えないところほど、きれいにしておく。また、仕事が一段落するたびに埃《ほこり》や汚れをきれいに拭き取っておく。
そんなことを当たり前のようにしていた鎌田建設に、お客様から次のようなお手紙が届いたという。
「立派な家を建てていただいて満足しております。担当の方に追加で看板をお願いしましたところ、立派な看板をつくっていただきました。サービスといわれたのですが、私も鎌田建設さんの社風に惚れ込んで建てた家です。鎌田建設さんが少しでも損を出すようでは意味がありません。これから先も車庫などをつくりたいと思っています。頼みにくくなりますので、きちんと請求してください」

お客様の立場に立って、家づくりに取り組んできた鎌田建設ならではのエピソードだろう。

また、次のようなこともあった。

毎朝、会社近隣の道路や河川敷を約二キロメートルにわたって掃除をしている鎌田建設に、「気持ちだけでたいへん申し訳ないのですが、道端の植込みの剪定代《せんてい》として私どもにも負担させてください」と、近くの会社が年間二十万円の支払いを申し出てきたという。

さらには、隣のラーメン屋さんから浄化槽設置の注文も入った。お伺いしてみると、「毎日掃除をしていただいているので、汚い排水を出すのは忍びない。ついては、せめてきれいな排水として流せるようにしたいから、浄化槽を設置していただきたい」という注文だった。

優良企業から共同入札の誘い

建設業界を取り巻く経営環境は決して楽観できるものではない。鎌田建設にしても例外ではないだろう。ところが、掃除をするようになってから、売上高は横ばいながらも原価率が著しく改善され下がってきたという。当然のことながら、利益も向上してきた。掃除をすることによって、社員の意識が変わると同時に、日々の創意工夫が改善につながってきた成果ではないだろうか。

もっと大きな話もある。たまたま鎌田建設の社屋前を通りかかった同業者から、仕事の共同入札を誘われ、共同で約三十三億円の契約を受注したという話だ。

二〇一七年八月七日、会社に一本の電話がかかってきた。電話の相手は、それまでまったく面識のなかった、山口県岩国市にある㈱カシワバラ・コーポレーションの柏原伸二会長の代理を名乗る人からだった。

電話の向こうから、その人がいうには、

「じつは過日、会長の柏原が御社の前を車で通りかかりました。そのとき、御社のたたずまいに魅せられて、つい車を停め、見学させていただきました」

そのうえで、

「すばらしい会社です。たたずまいを見れば、御社がどんな会社か手に取るようにわかるような気がします。御社のような会社と、弊社もぜひ、お取り引きをさせていただきたいと思っています」

と、柏原会長が話しているというのだ。

あまりにも思いがけない内容の電話に、鎌田社長はキツネにつままれたような、半信半疑の気持ちだった。

カシワバラ・コーポレーションは、山口県内でも有数の超優良企業である。創業六十九年を誇

「鹿児島掃除に学ぶ会」で鍵山相談役(右)とトイレ(小便器)の水漉しの掃除に励む鎌田社長(左)

る、地元でも数少ない老舗《しにせ》企業の一社で、業種は主にプラント塗装を中心とする総合建設業。とくに塗装工事完工高（平均決算完工高）では、日本一の輝かしい実績を持つ。ちなみに、資本金は二億五千万円、売上高（連結）は八百十二億円。社員（連結）千四百九十名を擁する（二〇二一年四月三十日現在）。

しかも、公益財団法人を設立して岩国美術館の運営にもあたるなど、社会貢献活動にも力を入れている。自社の利益だけでなく、地域貢献も重んじている、まさに地元から愛されている会社なのである。

この鎌田社長への一本の電話がきっかけとなって、具体的に仕事が進展していった。その一つが、奄美《あまみ》大島で建設が予定されていた防衛省関係の仕事だった。共同企業体として、一緒に取り組まないかというお誘いを受けたのだ。

十月末、共同企業体としてその仕事を無事落札し、両社で約三十三億円分（鎌田建設分は約十億円）の受注を得た。この金額は、鎌田建設の年間売上高の約五分の一にもあたり、決して小さな額ではなかった。

ましてや、朝から晩まで何日も、社員が足を棒にして営業しても、そうやすやすと受注できるような金額ではない。それほどの大きな注文を、いってみれば、社内に居ながらにして受けることができたのだ。これ以上の営業は考えられないだろう。

これは、掃除を徹底して、社内外をきれいにしていたからこそ生まれたエピソードだ。一見、本業とは無関係に思われる掃除が、こうして仕事に結びつくこともあるのだ。掃除には、理屈を超えた何か不思議な力が秘められている気がしてならない。

鎌田社長が鍵山相談役と出逢ってしばらく経ったころ、鍵山相談役から教えてもらった言葉がある。

「よいことをすれば、人に好かれる」

「よいことを進んでやれば、人にあてにされる」

「よいことを続ければ、人に頼りにされる」

以来二十五年にわたり、この教えを経営の指針にしてきた鎌田社長へのご褒美だったのかもしれない。

名うての泥棒が会社に入るのをあきらめた話

もう一つ、ユニークなエピソードを紹介しよう。鎌田建設に、かつて県下でも名うての泥棒が押し入ろうとしたことがあった。だがなんと、会社のあまりのきれいさに侵入をためらい、未遂に終わったのだという。

鎌田社長がこの未遂事件を知ったのは、かなり後になってのことだった。懇意にしている地元警察署長との懇談の場で、次のような話を聞かされたのだ。

その泥棒は、鹿児島県内をテリトリーとする金庫破りの常習犯だった。巧妙な手口で金庫破りを繰り返してきたが、五十四件目でとうとう逮捕された。

後日、警察官に付き添われて、一件一件、実況見分が行なわれた。その際、鎌田建設の本社前を通りかかったとき、泥棒が、ふとつぶやいた。

「じつはオレ、この会社にも入ろうと思っていたんだ」

その泥棒がいうには、入ろうと思って門の前まで来て、中をのぞき込んだが、そこであきらめたというのである。

なぜか？

「あまりにも整然ときれいにしてあって、直感でヤバいと思った」のだという。

泥棒が入るのをあきらめた鎌田建設玄関前のアプローチ

事実、鎌田建設の本社は、道行く人が驚嘆するほどきれいに掃除・整頓がなされており、敷地全体が整然とした雰囲気に満ちている。

玄関前に植えられたサツキも、まるでバリカンで刈り込まれているような印象だ。その他の大小数々ある植木も、いつ見ても見事な剪定がなされている。

さらに、玄関前の正面には縦・横約三メートル、重さ約三十トンもの自然石でつくられた立派な石碑が堂々と建っている。その石碑には鎌田社長が師と仰ぐ鍵山相談役の座右の銘「凡事徹底」の四文字が刻まれている。

きれいなのは社内だけではない。本社の横を幅五十メートルほどの検校川《けんこう》が流れているのだが、その堤防の芝まで整然と刈り込まれている。川の中にゴミが散乱したり、流木が浮いている光景をついぞ見たことがない。

一見しただけでも圧倒されそうな光景に、百戦錬磨の泥棒も、さすがに侵入するのをあきらめたというのである。寸分の隙《すき》もないたたずまいに、泥棒特有の嗅覚《きゆうかく》が危機を察知し、怖《お》じ気《け》づいたのだろう。

鍵山相談役の言葉にも「悪は、汚いところからはびこる」とある。きれいにしていると、悪者が寄りつかなくなる。いや、寄りつきづらくなるというのだ。

その言葉どおり、鎌田建設も普段からきれいにしていたことによって、金庫破りから難を逃れたのである。掃除には防犯効果もあるという、なんとも興味深いエピソードだ。

掃除の力、恐るべし、である。

みごとな「凡事徹底」の石碑

先に述べたように、鎌田建設の玄関入口前の正面に「凡事徹底」と刻まれた石碑がある。「凡事徹底」の左横下には、鍵山秀三郎と書いてある。名前は鍵山相談役の直筆で、「凡事徹底」は鍵山相談役のお兄様が書いてくれた書を拡大したものだ。

完成した石碑を目にした鎌田社長は、入魂式を執り行なうことにした。そこで、入魂式の段取りを鎌田社長とかねてより懇意にしていた友人であり、都城市光明寺の住職・清水快憲和尚に依頼した。石碑の下見にきた清水和尚は、そのとき誰にいうともなくつぶやいた。

「理由はわからないけれども、この石碑の前に立つと妙に身体が反応する」

清水和尚は、どういう経緯でこの石碑が建てられたかを聞かされていなかった。いわば、白紙の状態で石碑に対面したのだった。にもかかわらず、清水和尚の身に普通でない心霊現象が起きたのだ。

奇妙に思った清水和尚が、鎌田社長に提案した。

「ちょっとこの現象は、私も不可解だから、私の師匠で京都仁和寺《にんな》の門跡・堀智範《ほりちはん》和尚におうかがいしてみてはどうだろう」

同意した二人は、早速、碑の写真を撮り、鑑定依頼の手紙とともに、堀和尚へ郵送した。

返ってきた堀和尚からの答えは、次のような内容だった。

「字のなかで、もっとも難しいのが『一』と『凡』です。とくに『凡』の字は、バランスをとるのが難しいので、どうしても縦長になりがちです。ところが、この写真の『凡』の字は、横にどっしりと書いてあります。たぶん、この字を書いた人は、商売をしておられる人ではないでしょうか。商売がいつまでも末広がりで発展するようにとの祈りが込められているように思います」

まるで字に込められた念を見透かしたような堀和尚の返事に、鎌田社長はびっくりした。その場で鍵山相談役に電話をすると、鍵山相談役は次のように語ったという。

「兄は、いつも私の会社のことを心配していました。学校の教員をしていましたが、自分は長屋みたいなところに住み、質素な生活を貫いて生涯を終えました。私が会社の資金繰りに困ったと

見事な「凡事徹底」の碑の前で、鍵山相談役（右）と

き、父の遺産を処分せざるを得ないときがありました。そのとき、兄の一言で他の兄弟から何の反対も起こりませんでした。おかげで、私はそのお金を使って会社のピンチを切り抜けることができました。また兄は、私の会社が増資するたびに、わずかな給料の中から出資してくれました。兄が他界したとき、手持ちの株は二十数億円の価値になっていました。あまりの巨額に、名古屋国税局が調査に入ったくらいです。ところが、兄の息子が『この株券は、おじさんからの預かりものです。父が生前、いつも口癖のようにそういっていました』といって、全株券を私に引き取ってくれといってきたのです。それくらい、兄は私の仕事を心配してくれていたのです」

この話を聞いたとき、鎌田社長は、清水和尚の身に起きた心霊現象を肌で理解できたような気がしたというのだ。

仁和寺は、「古都京都の文化遺産」として世界遺産にも登録されている名刹《めいさつ》である。写真の字を鑑定した堀和尚は、書の達人としても知られている。また、一九八九年一月七日、昭和天皇が崩御されたとき、最後の脈をとられたことでも有名だ。それほどの人物だけに、写真の字を見ただけで透視されたのではないかと思う。

二〇〇二年十月二十六日、鍵山相談役出席のもと、入魂式が執り行なわれた。以来、この石碑は単なる飾り物ではなく、鎌田建設の守り神になった。師を想う鎌田社長の魂と、鍵山相談役の信念が凝縮《ぎょうしゅく》されている神宿る石碑なのだ。

たしかに、石碑の前に立つと、どんなときでも気持ちが落ち着く。私も訪問するたびに、自然と手を合わせたくなるのだ。

いまではこの石碑が、鎌田建設の名所になっている。鎌田建設を訪問した人は、決まったように石碑の前で写真を撮って帰るという。

ちなみに、鍵山相談役は、次の三つが、「凡事徹底」の絶対必要条件であるという。
①すべてに行き届いている。
②その人の主義と行動が迷うことなく一貫している。
③すべてのものを活かし尽くす。
この三つのうち一つでも欠けると「凡事徹底」とは呼べない。鍵山相談役も、「簡単なこと」

「単純なこと」「単調なこと」を疎かにせず、やれば誰でもできる平凡なことを徹底し、そのなかで差をつけるという生き方を貫いてこられた。

平凡なことを徹底して続けていると、平凡のなかから生まれてくる非凡が、いつかは人を感動させる大きな力になる。鍵山相談役は、鎌田建設の社員も、この石碑に照らし合わせた仕事と人生を築いていかれることを願っているという。

生まれ変わった鎌田石油

中核の鎌田建設の掃除活動に比べ、グループ会社の掃除活動はなかなか浸透しない状況が続いていた。とくに鎌田石油では、仕事が仕事なだけに、汚れても仕方ないという社風が蔓延《まんえん》していた。

この石油部門の経営を任されたのが、新富《しんとみ》勇一社長である。二〇〇五年に社長に就任した新富社長は当初、低迷していた目先の業績に心を奪われ、売上を上げることばかりに神経をとがらせていた。だが、業績が改善されないばかりか、社内までも荒んでいた。

そのころの社内は、できない理由だけが飛び交い、前向きな意見は皆無。口にする言葉は、言い訳と愚痴ばかり。活路を見出せない状況が続き、職場にはどんよりとした空気が漂っていた。

もともとガソリンスタンドは鎌田グループ創業時からの事業だ。最盛期の一九九六年ごろは鹿児島県下で十四店舗も経営していたが、石油需要の低迷とセルフ式スタンドの普及により、売上・利益ともに下降の一途を辿っていき、わずか四店舗にまで縮小する羽目になる。新富社長は、月一回開催されるグループ会議では、いつも薄氷《はくひょう》の上に立たされる心地だったという。

昔の言葉に「頭がまわらなければ、尾もまわらん」とあるように、それまでの新富社長は、店舗を巡回しても口で指図するだけで、みずから動くことはなかった。

「挨拶をきちんとしなさい」「ここが汚い」「次までに、ここを改善しておきなさい」と、一方的に気づいたことを口で伝えるだけで、みずから手本を示すこともなかった。その結果、次の巡回時に改善されていないのはいつものこと。指摘を受けたスタッフも、新富社長がそのうち忘れるのを待っているような雰囲気だった。

「これではいつまで経っても改善されない」。新富社長が真剣に考え出したのは、社長に就任してかなりの年月が過ぎてからのことだ。そのころの新富社長は、鎌田社長から業績不振を問われ、進退窮《きわ》まった時期でもあった。

否が応でも真剣にならざるをえないところまできていたのだ。決意を新たにした新富社長は、まず自分用の掃除道具一式を揃えた。それを車に積んで、いつでも掃除できる態勢で巡回するようにしたのである。

巡回した店舗では必ず汚れた場所を探し、みずからきれいに掃除するようになった。それまで、言葉で伝えるだけの指示だったのが、行動で示すようになったのだ。

鎌田石油の新富勇一社長

国分南ＳＳ店の末吉尚晴店長

当然、それからの新富社長の言葉には、重みが増してきた。そして、指示したことが少しずつ具体的に改善されるようになった。つまり、スタッフの心が上を向くようになったのだ。新富社長の率先垂範が、スタッフにも伝わってきたからだと思う。

実践の極意はいつも、「いまから、上から、自分から」である。トップが変わった分だけ、スタッフの態度も変わる。変わらない相手を変えるには、まず自分が変わる以外にないのだ。

国分南店の末吉店長がやる気になる

スタッフの中でも、新富社長の熱意にいち早く反応したのが、国分南SS店（以下、国分南店）の末吉尚晴店長だった。末吉店長は見るからに誠実で朴訥《ぼくとつ》な人柄である。末吉店長が担当していたのが、築四十六年の、周囲を田んぼに囲まれた国道沿いの国分南店だ。

建物が老朽化しているうえに、場所柄、害虫やクモの巣が多く発生する店舗である。さらに、目前にそびえる桜島からの火山灰が、まともに吹きつける立地。店の天井にはクモの巣が張り、敷地内には害虫の死骸が散在し、火山灰が舞っていた。

汚い職場にいると、そこで働いているスタッフの心も荒む。わずか四名という少人数の職場にもかかわらず、お互いの意思疎通は希薄だった。各人が与えられた業務をこなすだけで、会話も皆無。お客様への対応も、素っ気ない挨拶程度で終わっていた。

上:「ＳＪクラブ」で洗車機の掃除研修　下:整然と片づけられたオイル庫

それでも、誠実を絵に描いたような末吉店長である。店長として「これではいけない」と悶々《もんもん》とする日々を過ごしていた。そんなとき、新富社長みずから掃除に取り組む姿を目にして、触発された。まず、自分も新富社長の取り組みを手伝いはじめた。

たとえ狭い範囲でも、汚い場所がきれいになると、清々しい気持ちになる。一カ所がきれいになると、次もやりたくなるものだ。そのうち、自分でも汚い場所を見つけてはきれいにしていき、それによって充実した達成感を味わうようになっていった。

それから二年ほど過ぎたころ、お客様から、「きれいになったねえ」「いつも掃除しているね」というような声が聞かれるようになった。また、新富社長も巡回のたびに一緒に掃除して、ほめるようになった。

それまでは新富社長が巡回に訪れても、スタッフは素知らぬ顔だった。ところが、末吉店長をはじめスタッフも掃除をするようになってから、全員が整列して新富社長を出迎え、「お願いします！」と大きな声で挨拶するようになっていった。

店舗とスタッフの変貌ぶりは、本社の鎌田社長の耳にも入るようになった。利用したお客様が国分南店の話題に触れることが多くなったからだ。「国分南店の前を通るといつも掃除をしている」「目が合うと手を振ってくれる」「いつか利用したいと思っていた」。そんな話を聞いて、鎌田社長もうれしくないはずはない。グループ内でも、国分南店を評価する声が多く聞かれるようになった。そして、他の三店も国分南店に触発されて、少しずつきれいになっていった。

二〇一六年一月、国分南店は石油の卸元㈱ＥＮＥＯＳフロンティアの九州管内にある取引先約百店舗を代表して、晴れの社長賞を受賞した。売上とともに、職場の環境整備に大きく貢献した功績が認められた表彰だった。

鎌田石油がきれいな店舗に変貌できたのには、ユニークな仕組みづくりがあった。それは、独自に取り組んできた「ＳＪクラブ」である。全店舗が連携しながら職場をきれいにする社内掃除活動のことだ。

趣旨は、①毎月一回開催。②場所は各店舗とその周辺。③参加者は各店舗から二〜五名。時間は開店前の約三時間を費やして実施。内容は毎回次のような式次第で進行される。

第一部　開会式

①挨拶練習

②朝礼発表

第二部　掃除研修

①範囲を決めて徹底掃除

第三部　閉会式

①感想発表

②講評

挨拶練習……挨拶が大事であることは誰もがわかっている。にもかかわらず、正しい挨拶ができる人は少ない。正しい挨拶を身につけるためには、練習する以外に方法がない。「ＳＪクラブ」では毎回、大きな声で挨拶練習をする。

朝礼発表……どの店も、仕事始めは朝礼から。活力に満ちた朝礼を行なうことによって、その日のモチベーションが高まってくる。全店舗から参加する「ＳＪクラブ」の場を活用して、主催店の朝礼を紹介し見学する。

徹底掃除……自店のスタッフだけでは、どうしても手に負えない問題の場所がある。そうした手ごわい場所に、多くのスタッフが集まる「ＳＪクラブ」で取り組む。

感想発表……掃除をした後、感想発表を行なう。自分の手と足と身体を使った後の感想には血が通っている。血の通った言葉で話す感想だけに、説得力があり、人を感動させる力がある。

講評……最後に、責任者からの講評。半日の活動を総括した後、終了。

現在、グループ会社である㈱鹿児島イエローハット（イエローハットを七店舗運営）も加わり、総勢約十五〜二十名のスタッフが集まって開催されている。二〇〇九年から始めた「ＳＪクラブ」は、すでに百回を超えた。

この活動を始める前は、各店舗間の交流がほとんどない状態だった。グループ企業でありながら、各店舗は個別に運営されていた。したがって、お互いの店舗運営から学んだり参考にしたりする機会がほとんどなかった。

ところが、「ＳＪクラブ」を開催するようになってから、交流が頻繁に行なわれるようになっ

「ＳＪクラブ」での朝礼風景

た。少なくとも月一回は、顔を合わせる機会が持てるようになったからだ。その分だけ、グループ意識を自覚するようになったのだ。

「ＳＪクラブ」を開催することによって、ただお店がきれいになっただけではない。次のような効果も表れてきた。

①あるべき掃除方法をお互いに学び合い、質が向上した。

②他店舗を見学することによって、競争意識が芽生えてきた。

③店舗間の連係プレー（人・商品の融通）が行なわれるようになった。

④店舗間の人事異動がスムーズに行なわれるようになった。

⑤グループとしての経営資源が活かされるようになった。

鎌田石油の改革は、新富社長の奮起から始

まった。新富社長がみずから奮起したことによって、まず、国分南店の末吉店長が触発されていった。次に、きれいに変貌《へんぼう》した国分南店に対して、利用するお客様からの好意的な評価が高まってきた。

そして、他店舗までが、まるで競い合うようにきれいになっていった。職場をきれいにしたことによって、かつてはお荷物会社と呼ばれていた鎌田石油が、一躍脚光を浴びる会社に変身したのだ。

ただきれいにしたからといって、必ずしも業績がよくなる保証はない。しかし、よくなった会社は例外なくきれいなのである。職場改革の第一歩は、自分たちの手と足と身体を使って、きれいにすることから始める以外に方法はないのだ。

じつは昨年、国分南店の道路を挟んだ対面に大規模なガソリンスタンドが新規オープンした。小さな国分南店にとっては最大の危機を迎えたと思ったのだが、蓋を開けると、業績が下がるどころか、前年比アップを続けているのである。「５Ｓ」の徹底でお客様から選ばれるお店になった証左であろう。

鍵山相談役がイエローハットの社員に伝えたいこと

現役時代の鍵山相談役は、全国に展開するイエローハットの店舗巡回にかなりの重きを置いていた。

鍵山相談役が定期的な巡回月として決めていたのは毎年十二月で、遅くとも早朝六時には出発して、宿泊先のホテルに着くのが夜の九時とか十時というハードスケジュールだった。

早朝に訪問したときは、鍵山相談役自ら店舗のトイレ掃除を買って出ていた。開店前、店員には準備しなければいけない仕事がある。そんな店員を気遣って、自分にもできるトイレ掃除を手伝っていたのだ。

掃除の後は、店員を集めてコーヒータイムをとるのが常だった。場所は通常、店舗の事務所や近くのファミレス。このひとときが、店員にとって鍵山相談役から直接学べる貴重な場になっていたのだ。店員のなかには、創業者の鍵山相談役と初対面の新入店員もいた。そういう店員にとっては、またとない面談の場にもなっていた。

さらに、定期的な巡回とは別に、講演等で地方へ出張するときなども、近隣の店舗をこまめに巡回していた。なかでも私がもっとも深く感銘を受けた巡回は、鎌田グループが運営するイエローハット店に同行したときのことだった。

店舗の内外を視察した鍵山相談役は、事務所で数名の店員と懇談をした。そのとき鍵山相談役が、彼らに質問をした。

「この店で、いま一番困っていることはなんですか。何でもかまいません。遠慮なく発言してください」

鍵山相談役のおだやかな質問に対して、緊張が解けたのか、一人が発言したのをきっかけにして、さまざまな「いま困っていること」を挙げた。

「価格が近隣の競合店より高い」

「競合店が多い」

「駐車場が狭い」

「店舗の立地が悪いうえに老朽化しており、古くて狭い」

「人員が不足している」

「宣伝予算費が少ない」等々。

聞きながら鍵山相談役は、出された意見を一つひとつ白板に板書《ばんしょ》していった。そのまま聞いていると、いくらでも出てくる雰囲気だった。一通り、意見の出尽くしたころを見計らって鍵山相談役が板書したのは、次の一行だった。

「お客様が来ない」

そのうえで、さらに鍵山相談役が質問した。

「このこと以上に困ったことがあるようでしたら、意見を出してください」

とたんに場が静まり返った。そして、しばらく沈黙が続いた。その沈黙を破るかのように、鍵山相談役がいった。

「皆さんが先ほど挙げたように、困っていることはたくさんあることでしょう。しかし『お客様

鎌田グループのイエローハットを視察する鍵山相談役（中央）

が来ない』こと以上に困ることはないはずです。このことをしっかりと頭に入れて対処するならば、その前にやらなければいけないことが山ほどあります。くれぐれも、ないものねだりをするのではなく、あるもの活かしに心を砕く。できない理由を考えるのではなく、いま自分にできることから始めることです」

聞いていた参加者は、一様に神妙な面持ちをしていた。私にはみんなの顔が、「ごもっともです」と観念した表情に見えた。会社創業時、店を持てず自転車一台で行商するしかなかった鍵山相談役である。お客様をお迎えする店があるだけでも、どんなにありがたいことかをわかってもらいたかったのではないかと思う。

二〇二〇年三月の時点で、イエローハット

の店は国内に七百三十八店舗ある。それらの店の店員は、「店があるのは当たり前」という考えになりがちだ。何事も、「当たり前」になると感謝の気持ちがなくなる。感謝の気持ちが消えうせたとき、お客様の足も自然と遠のく。そういう事態になることを、もっとも危惧しているのが鍵山相談役なのだ。

だからこそ鍵山相談役は、商売の基本中の基本である「感謝の気持ち」を忘れないように、次の文章を額に入れて各店舗に掲げてきたのだ。

同じようなお店がいっぱいあるのに
お客様はわざわざ来てくれた。
この店をえらんで来てくれた。
　いくら腰を低くしても、おっつかない。
いくら頭を下げても、おっつかない。
ありがたいことだ。
お客様が私たちの店を、大きくしてくれる。
お客様へ感謝の気持ちで、今日も生きよう。

この文章は、イエローハットで働く全社員に伝えたい鍵山相談役の祈りである。

第九章　ニッコーの取り組み

子どもに安全・安心な食品をつくりたい

神奈川県大和市にある冷凍食品の製造販売会社㈱ニッコーは、年間売上高約十三億円、社員数約百十名を擁する、地元でも指折りの優良企業であり、会社経営に徹底した「掃除」と「挨拶」の実践を導入してきたユニークな会社でもある。

創業は一九八四年。現会長の山﨑《やまさき》貞雄さん（七十七歳）が四十歳のときに、紀文の研究員から脱サラして、裸一貫でスタート。以来三十七年間、連続黒字を達成する快挙を続けてきた。その実績から、二〇一〇年に大和市商工会議所の第四代会頭に就任、二〇一九年には「旭日双光章」を受章している。

ちなみに、山﨑会長は紀文時代、日本で初めて「豆乳」を開発したり、がんもなど業務用の大豆蛋白食品を開発するなど輝かしい功績をもつ人でもある。

ニッコーを創業した山﨑貞雄会長

ニッコーの社名の由来だが、もともとは「日々新たに始める」という意味を持つ「日興」にする予定だった。ところが、当時はカタカナ表記の社名が流行っていたため、山﨑会長もそれに乗じてカタカナにしたという。

社是は、「自分の子供に、安心して食べさせられる食品を作る」とした。じつは、創業当時十歳だった現社長の山﨑雅文さんが重い喘息《ぜんそく》に苦しんでいた。山﨑会長は、喘息の原因は、食べ物に含まれる殺菌剤などの添加物ではないかと疑った。さらに生まれたばかりの次男も喘息になるのではないかとの不安に駆られた。ならば、安心・安全な食品をみずからつくるしかないと考えての創業でもあった。

二〇一三年、創業三十周年の節目には、生まれ故郷の熊本県八代市《やつしろし》に新工場を設立、地元の雇用や経済に貢献するまでになった。

会社が大きくなるにつれ悩みも増える

手作りの肉まんからスタートしたニッコーは、途中、営業代行を任せた人間が売上代金を持ち逃げして倒産の危機に見舞われたこともあったが、徐々に新商品を開発、取引先も増えていった。しかし、創業から十年経った一九九四年ごろから、山﨑会長を悩ませる大きな問題が次々と発生した。

一つが、お客様や取引先からのクレームだ。具体的にいえば、商品に異物が混入していたというクレームである。異物混入のクレームは、食品業界ではもっとも多く、そしてもっとも神経を注がなくてはならないものだ。クレームが入ったときの素早い対応がその後を左右するからである。

しかしながら、異物混入を一〇〇％なくすことは非常に困難なことだ。たとえば、ニッコーでは冷凍の惣菜《そうざい》を生産している。惣菜に使う野菜や根菜は、山﨑会長が信頼する農家さんから直接仕入れ、新鮮なうちに加工している。当然、作物には土が付いており、小さな虫や異物がついていることもある。それらを一〇〇％取り除くことはきわめて難しい。結局、ニッコーのような中小企業が取れる対策は、異物混入の危険性が低い商品をつくることしかないのだ。

神奈川県大和市のニッコーの本社工場

二つ目が、近隣の住民たちからのクレームだった。ニッコーの工場が建っているのは神奈川県大和市の住宅地の中。工場を建てたころは空き地だらけだったが、しだいに住宅が建ち並んでいった。会社の売上が上がるにつれ、工場の稼働時間も長くなった。そこで騒音のクレームが出てきたのだ。また、取引先が増えるにつれ、工場に出入りするトラックの数も増えたため、迷惑駐車のクレームも入ってきた。

「いつの日にか地元に恩返しができるような会社にしたい」との山﨑会長の思いとは裏腹に、近隣からは歓迎されない会社になっていたのだ。

三つ目が、社員がなかなか定着してくれないことだった。毎年、数人の正社員を採用するのだが、一年も経たずに去っていく人がいる。人が足りないからまた採用する。その繰り返しだったのである。

山﨑会長は悩み続けた。なぜ近隣からクレームばかりが出るのだろう。それほど悪いことをしているとは思えないのに、まるで仇《かたき》のような目で見られている。

どうして採用した人が去っていくのだろうか。給料もそれほど安いわけではないし、要望があればできるかぎりかなえるようにしてきたのに。

ニッコーという会社はそんなに魅力がないのか。働く意欲が湧くような社風になっていないのか。理念や社是といった目に見えるものだけではなく、目には見えないけれど、必ずや社員たちが受け止めてくれる風があるはずだ。私が吹かせるべき風とはいったいどんな風なのか。

それは山﨑会長にとって、新商品を開発するよりも、売上を伸ばすよりも、ずっと難しい問いかけだった。どうすれば答えが見つかるのだろうか。どこに行けばヒントが見つかるのだろうか。逡巡する日々が続いた。そんなとき、たまたま手にした経済誌に鍵山秀三郎という経営者の記事が載っていた。山﨑会長は記事に釘付けになった。

鍵山相談役との出逢い

「こんな経営者がいるのか！　そのとき受けた衝撃はいまでも忘れません。この経営者に会ってみたい。この経営者の言葉を聞いてみたい。それが私の願いとなりました」

一九九五年のことだ。町田市の倫理法人会に入会した山﨑会長は、偶然にも会員の一人から「今度、沖縄で掃除に学ぶ会がありますから、一緒に行きませんか」という誘いを受けた。とにかく鍵山相談役に会ってみたいと思っていた山﨑会長は、その誘いを喜んで受けることにした。

一九九五年二月に開催された「第一回沖縄掃除に学ぶ会」の掃除場所は沖縄の小学校だった。掃除が始まると、鍵山相談役はまず初めにトイレに向かった。誰もが嫌がるトイレ掃除から率先して始めたのだ。

「何よりも驚いたのが、鍵山相談役はなんと素手で便器を洗いはじめたのです。一流企業の経営者が素手で便器を洗う姿を見たとき、私は感動でその場を動けなくなりました。『どうして素手で洗うのですか』と聞きたくても、話しかけることはできませんでした。それほどトイレ掃除に集中していたからです。ただ、そのときは、掃除をすることにどんな意味があるのかとか、経営のヒントになるのかといった疑問が頭をよぎるだけでした」

山﨑会長が掃除の意義に気づいたのは、翌一九九六年一月に開催された「第一回ブラジル掃除に学ぶ会」に参加したときだった。日程は一月三十日から二月八日まで。沖縄のときとは違い、ブラジルでは、じっくりと鍵山相談役の考えを吸収することができたという。

山﨑会長はこのとき初めて、素手でトイレの便器を掃除した。最初は抵抗があったが、便器を磨いているうちに、雑念は消え失せていった。汚いとか、しんどいとか、そんな気持ちはいっさい消えてしまった。そして磨き終えたときの爽快感は、何とも表現のしようがないほど清々しいものだった。

「経営にとって大切なものは何か。どうすれば社員の心を一つにすることができるのか。どうすれば会社はもっと発展するのか。そのことを必死になって考え続けていたつもりでしたが、しょせんはテクニックを求めていたのかもしれません。よき社風をつくるためには何が必要なのか。経営者である私はどのような風を吹かせればいいのか。それはテクニックやノウハウなどではない。私自身の心の持ちようであることに気がついたのです。ならば、自分を磨かなければいけない。そして自分を磨くための方法として、鍵山相談役から学んだ掃除を実践してみようと思いました」

「少しずつがいいんですよ」の言葉で救われる

鍵山相談役とご縁ができてから、山崎会長は幾度となくイエローハットにおじゃまし、時には社員を連れて、掃除の実習にも参加した。

そのとき、イエローハットの社員の挨拶のすばらしさに、山崎会長はいつも魅了されていた。つくり笑顔などではなく、心から歓迎してくれている。「こんにちは。お世話になります」と声をかけられるだけで、こちらも元気になってくる。まさに「すばらしく清々しい風」がイエローハットという会社の中に吹いていた。そしていうまでもなく、その風を吹かせているのが創業者である鍵山相談役だった。

「私もこんな風を社内に吹かせたい。経営のノウハウよりも、会社の中に美しい風を吹かせること。そのために挨拶と掃除を徹底すること。それこそが会社経営にとってもっとも大切なことだ。私はそれを目標にしようと決心しました」

そこで山﨑会長は、会社が始まる前に、トイレ掃除をすることにした。もちろん就業時間ではないので、社員に強制するわけにはいかない。それでも、心ある社員なら、自分の姿を見て、そのうち一緒に掃除をしてくれるだろうと思っていた。

「ところが、一カ月経っても、半年経っても、トイレ掃除に現れる社員は出てきませんでした。『今日こそは誰か来てくれるだろうか』と、毎朝ひそかに期待し、そして期待を裏切られてがっかりする。その繰り返しでした」

そんなとき、鍵山相談役の講演を聴く機会があった。講演が終わり、挨拶に行った山﨑会長は、思わず鍵山相談役に弱音を吐いてしまう。

「毎朝、トイレ掃除を実践しているのですが、誰一人社員がついてきてくれません。私一人でトイレ掃除をしているのも、何だか虚しさを覚えるのです」

すると、鍵山相談役はにっこり笑って、こういった。

「少しずつがいいんですよ。急激に変わったものは、また急激に終わってしまいます。少しずつ、じっくりと根っこを育てること。そうすれば必ずいつか変わっていくものです」

大和駅前の街頭清掃でグレイチングの掃除をする山﨑会長(左)
(中央が鍵山相談役、右がヘイコーパックの鈴木健夫社長)

その言葉を聞いて、山﨑会長の心は楽になった。同時に、強制ではないといいつつも、どこかで強制しようとする自分がいたのではないか。そんな焦りが募るほどに、自分自身を苦しめていたことに気がついたという。

「少しずつがいいんですよ」という鍵山相談役の言葉を聞いた日から、不思議なことに朝の掃除が楽しくなっていった。今日は誰かが来てくれるかもしれないという淡い期待も持たなくなった。余計なことを何も考えずに、ただ掃除をすることだけに心を集中することができたのである。

するとと、不思議なもので、社員たちの山﨑会長を見る目が変わっていった。それまでは、山﨑会長が毎朝掃除をしている姿をまっすぐに見る社員は少なかった。「自分もやれといわれたら嫌だな」と思っていたのだろう。山﨑会長が発している「君たちも手伝えオーラ」を避けていたのかもしれない。

ところが、鍵山相談役の一言で、山﨑会長が心から掃除を楽しむようになると、

「おはようございます。今日もお掃除ありがとうございます」

そんな言葉をかけていく社員が増えてきたのだ。そしてある日、チームリーダーを務める社員がこういったという。

「社長、僕にも掃除をさせてください。やり方を教えてください」

このときの喜びはいまでも忘れないと山﨑会長。それが、ニッコーの社内に温かな風が吹きはじめた瞬間だった。

事実、このチームリーダーが朝一番に出社して、山﨑会長と一緒に人の嫌がるトイレ掃除を率先して行なっている姿を見た社員たちが変わりはじめたのだ。やがて、社員たちが率先して事務所や工場の掃除に取り組むようになった。出入りの業者さんたちにも明るく笑顔で対応したり、仕事も部門間で応援し合うようになった。まさに少しずつだが、気づきのある、人にやさしい会社になっていったのである。

山﨑会長が一人でやっていたトイレ掃除も、いまでは多くの社員が朝六時前から参加するようになった。さらに、会社の周りはもとより、近隣の学校や自治会館、公園や駅前広場の掃除にも取り組むようになった。公共の場を掃除すると、地域の方々から感謝の言葉をいただく。家にある道具を寄付したいと申し出る方もいる。社員たちも、自分の身体を使って汗をかくことで地域

から喜ばれることを知り、自然と人柄がよくなっていったという。

「挨拶」と「掃除」こそ社風の源

創業から十年目まで、山﨑会長は社風をよくするために、あらゆることに挑戦してきた。しかし、目指すような姿にはほど遠い状況が長らく続いた。よいと思ったことは積極的に導入してきたものの、どれも長続きしなかった。あれもこれもと取り組んだことが盛りだくさんすぎたのだろう。

そもそも、社風をよくするためにしなければならないことは、さほど多くはない。乱雑な職場をきれいにして、元気な挨拶が飛び交う職場にする。これだけで、必ず社風はよくなるものだ。やるべき目の前のことを見過ごして疎かにし、あれこれ手をつけるから、結局遠回りすることになるのだ。

だが、大多数の会社が、大なり小なり、こうした過程を経ている。一つやっては中断、次の一つに取りかかってはまた中断……、そうしたことを繰り返しながら、やらなければならない大切なことに、やがてはたどり着いていくのだろう。

山﨑会長が最終的にたどり着いた大切なことも、やはりほかでもない「挨拶」と「掃除」だった。

「挨拶」については、一九九五年に町田市の倫理法人会に入会したことが大きな刺激になった。それから三年後の一九九八年、倫理法人会が大和市になかったことから、大和市にもつくろうということになり、山﨑会長が初代会長に推された。

倫理法人会の会長になったのをきっかけに、山﨑会長はニッコーの朝礼改革に取り組む決意をした。倫理法人会の朝礼は「活力朝礼」といい、働く人に活力が湧くことを目的とし、とくに姿勢・返事・挨拶を重要視している。なぜなら、顧客や取引先は社員一人ひとりの姿を見ていないようで案外見ているもので、立ち姿一つでも基本動作が身についていれば、「信頼できそう」と好印象を与え、それが業績に直結することもあるからだ。

ただし、姿勢をはじめ、挨拶や返事などの職場生活に密接する動作は一朝一夕には身につかない。そこで、毎朝行なう朝礼で基本動作を習得し、社員一人ひとりの質的向上を通じ、企業の質的向上につなげるというのが「活力朝礼」なのだ。

それまでのニッコーの朝礼といえば、それこそ形式的なものだった。管理者と従業員を区別しており、山﨑会長の話は誰も聞いていないありさま。むしろ、朝ちゃんと出勤してくれていることのほうがありがたく、これで今日も頭数が揃ったから、取引先に迷惑をかけなくてすみそうだという安堵感のほうが大きかったそうだ。

ところが、倫理法人会では朝礼こそが「活力の源」であり「重要な教育の場」であるととらえていた。山﨑会長は深く反省し、地位や職歴も関係なく、全員が管理者の立場になって、朝礼を

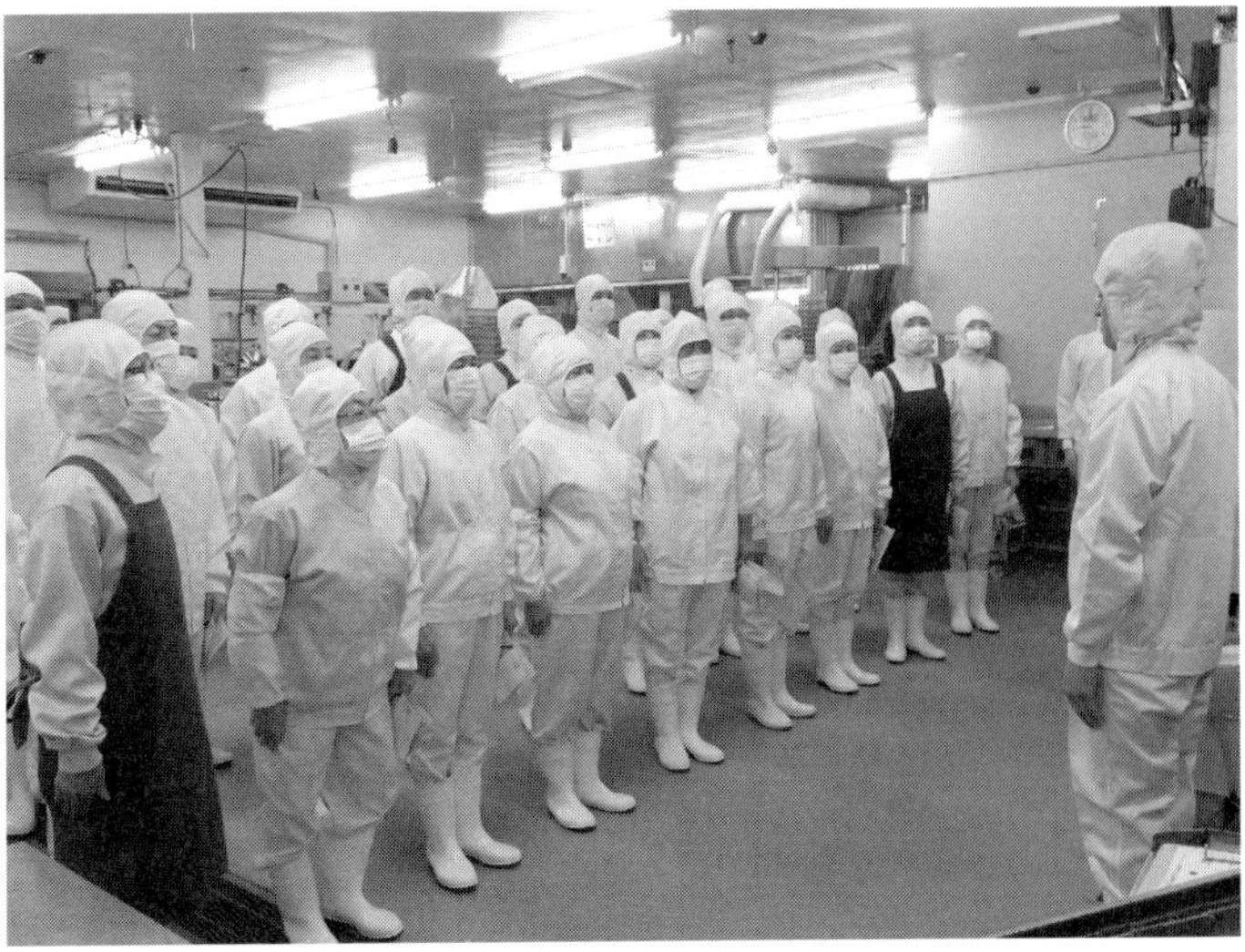

整然と並んで行なわれる朝礼の挨拶

行なうようにした。地位や年齢など関係なく、共に働くみんなが朝に集まって挨拶をし合う。今日も一日がんばろうと励まし合う。そんな雰囲気が朝礼にあってこそ、社員たちの心は一つになることができると考えたのだ。

「徹底」とはこういうことをいうのか、と私がいつも感心させられるのが、ニッコーの挨拶だ。毎朝行なわれる朝礼では、次のような光景が繰り広げられる。

開始時刻は午前九時。その五分前には、各部署の参加者全員が所定の場所に集合する。前の人、右横の人に縦横をきちんと合わせて整列し、工場内に設置された電波時計の秒針に合わせて、九時きっかりにスタートする。

「○○が進行します！　○月○日、全体朝礼を始めます！」の司会者の言葉から始まり、経営理念の唱和と挨拶の練習、ハイの練習、『職場の教養』の輪読、それぞれのリーダーが前に立ち、進行を行なう。挨拶のお辞儀の姿勢については、全社員及び「キャスト」（パート従業員に対するニッコーでの呼称）の誰もができるよう、入社時に指導を受ける。

九時からの朝礼時には、チェックリーダーが存在する。チェックリーダーとは、全体が見渡せる位置に設置されている高さ約二メートルの脚立《きゃたつ》から、朝礼の様子を見る役だ。『職場の教養』の輪読後、その日の「よかった点」「改善点」を述べる。これは、社員もキャストも関係なく、見たまま、感じたままを率直にみなへ伝えている。つま先の開き度合、お辞儀のタイミング、指先の伸び具合、など。

また、勤務時間が異なる人員が増えたことから、近年では、七時・九時半・十時・十二時・十七時、と全員が挨拶練習を実施できるよう、出勤時間に合わせて行なっている。

こうして行なわれる朝礼には、その場の空気を一変させる力がある。直後の社長（職場長）挨拶にも社員全員が耳を澄まして聞くようになる。また、経営理念の唱和も、言葉だけでなく、その思想が心の芯にまで響く。連絡事項も、上の空で聞くことがなくなり、し

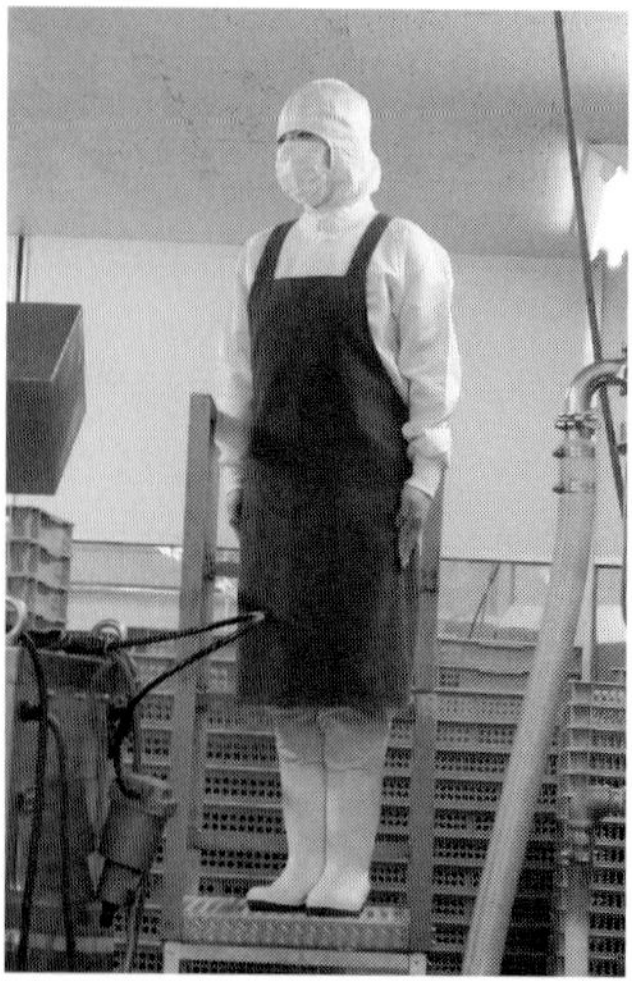

チェックリーダーが朝礼の様子を確認

っかりと伝わる。

せっかくの朝礼である。互いの意思疎通ができ、連絡事項が伝わらなければ意味がない。だが、ほとんどの会社では、朝礼は形式的に行なわれている。その結果、伝えたというだけで、何も伝わっていないのが実際のところだ。

こうした弊害を破るためにも、本来あるべき朝礼にすることが大事。その第一が挨拶の徹底だ。こうした単純で小さなことでも、徹底すれば大きな力となる。徹底しないから、いつまでも定着せず、力にならないのだ。

「形から入った挨拶が本物になり、社内に定着するにしたがって、女性同士の揉め事が減り、だらけた若者もキリッとした社員に変わることで、社内の雰囲気は一変しました」

そう語る山﨑会長が常に心がけていることがある。それは朝礼の場に限らず、積極的に社員とアイコンタクトをとることだ。しっかりと社員一人ひとりの目を見て話をする。山﨑会長に何かをいってきたときにも、けっして目を逸《そ》らさずに、相手の目をしっかりと見る。当たり前のようで、これまではなかなかやってこなかったことだった。

相手の目をしっかり見ることで、相手の心の中が見えてくるもの。言葉には現れてこないような心の動き。あるいは言葉ではいうことができないちょっとした本音。社員の声なき声が聞こえてくるという。そんな社員たちの小さな声を聞くこともまた、経営者としての務めであることにも気づいたのだ。

打てば響く「ハイ」の一言。間髪《かんはつ》を入れない「ハイ」という元気な返事は、自分自身はもちろん、周りの人の気持ちも明るくする。いい声を出すのもよい姿勢がカギになることを実感している。

「5S」で工場の掃除を劇的に改善

倫理法人会の「活力朝礼」を取り入れた結果、ニッコーの朝礼が大きく変わりはじめ、社内に活気が出てくるようになったころ、山﨑会長は「SJクラブ」の発足メンバーに加わる。二〇〇四年のことだ。ニッコーにとって「5S」がもっとも重要な経営課題の一つだからだ。

ニッコーがつくる冷凍食品のアイテムはなんと二百種類以上に及ぶ。餃子《ぎょうざ》、しゅうまい、コロッケ、ハンバーグ、肉団子、惣菜、グラタン、中華まんじゅう、かき揚げ、ちまき……工場の規模と比較すると、常識では考えられない数だ。

問題は、アイテム数に比例して、製造にかかわる原材料から梱包資材にいたるまで在庫のかさが増え、整理整頓も大変なことだ。同時に、製造に使用する機械の種類も多岐にわたり、保守点検と製造後の掃除も大変な作業になる。

だが、このアイテム数の多さと対応力がニッコーの強みとなって、高付加価値の経営を可能にしてきた側面もある。この強みを活かすために、お客様のニーズに応えるにはどうしたらよいの

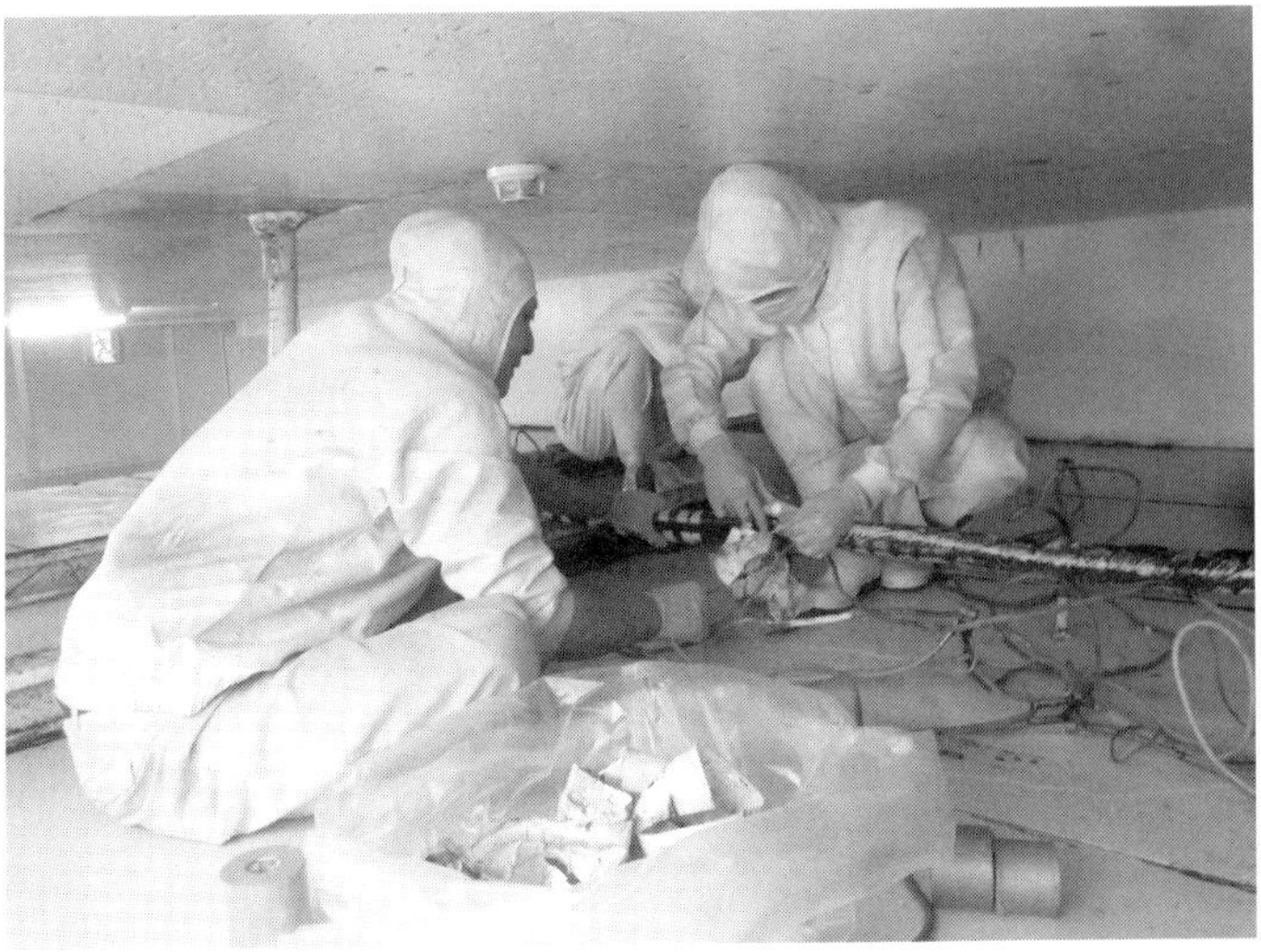

全員で隅々まで掃除、手ごわい汚れに挑む（上：冷凍庫天井、下：フライヤー）

工場内の機械や作業台など、すべてに担当者名を掲示

かを考え続けている。

ニッコーの社員はこれまでも、始業前の約十五分間と作業後の約二時間をかけて、毎日掃除をしてきた。それでも、隅々までは手が届かなかった。

そこで取り組んだのが、次の二つの方法だ。一つは毎月一回、約二時間をかけて、社内一斉に掃除する方法。もう一つは、全社員およびキャストに社内の機械を割り当てて徹底的に掃除する方法である。

一つ目の方法では、普段の掃除だけでは対応できない手ごわい場所を選んで実施している。このときは一斉に機械を止め、掃除の行き届かない機械内部や裏側の掃除に取り組む。これによって、質の高い掃除が可能になる。

二つ目の方法では、多種多様な製造機械

を、キャストを含む全従業員に割り当て、数カ月間で徹底してきれいにしてもらう。どんな仕事でも、隙間《すきま》時間が生じる。その時間を活用して、割り当てられた機械をきれいにしてもらうというものだ。

その成果を一カ月ごとに集計し、優秀者は朝礼で表彰するとともに、少額ながら商品券も贈呈し、励みにしてもらっている。

これら二つの具体的な工夫が功を奏し、これまでなかなか手がつけられていなかった細部にまで掃除が行き届くようになった。

とくに、社内の機械を個人担当にしたことが大きかった。自分用の専用機を与えられたことによって、当事者意識が芽生えたのだろうか。

「機械を個々人に割り当て、徹底的にきれいにしてもらうようにしたのは予想以上の成果でした。たぶん、きれいにしている機械が、わが子のように思えてきたのではないでしょうか」と、山﨑雅文社長は語ってくれた。

工場内の食品残渣を堆肥化する循環農業へ

ニッコーが十年ほど前から取り組んでいるのが農業だ。社是に「自分の子供に、安心して食べさせられる食品を作る」を掲げているニッコーである。原材料として使用する野菜を、自分たちの手で栽培しようという想いからスタートした。

ニッコーでつくる商品の素材は、九八％が国産である。また、化学調味料を使わず、素材の味を何よりも大事にしている。品質管理にも、三つの検査機関を入れている。この規模のメーカーで、三つもの検査機関を入れている会社は稀《まれ》である。さらにできあがった商品は、自社工場内に検査室を設け、毎日細菌検査を実施。そうした姿勢が認められ、二〇〇四年には神奈川県の優良工場に指定された。

そこまでこだわるのは、「新鮮」「安全」そして「本物の味」を追求する商品づくりをすることがニッコーの使命だと考えているからだ。そのために行き着いたのが自分たちで栽培することだった。

幸い、大和市の隣の綾瀬市に約七十アールの休耕地が見つかる。所有者の老夫婦には後継者がおらず、耕作放棄地となっていた。山崎会長が農地を借りたいと申し出ると、二つ返事で契約が成立した。

まず、従来の畑の土を約一メートルの深さまで掘って除去し、代わりに四トントラック百五十台分の、栽培に適した新たな土を注入した。そのうえで、自社で毎日排出される食品残渣《ざんさ》を堆肥化して、この畑で天然肥料として活用することにした。ここまで徹底すれば、自然にやさしい循環型の経営農業が可能になる。これこそ山崎会長が、長年夢見て温めてきた新たなプロジェクトだ。

ニッコーファームで鍵山相談役（右）と収穫作業に励む山﨑雅文社長

「ゴミの中にも、資源として生まれ変わるものがたくさんある。それを大事にしなくてはいけない。そう教えてくれたのは鍵山相談役でした。掃除をするときも、鍵山相談役はゴミの分別に徹底的にこだわります。資源として生まれ変わるものは大切にする。できるかぎり捨てるゴミの量を少なくすることで、地球環境に負荷をかけないようにすることが重要なのだと。私はそんな鍵山相談役の姿勢を見るにつけ、自社の工場から出る残渣を何とか利用できないかと考えていたのです」

この畑に種を蒔いて、作物が採れるようになったのは二〇一二年の春からである。まだ全商品の原材料にするにはほど遠い収穫高ではあるが、たとえわずかでも確実に自分たちの手で捥《も》いだ野菜が商品に使用できるようになったのだ。

いまでは、春はキャベツや白菜、夏はモロヘイヤ、ナス、オクラ。秋冬には長ネギやニンジンが収穫できるようになり、自社製品の約二〇パーセントの原材料を賄《まかな》えるまでになった。

この農業生産が軌道に乗れば、原材料調達→製造→販売と、一貫した管理体制のもとでの経営が可能になる。そうなれば、社員の自社商品に対する責任感と誇りがいっそう強まる。そして、競争力も出てこよう。これこそ、山﨑会長が長年夢見てきた経営のかたちだったのだ。その夢が、いままさに実現に向かおうとしている。

鍵山相談役も何度かこの畑にきて、収穫の手伝いをされているが、その作業は、見るからに手際よくサマになっていた。幼いころ、岐阜の疎開先で徹底した農作業をした経験がいまでも身体に沁みついているのだ。いかにも手慣れた手つきで、じつに楽しげに収穫作業を手伝っていた。

故郷の過疎化を防ぐため工場を新設

ニッコーは二〇一三年に、山﨑会長の生まれ故郷である熊本県の八代市二見本町に新工場を建設した。過疎化が深刻な故郷に雇用を生み出し、少しでも過疎化を食い止めたいと思ったからだ。

山﨑会長が地域貢献に情熱を傾けるのには、幼いころの生活体験が影響している。

生まれ育った二見本町（旧・二見村）は、八代市の中でも過疎地域である。山﨑会長は四人姉弟の長男として、この地に生を享《う》けた。父親は豆腐の製造販売を細々と営む個人商店主だった。

社員と八代工場の周辺を掃除する山﨑会長(右)

幼いころから、父親がつくった豆腐をリヤカーに乗せて売り歩いていた。そのころの山﨑家は貧しかった。働けど働けど、生活が豊かになることはなかった。それでも、地域の人たちに支えられながら、やっとのことで生活を維持していた。

地元の高校を卒業して、東京で就職。その後、一念発起して会社を創業した。

そして経営も軌道に乗り、故郷に工場を建てられるまでになった。工場建設をきっかけに、お世話になった生まれ故郷への貢献を真剣に考えるようになったのだ。

ところが、過去の貧しい山﨑家を知っている近隣の方々にしてみれば、素直に受け入れられるものではない。工場を遠目にし、近づいてのぞき見、そしてまた遠ざかる……人間の心理として、よくあることではないかと思う。

そのことを最初から憂《うれ》えていた山﨑会長は、あえて工場敷地に外塀をつくらなかった。できるだけ、地域住民との垣根をなくしたかったからだ。会社周辺の掃除に精を出し、近くの神社を定期的に掃除しているのも、その思いからである。

そんな配慮が近隣住民との距離を次第に縮め、地域からの反対運動も抵抗もなく、工場運営がなされるようになった。それもこれも、掃除を通して下坐行（自分の身を低くして手足を汚すことを厭《いと》わず行なうこと）に徹してきたからにほかならない。「下坐は一切のものを包容する」。掃除が、自分の会社・職場内によい影響をもたらすだけでなく、近隣の方々にも好感を持って受け入れていただいたよい例といえるだろう。

二〇一六年四月には熊本地震が起きるが、幸い工場には大きな被害がなく、ライフラインも止まらなかった。しかし、高速道路が不通となったため、商品や原料の輸送が滞《とどこお》る事態に陥る。そんな苦難を経験した山﨑会長が改めて身に染みたのが、「凡事徹底」の教えだった。

鍵山相談役は次のように語っている。

「私がいままで歩いてきた人生を一言で表現すると、『凡事徹底』、つまり『誰にでもできる平凡なことを、誰にもできないくらい徹底して続けてきた』ということに尽きます。

人が見過ごしたり、見逃したり、見捨てたりしたものを一つひとつ拾い上げ、価値を見出す。やれば誰でもできる平凡なことを徹底して、そのなかで差をつける。そんな信念を持って、いままで生きてきました。

　ともすると人間は、平凡なことはバカにしたり、軽くあしらいがちです。難しくて特別なことをしなければ、成果が上がらないように思い込んでいる人が多くいます。そんなことは決してありません。世の中のことは、平凡の積み重ねが非凡を招くようになっています。

　いつも難しくて大きなことばかりを考える人は、失敗したり続かなかったりして元へ戻ってしまうことが多いものです。できそうにない特別なことばかりを追いかけるよりも、誰にでもできる平凡なことを少しずつでも積み重ねていけば、とてつもなく大きな力になることを知るべきです。平凡なことを徹底して続ければ、平凡のなかから生まれてくる非凡が、いつかは人を感動させると確信しています」

　その「平凡なこと」が、鍵山相談役においては、半世紀以上にもわたって実践してきた「掃除」だったのである。

　熊本地震で改めて命の尊さを経験した山崎会長は、八代工場に「凡事徹底」の石碑を建てる決意をする。

「凡事徹底」の石碑に込めた思い

二〇一八年二月二十六日。第四十回「ＳＪクラブ」合同研修会開催に合わせて、石碑「凡事徹底」の除幕式がニッコー八代工場で執り行なわれた。五年前に操業を開始した同工場は、周囲を田んぼに囲まれた国道三号線沿いにある。

石碑は、縦約一・八メートル、横約一・二メートルの円錐《えんすい》に近い形。縦横約二・三メートル四方、高さ約〇・九メートルの土台の上に設置されている。

石碑の文字は縦書きで、鍵山相談役のお兄様の書をベースにしたものだ。彫られた文字には、金箔《きんぱく》が施されている。この書体も金箔も、鹿児島県の鎌田建設にある石碑と同じである。鎌田建設の石碑よりやや小ぶりではあるものの、見劣りしない堂々たる存在感がある。

雨上がりの早朝、ひんやりとした朝靄《あさもや》に包まれるなか、宮司による神事が厳《おごそ》かに始められた。参列者は、全国から参集した「ＳＪクラブ」会員企業十社からなる総勢七十七名と地域の方々、そして、山﨑会長の同窓生。計約百名が並び、前列中央には山﨑会長夫妻が着席した。夫人は、かねて体調を崩していたが、この日のために無理を押しての参列だ。

夫婦二人で何もないところから創業したニッコーである。夫人と二人三脚で一つひとつ、活路を切り拓いての会社経営だった。ここまで夫妻で培ってきた経営理念が、この石碑「凡事徹底」に込められているのかもしれない。

夫妻の表情と場の雰囲気が相まって、胸にジーンと響く感動的な気持ちがこみ上げてきた。

じつは、この除幕式と「ＳＪクラブ」合同研修会に、鍵山相談役も参加することになっていた。ところが、体調が回復せず、この日の参加を断念されていた。それでも鍵山相談役の除幕式

「凡事徹底」の石碑

への思いは強く、次のようなビデオメッセージが寄せられた。

「このたびは、『凡事徹底』の立派な石碑を建立されまして、おめでとうございます。山﨑会長が、常日頃から『凡事徹底』を心に深く刻み込んでいただいて、うれしゅうございます。『凡事徹底』という言葉は、口でも人に伝えることはできますけれども、紙に書いて伝えると、もっと多くの人に伝わりますね。

さらに、これを石に刻み込んでくださったことで、より多くの人に、これから千年も二千年も先まで伝わることになります。山﨑会長のふるさとである八代市の工場にこのような立派な石碑を建てていただいて、多くの人の心に『凡事徹底』という言葉が刻み込まれることを、私は期待いたします。このたびは、ほんとうにおめでとうございます」

山崎会長は鍵山相談役と出逢って以来、「掃除」に心を奪われ、みずからも実践目標の第一に掲げてきた。鍵山相談役の教えに従って、地味で見栄えのしないことから目をそらさず、「凡事徹底」にこだわり、「泥臭く」愚直に徹してきた。

平凡な「掃除」と「挨拶」だが、この二つを徹底して継続するとなると、そうたやすくはない。それでも、会社がそこに存続する以上、やり続けなければならないのが、「掃除」と「挨拶」なのである。

やり続けなければならないのであれば、いつでも初心として忘れないよう、石に刻んで後世に遺し伝えよう——この思いが山崎会長の覚悟となり、今回の石碑建立へと至ったのだろう。

建立にあたっては、鎌田建設の鎌田社長に相談し、石の選定から手配まですべてお願いした。さらに石碑設置の施工も委ねた。鎌田建設は志を同じくする「ＳＪクラブ」の仲間だ。そうした良縁のつながりが、魂の宿る石碑をつくり上げたのではないだろうか。

石碑は、工場を背に、国道に向けて設置された。山崎会長の故郷であるこの地域の方々にも、石碑を見て、思いを共有してもらいたいからである。できればこの石碑が、地域のシンボルになることを願っているのだ。

さて、除幕式を終えたあと、工場見学に続き、近くの八代市二見コミュニティセンターに場所を移して、第四十回「ＳＪクラブ」合同研修会が開催された。この場所を研修会場に選んだのも地域貢献の一環である。ここで四年前にも開催した実績があるだけに、休館日にもかかわらず、気持ちよく会場を貸していただくことができた。

　参加者七十七名での合同研修は、通常どおり、国歌斉唱に始まり、各社八分以内で「５Ｓ」の成果を発表。続いて、七十七名が六つの班に分かれて、公民館とその周辺を徹底して掃除した。

　このセンターでここまで徹底した掃除をするのは、四年前に行なった第二十八回「ＳＪクラブ」合同研修会以来のことだろう。センターのトイレは、不特定多数の方々が使用する。男子トイレ小便器の水漉《みずこ》しには、尿石がこびりついていた。

　そのため、準備にあたったニッコーの山口智功《とものり》工場長は、前夜のうちにクエン酸を塗布し、当日の朝、さらに洗浄効果が期待できる重曹《じゅうそう》を塗布してくれていた。洗浄にクエン酸や重曹を使用するのは、自然に優しい洗剤だからである。

　汚れを落とすだけなら、もっと効果が見込める洗剤がある。しかし、自分のところだけきれいにしても、周辺の自然体系を破壊したのでは意味がない。「ＳＪクラブ」の目指す掃除はどこまでも、自然に優しい掃除でなければならないのである。

　掃除のあとは、おもてなし料理による懇親会だ。ニッコーは冷凍食品の製造会社。自社製品をメインに、さらに地元の食材がところ狭しとテーブルに並べられた。身体を使って実践したあとの食事は、格別な味がした。

　合同研修会後、山﨑会長は次のように宣言した。

「来年からこの二月二十六日を、わが社は『凡事徹底』の日と制定します。毎年この日に原点回帰して、会社が大事にしている『掃除』と『挨拶』を見直す日にします。したがって、その日は工場を操業停止にして内外の掃除を徹底します」

石碑建立が決心のきっかけになったのだろうか。山﨑会長は、何かよいものを発見したような、晴れ晴れとした表情だった。

米軍と一緒に掃除をする「大和掃除に学ぶ会」

鍵山相談役との出逢いをきっかけにして、山﨑会長はＮＰＯ法人「日本を美しくする会」の掃除活動にも参加するようになった。そして朝の十五分間、昼の十分間を会社周辺の掃除にあてるようにした。これは鍵山相談役からのアドバイスがあったからだ。

「会社というのは、ただそこにあるだけで近隣の人にとっては迷惑なものです。こちらが知らぬ間にご迷惑をかけていることもきっとあるでしょう。だから、いつも近隣の人たちには、ここにいさせてもらえることに感謝の心をもっていなければいけません」

短い時間ではあるが毎日取り組んできたことで、掃除を始めて以来、近隣の人たちからの工場に対するクレームはほぼゼロになり、挨拶を交わす間柄になった。

そして二〇〇八年十二月、山﨑会長は地元に「大和掃除に学ぶ会」を立ち上げた。会社の近辺だけでなく、地元にも目を向けなくてはいけない。愛する地元を美しいまちにしたい。そういう思いがあった。

当時、大和駅の周辺はとても汚れていた。大和駅は小田急線と相鉄線が乗り入れる大きな駅で、駅前には大きなロータリーがあり、バスやタクシーが列をなしている。乗降客も多く、新宿方面や横浜方面に向かうビジネスマンや学生で混雑する。さらには飲み屋街もあるので、駅前はどうしてもゴミが散乱する。市の清掃だけではとても追いついていないのが実情だった。

そこで「大和掃除に学ぶ会」は、毎月一回、第二木曜日の朝五時五十分から七時まで、駅前の清掃活動をすることにした。ペットボトルや空き缶、たばこの吸い殻や食べ残しの弁当など、それはひどいものだった。

「社会が荒むのは、まちが汚いことに原因がある」

鍵山相談役がよくいう言葉である。まちが汚れていると人心も荒れ、それがさまざまな犯罪を生み出す原因になる。事実、当時の大和市は、けっして安心で安全なまちとは言い難かった。

有志が増えるにつれ、もっと活動の輪を広げたいと考えた山﨑会長は、地元のコミュニティラジオ局の「ＦＭやまと」に呼びかけてもらった。

すると、思いもかけないところから反応があった。それが米軍厚木基地（在日米海軍厚木航空施設）だった。軍人さんたちが参加したいという。一瞬、まさかと思ったという。「連日、厳しい訓練に明け暮れる軍人さんが掃除をするなんて。米軍厚木基地は厚木市にあるように思われがちですが、じつはほとんどの敷地は大和市と綾瀬市にあります。ですから、昔から大和市でも騒音問題は深刻ですし、反対運動が盛んなまちでもあるのです。一方で、米軍側も地元との交流は積極的に行なっていますし、常に軍人さんと住民とのふれあいを増やす機会を求めています。基地に駐在しているのは若者が多く、彼らも自分たちが歓迎されているとは思っていないでしょう。自分たちの訓練による騒音で日本人に迷惑をかけていることも知っている。でも、彼らも人間です。日本人と仲よくなりたい、心を通わせたいと思っているのです」

もともと鍵山相談役がつくられた「日本を美しくする会」は、不偏不党であり、国の壁も人種や宗教の壁もいっさいない団体である。米軍からの申し出はウエルカムだった。むしろ米軍のほうが、あまりにあっさりと受け入れられたことに驚いている様子だったという。

そして、ついに米軍の軍人さんたちとの合同掃除が始まった。開始は午前五時五十分で、彼らは五時に基地からバスに乗ってくる。その集団を率いてくるのは、米軍厚木基地の渉外担当の丸山澄枝さん（二〇二〇年退社）。丸山さんは、事前に掃除の情報を軍人さんたちに流し、参加者を募り、時間どおりに基地からバスに乗せ、通訳もしてと、大変な仕事を一人でこなしてくれた。

身体の大きな軍人さんが、ホウキの使い方を一生懸命に覚えようとしている。日ごろ手にする武器ではなく、ホウキを手にしている彼らの表情は、ほんとうに穏やかなものだった。

あるとき、山﨑会長は、若い軍人さんに尋ねてみた。

「どうして掃除を手伝おうと思ったの？」

すると、こんな返事が返ってきた。

大和駅前の街頭清掃に参加した米軍厚木基地のウィーマン司令官(任期2012〜14年)を囲んで(左から、ニッコーの青柳俊博さん、山﨑会長、鍵山相談役、筆者、さわやか企画の金子貴一社長)

側溝を掃除する米軍厚木基地のマック司令官(任期2017〜20年)

「日本人と一緒に掃除をしていると、地域の人たちが声をかけてくれる。そのことがとてもうれしいのです。また、基地の中でも掃除の時間はありますが、ホウキなど使いません。せっかく日本にいるのですから、日本の文化に触れたいと思ったのです」

そして、別の軍人さんがいった言葉はいまも強く印象に残っているという。

「文化も価値観も違うけれど、自分たちが住むまちを美しくしたいと願う気持ちは日米同じです。掃除をすることは、すなわち自分自身を磨くことにつながる。アメリカ人もまたそう信じているのです」

厚木基地の歴代司令官も掃除に参加

軍人さんたちの協力も得た大和駅前清掃は十二年目を迎えた。ちなみに、掃除を始めた二〇〇八年に四千四十件もあった大和市の犯罪件数は、十年後の二〇一八年には千六百六十四件と、じつに半減したのだ。これには山﨑会長も驚き、掃除の持つ計り知れない力を実感したという。

大和駅前の清掃活動を始めて三年が経った二〇一一年のこと。鍵山相談役から山﨑会長にある提案がなされた。

「米軍の厚木基地は地元では迷惑な存在ととらえられているかもしれませんが、私たち日本人が米軍に守られているのは揺るぎない事実です。だから、せめて少しでもその恩返しをしたいのです。私たちにできることをしませんか。基地の周辺だけでもきれいに掃除をしませんか」

山崎会長は、基地の周辺の掃除をすることは思いつかなかった。地元であるがゆえに避けていたのかもしれない。しかし鍵山相談役は、そんなことは気にせず、掃除を通して互いの心を通わせようとしたのだ。

そこで「大和掃除に学ぶ会」は、月に一度、第一木曜日の早朝五時五十分から七時まで、米軍厚木基地周辺の掃除をすることを決めた。周辺の掃除とはいっても、基地はフェンスで囲まれている。掃除は主にフェンス沿いの草むしりや枯れ葉の掃き掃除。夏は暑く、冬は寒い。フェンス沿いの清掃活動はしんどい作業だった。

活動を始めて半年くらいが経ったころ、渉外担当の丸山さんから連絡があった。

「皆さんが基地周辺の掃除をしてくださっていることを司令官が知り、ぜひともお礼がいいたいと申しております。一度、厚木基地にいらしてくれませんか」

驚いた山崎会長はすぐに鍵山相談役に連絡した。すると、鍵山相談役は「私もお礼がいいたいので、お会いしましょう」とのこと。さっそく鍵山相談役と山崎会長が厚木基地に赴き、司令官とお会いすることになった。そのときの司令官はスティーブ・ウィーマン氏。ウィーマン司令官は「大和掃除に学ぶ会」の活動に心から感謝の意を唱え、これからは自分も掃除に参加したいといった。

「司令官が掃除？」

感謝状を手にする米軍厚木基地のブッシー司令官（任期2014〜17年）

山崎会長は耳を疑ったが、ウィーマン司令官はニコニコしながら「掃除は大好きですから」。翌月から、大和駅前で黙々と掃除をするウィーマン司令官の姿があった。

山崎会長は胸を打たれると同時に、掃除は国境を越えて心を通わせることができる最良の手段ではないかと思ったという。

ちなみに、厚木基地の司令官の任期は三年で、二〇一二〜一四年に司令官を務めたウィーマン氏は、その後、横須賀基地の参謀長に栄転、退役後はアマゾンに就職したと聞く。

二〇一四〜一七年に司令官を務めたブッシー氏もまた掃除に参加（その後、ワシントンに栄転）。三代目がマック司令官（二〇一七〜二〇年）。その後は、コロナの影響もあり、残念ではあるが参加をお断りしている状態だ。しかしながら、司令官が交代しても、日

上:米軍厚木基地の周辺を鍵山相談役と掃除する山﨑会長(手前)
下:楽しそうに掃除をする米軍人

本人と一緒に掃除をするという習慣が受け継がれているのはすばらしいことである。もしかしたら新司令官への引き継ぎ事項となっているのかもしれない。

函館市に第三工場を建設する理由

ニッコーの新たなプロジェクトが、第三工場の建設だ。第二工場は創業者である山崎会長の故郷に建てた。そして第三工場は、山崎雅文社長が大学生活を送った北海道函館市に建てる予定である。

雅文社長はもともと教員を目指して進学、教員免許を取って一九九八年に卒業。ところが、地元の神奈川県で試験を受けるのだが、何度も不合格。

「いま思うと、自分が今後どうしたいのかがハッキリしておらず、家業を継ぐ勇気もない、かといってせっかく家族で始めた会社を潰すわけにもいかないと、頭の整理がまったくつかなかったのです。いずれ家業を継ぐにしても、まずは他の会社で修業することを選ぼうとしたときに、家業の会社でも働きながら学べることはたくさんあると後押ししてくれたのが、システムジャパンの亀井社長でした」

それからの雅文社長は、懸命に仕事を覚え、率先して掃除に取り組むなど、経営者としての器を磨く努力を続けた。二〇〇九年、三十五歳のときに社長に就任。

「当時は、まだ自分の能力に自信が持てなかったり、社長として社員の生活に責任を持つことへの怖さがありました。ただ、会社は絶対につぶさないぞという信念だけはぶれませんでした」

それから七年後の二〇一六年、雅文社長のもとへ母校から思わぬ提案が持ち込まれる。市内の農場で規格外となったジャガイモを有効活用しようと、スイートポテトを考案。それを同市内で開かれた納涼まつりで販売したところ、好評を得た。そのため、スイートポテトを冷凍食品として販売できないかと、雅文社長に企画を提案したのだ。雅文社長も、卒業生として何か貢献できればと思い、積極的に協力することにした。

試食会に招かれた雅文社長は、学生たちが開発したカボチャやニンジン、リンゴなどのソースを絡《から》ませて食べる商品を試食、手応えを感じた。その後、スイートポテト以外にグラタンコロッケも商品化し、ニッコーがインターネット通販や会員向けのカタログで販売する運びとなった。

このプロジェクトを通して、雅文社長は「地産地消」の大切さを改めて痛感したという。

「北海道にも規格外ということで処分されてしまう野菜がたくさんあることを知りました。無農薬栽培でつくられたものなら、ぜひニッコーの原料に使いたい。そこで、第三の工場を函館につくり、微力ながらも食料自給率の向上に貢献できればと思いました」

雅文社長は、すでに工場と農地を確保し、稼働への準備を始めている。農地については、六千坪の休耕地を借りることができたのだが、雑草が生い茂った状態だった。そこで雅文社長はみずから函館まで重機を運び、開墾作業に明け暮れた。その姿を見るにつけ、山﨑会長の思いが息子の雅文社長にしっかりと受け継がれていると思うのだ。

最後に、山﨑会長が鍵山相談役を慕っている、じつに微笑ましいエピソードを紹介したい。

いまから二十年以上前、鍵山相談役が大和市のお寺に墓を購入した。そのことを聞きつけた山﨑会長は、早速そのお寺に行き、墓を購入してしまったのだ。「鍵山相談役の墓守りは私だ」とばかりに、生きがいにしているのである。また、自分の車を買い換えたときも、鍵山相談役と同じ型式の車を購入した。さらに、「大和掃除に学ぶ会」を発足させたのも、鍵山相談役の喜ぶ顔を見たいがための一念からだったのだ。

こうしたエピソードは一例であるが、山﨑会長の原点は鍵山相談役にあるといっても過言ではない。また山﨑会長が農業を始めたころ、私に真っ先に話してくれたことが次のことだった。

「亀井さん、鍵山相談役がよくいわれる『良樹細根《りようじゆさいこん》』という言葉、畑仕事をしていると実感としてわかりますよ」

いかにも得意そうに話してくれた山﨑会長の顔が、いまでも目に浮かぶ。

「良樹細根」とは、細かくしっかりとした根が張っている木は、枝葉もよく繁る木になるという意味。人間もまたこれと同じだと説く鍵山相談役の教えを、自分の実体験で確認したことがよほどうれしかったのだろう。

山﨑会長のように、心から尊敬し私淑する人を持っている人は、周囲も幸せにする。

6,000坪の休耕地を開墾(上)、肥沃な農場に甦った(下)

第十章　白岩運輸の取り組み

地元になくてはならない運送会社

白岩運輸㈱の本社は静岡県伊東市にある。代表取締役は白鳥宏明さん（六十歳）。もともと白鳥社長の父と岩村さんという方が、一九七三年に共同経営というかたちで創業したため、苗字の一字ずつを取って「白岩運輸」としたという。

引越し、一般物流、倉庫事業がメインの業務で、社員三十名、年間売上高二・七億円の地元伊東市を代表する優良企業である。直近の決算でも、コロナの影響で売上は微減となったが、利益率は一一％を超える業績を上げている。

同社の強みは、社員の勤続年数が長く、その道のプロフェッショナルがたくさんいることだ。たとえば、入社以来三十三年間も無事故無違反の模範ドライバーもいる。そのため、取引先からの信頼が厚い。他の社員たちもお客様のニーズにきめこまかく対応できる力を持っており、リピ

白岩運輸の白鳥宏明社長

ート率が高いのも特徴だ。

白鳥社長は「日本を美しくする会」の副会長を務めていることもあり、社員教育や地域貢献の一環として、伊東市内の公共トイレや学校、神社仏閣、会社周辺の環境美化に取り組んでいる。とくに、年に一度行なわれる「伊東掃除に学ぶ会」は、全国から二百名以上の参加者が集う一大イベントとなっている。また、二十七年前には地元の連携を考えてお祭りを立ち上げ、会社の敷地や倉庫を地域の人たちに開放し、喜ばれている。

白鳥社長は、熱海市にある「興亜観音」の奉賛会理事も務めている。興亜観音とは、一九三七年七月に勃発した支那事変における上海派遣軍司令官であった松井石根《いわね》陸軍大将が、退役後の一九四〇年、日支両軍の戦没将兵を「怨親平等《おんしんびょうどう》」に祀《まつ》るため、私財を投じ

静岡県熱海市伊豆山の中腹に立つ「興亜観音」（上）と「七士之碑」（下）

てこの地に聖観音を建立したのが始まりである。

美しいお顔の観音様は、中国と日本の土でつくられ、お互いに恨みつらみなしに平和に、という願いのもと、中国のほうを向いて建てられた。

それを建てた松井岩根は、一九四八年、東京裁判によってA級戦犯として処刑される。松井のほかにも東條英機や広田弘毅《こうき》など六名が処刑された。わずかに残った七人の遺灰を密かに持ち込んで祀ったのが「七士之碑」である。過去にはパール判事や吉田茂も訪れている。鍵山相談役も足を運ばれた。

ただ、山深い伊豆山の中腹にあるため、維持管理がたいへんなのだが、人手はない状態。そこで白鳥社長は、この地を有志たちと定期的に清掃し、清らかな状態に保っているのである。

「清掃というより、急斜面に生えた竹や雑草を伐採するので、プロの方でも音を上げるような作業です。私一人ではとても無理ですが、いつも十名以上の有志が駆けつけてくれます。敬虔《けいけん》な尼僧さまが健気《けなげ》にお守りされている聖地でありながら、まだ誤解が解けないもどかしさもあります。ここで奉仕させていただくたびに、尊い犠牲のうえに生かされていることを実感するのです」

二重帳簿に、飲酒運転もまかり通る

生まれつき身体の弱かった白鳥社長は、小児喘息を患《わずら》っており、小学六年生までは家で療養していることが多く、学校も休みがちだったという。

「あまりに激しい喘息だったために、あと三十分病院に着くのが遅れていたら、心臓発作で死んでいた、と医師から告げられたこともありました。母は、高校に行けなくてもいいから、せめて中学には行ってほしい、と思っていたようです」

中学に入ると、東京の病院に入院することになり、その転地療法のおかげで喘息が治っていった。その後、東京の拓殖大学商学部に進学。ところが、病気がちだったこともあり、極度の人見知りとなり、知らない人とは一切話ができない状態に。アルバイトをするにも、できるだけ人と話をしなくてもすむ飲食店の皿洗いや花屋さんの裏方のような仕事をしていたという。

二十歳を過ぎたころ、友人から原宿のジーンズショップのアルバイトを紹介される。その店で、「いらっしゃいませ」の一言もいえなかった白鳥社長は厳しく指導され、やがて自然に明るい挨拶ができるようになった。

一九八五年、二十五歳のとき、父から「会社の人手が足りないので、手伝うために帰ってこい」という連絡があった。当時、白鳥社長は東京で仕事をしており、ちょうど楽しくなってきたところだったが、長男でもあり、親の面倒を見ないわけにはいかない。

共同経営者だった岩村さんが、事業を立ち上げて十四年経っても儲からないし、将来性もないと考え、退社することになったのだ。そのため、白鳥社長が呼び寄せられたのである。

使われる身から人を使う側へと変わり、後継者ということもあって、最初から専務取締役とい

静岡県伊東市の白岩運輸本社（上）と引越センターのトラック（下）

う大層な役職を仰せつかったのだが、いざ会社に入ってみると、驚きの連続だったという。

白鳥社長が会社に入って、父から最初に指示されたことは、「会社では、領収書のないお金を使うことがあるから、裏金をつくれ」だった。裏金は当時で年間六百万円くらい。それを父に渡していたのだが、会社とはそんなものかな、とさして疑問に思わず、事務員に二重帳簿をつけさせていたという。

その父は、会社にはちょっと顔を出す程度で、番頭役に仕事を任せっきりだった。父は猟が好きだったので、夕方になると鉄砲を担いで会社に帰ってくる。社員たちは仕事を終えて一服している。その姿を見て、自分は遊んで帰ってきているのに、「なに座って休んでんだ」と怒った。だから社員たちは怒り心頭である。当時、社員がよくいっていたのは、「俺たちは社長の鉄砲玉代を稼いでいるようなもんだ」。たまに引越しの仕事があると、古参社員が若手社員に「今日は三階まで上がるから、ビールを三杯一気に飲め」といって、昼間からビールを三杯飲んで仕事に行く始末。

「社内は暗く、汚く、挨拶もまともにできない社員ばかりで、心が荒みきった雰囲気でした。当然クレームも多く、事務員は電話口で『そんなことを私にいわれても、わかりません』と大きな声を上げて泣いていました。社員の中には、自分の領収書を持っている者もいて、横領したお金で仕事が終わると毎晩、社内で宴会をやって、飲酒運転で帰るということをしているのです。仕事上、飲酒のことを社長に報告しましたが、聞く耳は持たず、はじめからあきらめている様子でした」

当時、社員は十数名いたが、派閥があり、番頭と称する人に嫌われると会社にいられない体質ができあがっていた。

そんなある日のこと。「白鳥の親父は、お酒も飲めないのに毎晩クラブに行っているぞ」という噂話が耳に入ってきた。白鳥社長は、父が遊び金欲しさのために裏金をつくっていたことを知り、事務員に、今後一切、二重帳簿も裏金もつくらないように指示した。

すると、小遣いの入らなくなった父は、怒り心頭。白鳥社長は父に対し、「裏金は、一切やめました。社員が真似をして同じことをしているので、まず経営者自ら改めるべきです」と話した。しかし、父は「だったら、会社のお金を横領していた社員からお金を取り戻してこい！　その人間はクビにしろ」と白鳥社長に命令したという。

仕方なく白鳥社長は、社員のところに行き、父の伝言を伝え、「横領をするような環境にしてしまい、申し訳なかった。白岩運輸は辞めていただくことになるが、次の職場では二度と同じことを繰り返さないように」と告げて、横領したお金を請求することはしなかった。

会社を辞めるか、残るか、究極の選択

毎晩、当たり前のように、社内で宴会が続く日々。そんなある日、彼らが自分たちの飲んだビ

ール瓶を構内で高々と投げつけ、割って遊んでいる姿を目にした。白鳥社長は呆れ顔で帰宅したが、翌日、配達のアルバイトたちが出勤してきたときも、まだビール瓶の破片は散乱したままだった。すると、突然、「おい、宏明！　タイヤがパンクしたら、会社で責任を持てよ！」と怒鳴られた。

白鳥社長は「ちょっと待ってください」といって、ホウキとチリトリを持って掃除をした。冷たい雨が降る二月の朝だった。すぐに手がかじかんできた。白鳥社長の背後には、瓶を割った社員たちが立っていた。背中でその目線を感じながら、ひとつも手伝おうとしない社員にあきれつつ、「いつか、こんな社員ばかりではない会社にしてみせる」と歯を噛みしめながら悔しい思いをしたことを昨日のことのように覚えているという。

またそれと同時に、「どうしたらよくしていくことができるのか」「人間とはどういうものなのか」を真剣に考えるようになるきっかけともなったという。

当時、会社の構内は、飲みかけの缶コーヒーがあたり構わず投げ捨てられ、トラックに踏みつぶされてベタベタになった缶が散乱してした。白鳥社長は空き箱でゴミ箱をつくり、そこへ入れるように頼むのだが、誰も入れる人はいない。そこで「投げ捨ては、罰金百円」と箱に書いたことが、さらに反発を招くことになる。

自分の力ではどうにもならないと思い、社長である父に「制服をつくったらどうか」「朝礼もやったほうがいいのではないか」など提案してみるが、いずれも「そんなことをやる連中ではな

雨の日でも例外なく実施される社員による掃除風景

い。お前のように四角四面で考えるのが悪い」と逆に怒鳴られてしまう始末。

やがて社員の嫌がらせがエスカレートしてきた。タイムカードが捨てられる。ゴミ箱のゴミを詰め込まれる。机の上に「死ね」と書いてある。どんなに忙しくても仕事を頼んでこない。白鳥社長に挨拶を返す人がいたら、それだけで会社に居にくくなる。ついには完全に無視される状態に陥ってしまう。

その結果、白鳥社長は六度も鬱病《うつびょう》を繰り返しながら、苦しみのどん底を彷徨《さまよ》い、「いっそ死んだほうがましだ」と思うまでになる。無視をされることが、これほどつらいものかという経験をしたのだ。

何もやることがなくなり、自分の居場所もなくなった白鳥社長は、時折講演会に出向くのが唯一の生きがいになった。そして、さまざまな人の話を聞きながら、これからどうしたらよいかを考える日々を送る。

あるとき、尊敬する経営者に相談すると、その方に子どもがいなかったので、「よかったら後継者として来ませんか」とありがたい誘いを受ける。そこで、高校時代の恩師に相談したところ、「親思う心にまさる親心」これを忘れなければ、考え方は間違っていないので、何をしてもよいと諭《さと》される。自分がいくら親のことを思っていても、親はそれ以上に子どものことを思っているものだ、という意味である。

白鳥社長は何度も自問自答する。自分の志を取るか、生み育ててくれた親のために留まるか。まさに究極の選択を迫られたのである。結果的に、母親の悲しむ顔を見たくなかったのと、自分の〝いのち〟の根源は親にあるので、親を捨てることは人の道に反するのではないかと思い、留まることに決めたという。

「荒れに荒れた会社に見切りをつけて、よく辞めませんでしたねと聞かれるのですが、正直何度も辞めようと思ったことはありました。私は会社がどうなろうとまったく意に介さなかったのですけれど、母が泣く姿だけは見たくないと思って踏み留まりました。そして辞めるには惜しいくらいの努力をしてきたという自負もありました」

最初に紹介したように、白鳥社長はひどい小児喘息で虚弱体質だった。

「私は難産で生まれたのです。医者から母体が危ないからあきらめなさいといわれたけれども、母は自分はどうなってもいいからこの子を産みたいといって、私を産んでくれたそうです。母があのときあきらめていたら、いまの私はいません。しかも、生まれつき病弱で、小児喘息にもかかっていたので、母は野良仕事（当時はミカン農家）を終えて疲れ切った状態でも、夜通し背中をさすって看病してくれました。それは幼心にもわかりますから、母には足を向けて寝られません」

掃除を始めたきっかけと鍵山相談役との出逢い

ある日、ドラマ『スクール☆ウォーズ』のモデルといわれた、山口良治氏（元伏見工業高校ラグビー部総監督）の講演を聞く機会があった。そこで、「人に矢印を向けているうちは、問題解決の方法は見つからない。自分に矢印を向けたとき、どうしらよいかが見えはじめてくる」という話が心に突き刺さった。

いままで社員や社長を見て、「この人たちが悪い」と思っていたが、自分に何か足りないものはないだろうかと振り返ってみた。しかし、朝四時から夜十一時まで休むことなく働いているのだから、非など見当たらない。自分に足りないものを見つけることができなかった。そのうち、どうしたら一番下にいる社員の気持ちになれるかを考えてみるようになる。

そこで思いついたのがトイレ掃除だった。トイレ掃除は組織でいえば一番下の人がやっているイメージを持っていたので、そこを自分がやれば、もしかしたら反発している社員の気持ちが少しはわかるかもしれない、と藁にもすがる思いで始めてみたのである。

ところが、現実には「専務がやっているから、やる気にならない」「当てつけみたいで面白くない」など反発は広がるばかり。

「もし私が社員だとしたら、『手伝いましょうか？』といわないまでも、ホウキ一本くらい持つ真似はするだろう。やはりうちの社員は駄目だ、と思うようになり、私自身も途中で掃除をやめたこともありました。だいたい社長が朝たまに来ると、『なんだ、専務はまた掃除なんかやってるのか』って、見下すようにバカにするわけですから、社員は大喜びです（笑）。『俺たちはそんなことやる必要ない。あいつはバカだからやらせときゃいいんだ』というわけです。だから全然定着しませんでした」

しかし、掃除ぐらいしかできることがないと考えた白鳥社長は、面白くないと思いつつも続けることにしたそうだ。

あるとき、ふっと「自分は、一番下の社員の気持ちがわかるように始めた掃除なのに、いつしかなぜ俺がやっているのに、誰もやろうとしないのか？」という上から目線になっていることに気づいたという。それではいけない、と思い、また掃除に取り組み続けるのだが、一向に何も変わらず、もういい加減やめようかと思っていたときのこと。

ある本で、白いシャツを腕まくりしながら、小便器を掃除している人の写真を見つけた。直感的に、「この人は、社長に違いない」と思い、一枚の写真に大きく励まされ、やめようと思っていたトイレ掃除は間違っていなかった、という喜びとともに勇気をもらったという。それが鍵山相談役との出逢いだった。

その後、縁とは不思議なもので、どこからともなく鍵山相談役の話を聞く機会があった。「じつは鍵山相談役も、『最初は周りに受け入れられなかった』と話され、自分と同じ状況だったことに驚きました。そんな状況からすばらしい会社になるまでの話をうかがい、『自分のやっていることは間違っていない』という確信が生まれました」

翌日、鍵山相談役のトイレ掃除は、素手で磨きながらもピカピカになっていき、同じ掃除でもこれほど違うものかと、自分のやっていたトイレ掃除の至らなさを思い知らされ、目から鱗が落ちたという。そして、鍵山相談役の掃除からもっと学んでみたいと思うようになった。それから全国の「掃除の会」に参加するようになったのだが、それが父には気に入らなかったらしい。

「私が新興宗教に騙されているんじゃないかと父が母にいったらしく、母が『なんか変な宗教やっているの？』と聞くので、『そんなのやってないよ』と答えました。ついでに、『ちょっと来てみて』と母を掃除の会に連れていったら、『ああ、いい会ね』と納得してくれたのです。『お父さんとか周りの人がいろいろいっても、お母さんはあんたのこと信じているからね。自分の信じることをやりなさい』と応援してくれた。それが百人力になりました。誰もわかってくれなくても、母一人がわかってくれたら十分だと」

ヤマト運輸の小倉昌男会長との出逢い

白鳥社長が三十歳くらいのときである。当時、白岩運輸は、ヤマト運輸から伊東方面の宅急便の配達を委託されており、トラック四台ほどが稼働していた。ある日、ヤマト運輸の沼津支店から電話があった。電話の主は運行課長のO氏だった。

話の内容は、「おたくのドライバーのSだが、朝五時から夜の十一時まで仕事をしてくれ」というものだった。もともと宅急便の担当ドライバーは拘束時間が長く、Sさんも朝の七時から夜の八時まで勤務していた。そこで白鳥社長はO課長に返答した。

「いや、それはちょっと難しいですよ。Sには家族があり、小さな子どもも二人います。そんな勤務時間では、家に帰る暇もなく、車の中で寝泊まりしなければなりません。一人でこなせる仕事量ではありませんよ」

すると、O課長は、「それができなかったら明後日からいらない」と怒鳴ってきた。そこで白鳥社長は、「もしO課長が同じことをやれといわれたら、できますか?」と聞いてみた。O課長の返事は、「俺には関係ねえ」だった。

その言葉を聞いた白鳥社長は怒り心頭になったが、とりあえず会って直接話をしようと思い、翌朝、伊東から一時間半かけてヤマト運輸の沼津支店に向かい、駐車場でO課長の出社を待つことにした。

出勤してきたO課長に白鳥社長が「おはようございます」と挨拶したところ、「何しに来た？」と高圧的な返事だけ。その時点で、白鳥社長は「もうこの人に何を話しても無駄だろう」とあきらめ、きびすを返して会社に戻った。そして、社長にこういった。

「O課長と話をしようと思ったけれども、まったく話になりません。明後日からいらんといっているし、この会社はろくでもない会社じゃないか。これからもつきあうべきか、ここの会社の社長に会って、どんな人か確かめたいと思います」

すると社長は、「そんなことをしたら、下手するとみんな切られるぞ」というので、「心配しなくていいですよ。お世話になっているからご挨拶に来ましたということで行くから、別に喧嘩を売ったり文句をいったりするわけじゃないから。ただその社長がどういう人か自分で見定めたい。その人を見て、今後仕事をどうするかを自分で考えたい」と答えたという。

ならば、まずは支店長に会って話をしろと社長がいうので、意味がないとわかりつつ、支店長に事情を説明したが、案の定、暖簾《のれん》に腕押しのような対応だった。

そこで、思い切って銀座にあるヤマト運輸の本社に電話をした。対応してくれたのは秘書の方で、三十分だけご挨拶の時間をいただきたいとお願いしたところ、運よく当時会長だった小倉昌男さんと面会できることになった。

「恥ずかしながら、当時の私は小倉昌男さんが宅急便の創始者とは知らず、ただトップに会いたいという気持ちしかなかったのです。しかも、わずか三十分では肝心な話はできないかもしれないと思い、事の一部始終をワープロに打って、手土産の紙袋の中に入れておいたのです」

初めて会った小倉会長は、まず「遠くからよく来たね」とねぎらいの言葉をかけてくれたうえで、「君は伊東だね。伊豆高原には保養所がたくさんあるだろう。そこでは仕出しを取るだろうから、仕出しの配達という仕事があるかもしれないよ」という。

「ふつうの経営者なら、初対面の訪問者には来た目的を尋ねたりするものです。ところが、小倉会長は、私のために、いきなりビジネスの提案をしてくれた。ずいぶん親切な方だなと感動しました。これに対し、『そうですね』と相槌《あいづち》を打てばよいものの、私も若かったので、『私もそれはいちおう考えて営業に行ってみたんですが、保養所は賄《まかな》い人を雇っているので、仕出しの注文はあまりないことがわかりました』といってしまったのです」

すると、小倉会長は面白い若造だなと思ったらしく、「私はクリスチャンなんだ」とか「君と私の息子は同い年だから、これから仲よくやってほしい」など会話がどんどん弾んだという。三十分の面会時間を過ぎて、白鳥社長がそわそわしだすと、「ゆっくりしてけ、ゆっくりしてけ」と、お茶やコーヒーまで出してくれる。結局、一時間半も長居したあげく、最後はエレベーターの前まで見送りに来てくれたという。

「私は一瞬で小倉会長のファンになってしまい、こんな偉大な経営者がつくった会社から仕事をいただいているのはありがたいことだし、これからもつきあっていきたいと思ったのです」

また、手紙を忍ばせた手土産も渡せたので、小倉会長に読んでもらえればそれでよしという気持ちで帰途についたという。

弱いものいじめは絶対に許さない

さて、翌朝のことである。社員が「関口さんという方から電話です」というので、「どちらの関口さんですか」と聞いたら、「関口運輸の関口といいます。伊東で元気がいい若いのがいるって聞いたけど、あんたかね」といわれたのだ。

たまたま昨晩、全国運輸連盟の会合があり、小倉会長が関口社長に白鳥社長の話をしたそうだ。関口社長の用件は、伊東方面で新聞の輸送を引き受けてくれないかという仕事の依頼だった。白鳥社長はびっくりするとともに、うれしくて舞い上がるような気分になった。

ところが、社長に相談すると、即却下されてしまう。新聞輸送は時間厳守であり、地震や災害が起ころうとも届けなければいけない。新たな専用車輌も買わなければいけない。とても白岩運輸の手に負えるような仕事ではないから断れというのだ。

せっかく舞い込んだ新規の仕事なのに。自分はやってみたいのに。自分に権限がないためにやれない歯がゆさに泣きそうになった白鳥社長だったが、関口社長に「できません」と謝るだけの電話はしたくない。

そこで、伊東で新聞輸送を手掛けているT運送会社の社長を知っていたので、引き受けてくれませんかと頼んだところ、OKが出た。安心した白鳥社長は、関口社長に、「残念ながら、うちでは実力不足でお引き受けできませんが、代わりに○○運送さんに頼みました」と連絡したところ、「いや、白鳥さんを見込んで頼んだわけだから、白鳥さんがやらないならいいよ」との返事だった。このとき、白鳥社長は「自分が納得した仕事をしたい」と強く思ったという。

さらに後日談は続く。関口社長から電話があった翌日のこと。なんと、ヤマト運輸沼津支店のO運行課長が異動していたのだ。その話を知ったのは、ドライバーの拘束時間が以前と同じ時間帯に戻ったとの報告を受け、そのお礼がてら沼津支店を訪れたときだった。いきなり支店長が出てきて、「いやあ、白鳥専務、何かあったときには私にいってね」と猫撫《ねこな》で声で擦《す》り寄ってきたのだ。その態度に不審を抱いた白鳥社長は、何かあったのかなと顔見知りの社員にそっと聞いたら、「季節外れの急な人事異動がありまして」という。よく聞くと、白岩運輸の白鳥専務が小倉会長と話をしたという話が支店内で広まっているらしい。それで支店長の態度が豹変《ひょうへん》した理由がわかったという。

「鍵山相談役が、イエローハットの社員に対する大手スーパー側の不遜《ふそん》な仕打ちに怒り、売上の六割を捨ててまで撤退した話は有名ですね。私にも『弱いものいじめは許さない』『正直者がバカを見る社会にしない』という信念があります。ですから、社員が取引先から無理難題を押しつけられたときは絶対に黙っていないですね。それは社内でも同じです。上司や先輩社員が部下や後輩に理不尽なことをいったりやったり、陰でいじめたりしたら、どんな小さなことでも許しません。そういう人間とは一緒に仕事ができないからです」

思わぬ事件から社長を引き受けることに

さて、掃除を始めて八年経ったころ、初めてホウキを持つ社員が出てきた。天にも昇るような喜びだった。しかし、それも束《つか》の間。その社員（Sさん）は父から辞めさせられることになる。その後、他社で働くようになったSさんは、不景気の影響で仕事のない若手社員に自分の仕事を分け与えていたために、自らを追い詰める結果となり、命を絶つという最悪の事態になってしまう。もしあのまま会社に残っていれば、生き生きと働けていたのに、と思うと、ほんとうに申し訳ない気持ちでいっぱいになったという。

社長と専務の考え方の違いは、人の命まで奪ってしまう、という経験をした白鳥社長は、父に「次の社長は誰がなるのか？」と尋ねてみた。

「私は『会社をよくして、社員を人間的に成長させることができる人なら、誰が社長になっても構いません』と父に話しました。私が社員の中で唯一、この人なら会社のピンチを救えるかもしれない、と思っているKさんという社員がいました。そう考えていた矢先、父から『今日はKさんの送別会だ』といきなりいわれ、もうこれで万策尽きたと思ったほど大きなショックを受けました」

しばらくして、白鳥社長が、「自分が社長を引き継いでも大丈夫だと思います」と父に提案してみたが、「お前がやったら潰れる」といわれたため、父が亡くなるまでは自分が社長になるという考えは封印したという。

ところがある日、ドライバーが取引先の女性社員と不倫問題を起こし、取引先から社長に来るように、と呼び出される事件が起きた。すると、父の態度が急変。投げ捨てるように「お前が社長をやれ」といい出したのだ。当時は社長を引き受けたい気持ちなど微塵《みじん》もなかった白鳥社長だが、今回の責任を誰かが取らなければ、取引停止になりかねない。仕方なく社長業を引き受けることにしたという。白鳥社長四十九歳のときのことだった。

会社が変わるにつれて社員が去って行く

社長業を引き受けるにあたって、会社の番頭役だったMさんにこれからの方針を伝えた。「人の話を聞いて視野を広げてほしい」といったら、「できない」と簡単に断られた。しかし、ひるまず「方針に沿って、できるかできないかだけ聞かせていただきたい」といったら、Mさんは「できない」といって、その場から立ち去った。

数日して、Mさんの奥さんから「もう一度、仕事をさせてほしい」と連絡があったらしい。父が簡単に「来てください」と返事をしたと聞いて白鳥社長は驚く。本人からの話ならまだしも、奥さんを雇用するわけではないので、よく考えて返事をしてもらいたいといった。

Mさんは、また勤務しはじめたが、数日すると無断で来なくなった。父からは、「Mさんが退社したら、みんな辞めるぞ」と脅かされたが、結局一人も辞めていく人はいなかった。

「しかし、楽な仕事に慣れていた社員は、会社がまともになるに連れて、一人去り、二人去りと、働かない社員が自然に抜けていきました。ところが、このころから会社が変わりはじめ、新たな仕事も増えていったこともあり、一年以内に社屋を二度も増築するという奇跡的なことが起きました。一人で始めた掃除も、十二年経ったときには、私が一言もいわなくても全員が取り組んでくれるようになりました」

それ以降、白岩運輸独自の掃除文化に基づく社風がつくられ、いまに続いている。

「前社長は、教育というものにまったく関心がありませんでした。当然、社員教育は何もしていませんでした。その結果、長年勤続していた社員の人間的成長は見られませんでした。誰よりも長い仕事経験があるにもかかわらず、新入社員からも相手にされない惨めな人間にすぎませんでした。『経営の神様』と呼ばれている松下幸之助翁は、『お互いが日に新たな考えをもって活動を進めていってこそ、よりよき知恵も生まれ、進歩向上ももたらされてくるのであり、きのうの姿をきょうそのまま続けていってはいけない』といっています。古参の社員を見ながら教育ができない環境にあったことにお詫びして、手を合わせる思いでした」

その反省をもとに、いまでは、朝六時からの早朝読書会や教育講演会、掃除に学ぶ会での掃除実践、会社見学会など、あらゆる機会をとらえて社員教育に活用している。

鍵山相談役との出逢いから、十六年前に「伊東掃除に学ぶ会」を設立し、「日本を美しくする会」の活動にも取り組むようになった。新宿や渋谷で毎月行なわれる街頭清掃などにも十八年間欠かさず取り組んできた。その結果、新宿の犯罪率が七〇％も減少したというから驚きである。トイレ掃除や街頭清掃を通じて心を磨くことで、謙虚さや感謝の心、気づきの感性などが高まり、人間の善なる部分が引き出されてくることを実感するという。

風光明媚《ふうこうめいび》で温暖な伊東市だが、世間では親子殺しの事件が発生したり、近所でも変質者が現れ、女子中学生が白鳥家に泣きながら駆け込んでくる事件も起きた。そんなこともあり、地域力をつける大事さを感じた白鳥社長は、「万畑まつり」というお祭りを開催、地域のコミュニティの場として会社の敷地・倉庫を開放している。当初は「余計なことをやって」といった批判の声も聞こえてきたが、いまでは多くの子どもや大人が集まる、地域にとってなくてはならない行事となった。

お祭りを始めて三年目に「一カ月五十万円で倉庫を借りたい」という大手企業からの申し出があったが、貸してしまうとお祭りができなくなるため、年間六百万円すべて純利益という願ってもない好条件に目をつぶり、丁重に断ったという。

二〇一一年の東日本大震災のときも、多くの社員がボランティア休暇を使って奉仕活動を行な

会社の敷地と倉庫を開放してお祭りを立ち上げる(上)。鍵山相談役と(下)

った。その活動が評価され、震災復興支援に尽くした企業として大臣表彰を受けた。

「苦しい環境下で必死にもがき苦しんでいた時代があったからこそ、社会や人が大事という思いのもと、できたことかもしれません」

引越しは社員教育にもってこいの仕事

白岩運輸は、コロナ禍で厳しい経営を強いられている引越し業界で増収増益を続けている。その秘訣とは何だろうか。

「当たり前のことなのですが、引越しが終わったお客様には、必ずその日のうちに手書きで礼状を書いています。これ、意外と大手の会社さんはやっていないようで、『初めてもらった』『感激した』というお客様が多いのです」

礼状を捨てずにずっと取っているお客様もいるらしい。

「そもそも運送とは、拠点から拠点に、安全に確実に迅速にモノを運ぶというのが仕事ですが、値段競争になるケースが多いのです。ある意味では当たり前の仕事ですから。ところが、引越しという仕事に携わるうちに、これは社員教育にもってこいではないかと気づいたのです」

それは、こういうことだ。まず引越しをしている会社だという「ＰＲ力」が必須だ。次に電話で問い合わせがくるので、電話の「応対力」が必要となる。

地元・伊東市の観光ＰＲのため、白岩運輸のトラックには伊東の名所の風景が描かれている

次に、見積りに行く。そうすると見積りに行く人の「人間力」が求められる。それから成約にこぎつけたら、現場で作業をする「現場力」と「実践力」が試される。最後に仕事を終えたあとの「アフターフォロー力」。これらの力がすべて発揮されないと、ほんとうにいい仕事はできないと白鳥社長は考えている。

「逆にいえば、これらの能力を身につければ、お客様から喜ばれる仕事ができる。仕事のプロセスの中で人を育てられる利点があることに気づいたのです。つまり、社員がただ運べばいいという仕事から、自分たちでつくり上げていく仕事だと意識を変えていくと、仕事のクオリティも上がっていきます。クオリティが上がれば、お客様からも喜ばれ、受注も増える。それが社員のやりがいにもつながります。引越しチームのレベルが上がれば、他のチームのドライバーにもよい影響となって広がる。結果的に社員全体の人間力を高めることにつながると考えました」

ただし、経営者たるもの、常に危機感は持っているという。とくに、自分に対して戒《いまし》めることを心がけている。そんな白鳥社長が肝に銘じている言葉がある。元アサヒビール名誉顧問の故中條高徳《たかのり》氏に書いてもらった色紙の言葉「事の破るるは多く得意の時　事の成るは常に窮苦《きゆうく》の時」である。

白岩運輸のトラックには、地元のPRのため名所の風景（伊東八景）が描かれており、地元で評判を呼んでいる。

「二〇〇六年に伊豆半島東方沖地震という大きな地震が起きて、昼間から商店街のシャッターが閉まっているのを見たとき、この町は観光で成り立っているから、観光がなくなると町が死んでしまうと思ったのです。『会社』という文字を引っ繰り返せば『社会』です。社会と会社は一体であり、地域がよくなってこそ会社もよくなる。とくに伊東は観光地ですから、自分たちでもできることをやろうと、PR活動にも協力させていただいています」

陰徳を積む難しさを体験する

鍵山相談役から、「よい会社とは、収益性、社会性、人間性が伴ってこそエクセレントカンパニーです」と教わったという白鳥社長のスローガンは、「でっかい会社ではなく、あったかい会社」である。

白鳥社長が考える「あったかい会社」とは何か。象徴的なエピソードを紹介しよう。

三年ほど前の話である。五十代のベテランドライバーが体調を崩して入院した。後腹膜腫瘍《こうふくまくしゅよう》という治癒が難しい病気で、一カ月間の入院を余儀なくされた。その間、健康保険の傷病手当（最長一年六カ月、標準報酬月額の三分の二が支給される）で乗り切った。

大学生と高校生の子どもがいるため、本人も早く働きたいと退院したのだが、仕事に復帰してわずか一カ月後、再び体調を崩して入院してしまう。

「私も知らなかったのですが、傷病手当は同じ病気の場合、二度目は適用外だというのです。再発なので支給されるものと思っていましたので、予想外でした。このまま入院が長引けば、家計がやりくりできなくなる。弊社にとってもドライバーの穴埋めで予期せぬ人件費がかさむことになります。しかし、社員の生活はなんとしても守りたい。そこで、お見舞いがてら、病床で『できるかぎりの応援をするので、治療に専念してほしい』と伝えました」

そうはいっても、白鳥社長に具体的な算段があるわけではなかった。

「昔の私なら、たぶん傷病手当分の三分の二を保障してあげればよいと考えたでしょう。それで十分ではないかと。ところが、この問題が起きたとき、私の頭の中を鍵山相談役の言葉が飛び交いだしたのです（笑）。『できるだけ譲る』『与えられた枠を使い尽くさない』『終身路《みち》を譲るも、百歩を枉《ま》げず』（生涯人に道を譲っても、百歩の距離を迂回するわけではない。それほどわずかなことだから、こちらから譲るべきであるという訓《おし》え）、そして極めつけは『あなたさえよければ』でした」

休んでいる社員に給料を払うのは、期間さえわかっていれば、それほど悩むことではない。しかし、今回は三カ月なのか半年かかるのか、まったくわからなかった。それでも白鳥社長は病床で告げた。「心配しなくていいですよ。給料を満額支払いますから」と。奥さんにも伝えると、「申し訳ありません」と泣き崩れたという。

ところが、半年経っても快方に向かわなかった。十カ月が過ぎようとしたとき、マザー・テレサの言葉が身に染みたという。

「あるとき、『世界平和のために、私は何をしたらいいでしょうか』と尋ねられたマザー・テレサは、『あなたの家に帰って、あなたの家族を愛してあげてください』と答えたそうです。それはすなわち『目の前にいるひとりの人を大切にしなさい』と同じ意味でしょう。私は日頃、掃除を通して世の中の荒みをなくしたいといっていますが、たった一人の人を救うのがいかに大変かを実感しました」

このとき脳裏をよぎったのが、やはり鍵山相談役の教えである、「いっていること」と「やっていること」の接点をどれだけ増やすかだった。それは人として理想の生き方であり、白鳥社長の目標でもあった。そこで、「やるといった以上、やり抜く」と肚を括った白鳥社長は、十カ月

伊東市役所で開催された「伊東掃除に学ぶ会」の年次大会。
市役所を会場にして行なう会は全国でも数少ないという

も入院して気弱になっている本人に「入院がどれだけ延びても気にしないでください。時間をかけてでも徹底的に治して、元気な身体になって復帰してください」と伝えた。

幸い、丸一年の入院で完治し、無事仕事に復帰、いまでは白鳥社長の体調を常に心配するほど元気になったという。

「今回の経験で、陰徳《いんとく》を積むとはどういうことかを初めて理解できました。陰徳とは、目の前に起きた出来事をどう受け止め、どう実践するか、まさに自分が試される試練なんですね。鍵山相談役ではないですけれど、『救えてよかった』『やっておいてよかった』という気持ちです」

社長になって十一年、ようやく理想的な社風に近づいたとの思いを持つ白鳥社長だが、いま振り返ると、辞めていった社員には「申し訳ない」という気持ちで心が重くなるという。白鳥社長に反発したり、いうことを聞いてくれなかったのは、白鳥社長の「人間力」が弱かったからだと自責の念に陥るそうだ。

「いま考えると、私には社員を包み込む力がなかったのです。ようするに経験不足でした。原因はわれにありで、いまさらながら辞めていった社員には『迷惑をかけました』と謝りたい。同時に、『私を磨いてくれてありがとうございました』とお礼がいいたいのです」

その教訓から、白鳥社長は、縁あって入ってくれた社員が少しでも、「この会社に来てよかった」と思ってもらえるような会社づくりこそ自分の使命だという。

「おかげさまやお互いさまの笑顔が溢れ、社員にとってよい会社であり、人間的に成長できる会社でありたいと願っています。また、個人的には、掃除を通じて日本人としての道徳心を取り戻していきたいと思います。とくに、教育の現場では相変わらずいじめや不登校が大きな問題となっています。そこで、『日本を美しくする会』では、『道徳教育に掃除の活用を』という思いを共有しながら、鍵山相談役の心願である『掃除を通して心の荒みをなくし、世の中をよくする』という志を忘れずに活動を続けていきます。掃除は自分を変え、会社を変え、人生をよりよく変えていくと確信しています」

（文責：ＰＨＰ研究所）

第十一章　トラストの取り組み

大手調剤薬局からM&Aの提案

㈱トラストは神奈川県下にヤマト薬局など三店舗の調剤薬局を運営していた。同社を率いていたのが金子貴一社長（六十三歳）。金子社長は法政大学経済学部卒業後、製薬会社に就職。営業マンとして実績を上げ、数々の賞を受賞する。一九九三年、三十四歳のときに独立、㈱ニッキを設立し、薬局を開設した。その後、トラストの傘下に入り、さまざまな苦難を乗り越えて、トラストを優良企業に育て上げた。

二〇一七年、全国に七百五十店舗以上の調剤薬局を運営する総合メディカル㈱より、M&Aの提案を受け、経営権を譲渡する。ちなみに総合メディカルは東証一部上場の優良企業であり（二〇二〇年九月に上場廃止。非上場下で迅速な経営判断や長期的な視点での運営を目指す）、そこから買収提案を受けたのは、金子社長がいかにすばらしい調剤薬局をつくりあげたかの証明ともいえよ

鍵山相談役(右)と靖国神社を参拝する金子貴一社長

う。

Ｍ＆Ａ後、金子社長は顧問として約一年間、経営の引き継ぎ等にあたったのち、新たに㈱さわやか企画を設立し、代表取締役に就任、企業のコンサルティングや人材育成の相談に乗っている。また、トラスト時代から続けている大和駅前清掃や米軍厚木基地清掃にも世話人として取り組んでおり、「鍵山掃除道」の忠実な実践者でもある。

薬剤師を育てる難しさに直面

もともとトラストの前身はケーエスケーという会社で、それぞれ別の薬局を経営していたＡ氏、Ｂ氏、Ｃ氏の三人の共同経営でスタートした。共同経営であるがゆえか、問題はすぐに生じた。社長のＣ氏が、繁忙店を勝手に自社名義にし、東京高裁まで争うことになったのだ。さらに、A氏が連れてきた後任の社長が六年間に一千万円以上も横領し、持ち逃げする事件が起きる。会社は創業時から、混迷の連続であった。

その二年後、金子社長が㈱ニッキを設立し、薬局を開設したが、すぐに行き詰まってしまう。その原因の一つに、経営者である金子社長自身が、薬剤師の資格を持っていなかったことがある。

当然のことながら、薬局経営は薬剤師がいてはじめて成り立つ。いきおい、社内における薬剤師の存在は貴重になる。会社を設立したばかりで、資格を持っていなかった金子社長は、薬剤師の募集と教育に翻弄されていた。そこで、親友のA氏に「人材と資金」の援助を懇望し、その条件として、金子社長がケーエスケーの店舗展開担当の役員に就任することになった。一九九五年のことだ。

当時も医療業界の医師・看護師・薬剤師不足は常態化していた。地域によっては、薬剤師の一般募集に対してまったく反応がないことも珍しくないほど深刻な状態にあった。そのため、なんとしてでも薬剤師を確保するとなると、二つの方法が考えられた。一つは、数少ない面接者の中から、無条件に採用する方法。もう一つは、高額な紹介料を払って、専門業者に薬剤師の紹介を依頼する方法だ。

ただ、いずれの方法で採用したとしても、その後の社員教育は簡単なことではない。相手はれっきとした国家資格保持者である。免許さえあれば、どこの医療業界でも十分に通用する、「先生」と呼ばれる有資格者なのだ。

そんな薬剤師に一般企業で行なっている社員教育をそのまま適用しても、すんなりといくものではない。資格が資格なだけに、職場では専門業務以外のことはどうしても軽視されがちだからである。しかし、それでは一般職もいる職場の規律を維持することはできない。

事実、そのころの社内には冷めて白けた雰囲気が漂っていた。金子社長が社員交流のためにさまざまな催しを企画しても、参加者はまばら。仕事以外で会社の人とかかわり合いを持ちたくないという社員ばかりだった。

会社の方針や考え方を話しても、素直に受け止めてもらえるような雰囲気ではない。そのため、金子社長は社員に対して、まるで腫《は》れものにでも触るような態度にならざるをえなかった。

「これでは会社を経営している意味がない。会社というのは、業務を遂行するだけの作業場ではないはずだ。社員教育も含めての会社経営ではないか」

倒産寸前の会社を任されるが……

一九九八年、金子氏がケーエスケーの三代目社長に就任、D氏が社員から専務に昇格して、新体制となる。A氏の友情に報いるよう、金子社長は必死に働いた。彼らが引き起こした先の二件の係争問題も、陣頭指揮を執《と》り、処理に当たった。しかしながら、会社の経営は悪化の一途で、約束の社長報酬はゼロ。それでも、金子社長は希望を持ち続けた。

翌一九九九年、金子社長は倒産寸前の会社を立て直す決意を持って、厳しい研修内容で有名な「アイウィル」の門を叩いた。金子社長が研修に参加することは、当初彼らも大いに賛成してくれた。ところが、「朝礼時に大声を出すなど、強制する研修は駄目だ」と、学者肌のB氏が批判。さらに親友のA氏まで、アイウィルや「5Sの研修」に異議を唱えはじめた。

一方で、社員から専務に引き上げたD氏の様子がおかしい。ミスや問題が多発するのだ。調べると、金子社長に内緒で、地元の薬剤師会の幹部となり、業務終了後や休日に活動し、報酬を得ていたのだ。疲労が溜まる結果、ミスにつながっていた。

金子社長はD専務に何度も警告を発したが、一向に反省の色がない。やがて、部下が学会で発表した論文を、無断で地元の薬剤師会でD専務が発表する事件が起きる。しかも自作の論文と装《よそお》ってだ。これでは社員に示しがつかない。ここまでやりたい放題では、会社を辞めてもらう以外、道はない。金子社長はD専務に目をかけていただけに断腸《だんちょう》の思いだった。

しかし、事は簡単には運ばなかった。二〇〇五年十一月の役員会にて、D専務に辞任を促すと、残り二人の役員（A氏とB氏）はD専務と共謀していたのか、「専務の解任は、金子社長の横暴」「俺たち役員三名は、断固反対！」と怒号を発し、揃って席を立ったのである。この日から二年間、金子社長対役員三人の、戦いの火蓋《ひぶた》が切られたのである。

その後、彼らはこの件を社員に吹聴《ふいちょう》し、社内の動揺を誘った。D専務の配下の二名のパート社員は、即座に辞表を突きつけてきた。そのうえ、得意先の医者にも、同情を得る作戦に出た。彼らの言い分を信じこむ処方元の医者からは、「恩を仇《あだ》で返すお前は、人間じゃない！　子孫七代まで祟《たた》るぞ」と、長時間も罵声《ばせい》を浴びせられた。

さらに、彼らは金子社長に内容証明郵便も送り付けてきた。「俺たちの持ち株、すべて買い取れ」「それならば、会社から身を引く」。そこには、法外な株価が書かれていた。まるで恫喝《どうかつ》するかのように、何通も送ってきた。金子社長は、「こうまでして社長は会社を守らなければならないのか」と、何度も天を仰いだという。

それから半年後の二〇〇六年五月、いよいよ決戦の取締役会がやってくる。商法では、取締役会の決定事項は多数決で決まる。金子社長は三人の役員と対峙《たいじ》するわけだから、完全なアウェーである。

「正直、毎日が不安の連続でした。それは、かつて経験したことのない不安感でした。スポーツや勝負事なら、負けてもリベンジや再試合があるから先が見えますが、この取締役会は、絶対に負けは許されない。負けたら最後、一体どうなるのか？　自分や家族のことより、会社が何よりも大事であることを、このとき身をもって思い知らされました」

ところが、結果は金子社長の完勝だった。

彼らの目的は、翌月の株主総会の阻止と株を金子社長に買い取らせることにあった。トラスト

率先垂範で掃除に励む金子社長

の株主比率は、金子社長が五二%、三人が四八%。僅差《きんさ》四%だが、議事進行の手順さえ間違えなければ、金子社長の立場のほうが強い。しかも、金子社長には切り札があった。それが「資本金の増資決議」で、株を買い取ってほしい立場の彼らにすれば、逆に新株を新たに購入するのは耐えられなかったのだ。

こうして二〇〇七年、金子社長は旧役員から株をすべて買い取り、新生㈱トラストとして新たな船出に乗りだしたのである。

「私が不当な要求を繰り返す役員たちと渡り合えたのは、アイウィルの研修の賜物《たまもの》です。それまでは、ハガキや礼状はもちろん、本を一冊も読まず、己の小さな経験だけが頼りの人間でした。この研修にすべてを賭けて取り組むと、人としての器が大きくなり、経営哲学にも目覚めました。本気になれば、よい習慣が身につき、自分を変えることができることを確証しました」

じつは、私もアイウィルの特別指導顧問として今回の顚末《てんまつ》を見届けており、金子社長の孤軍奮闘に深い感動を覚えたものである。

鍵山相談役との出逢い

さて、不毛な内部闘争と並行して、金子社長は「5S」の導入に取り組んでいた。先ほども紹介したように、金子社長には「会社は業務を遂行するだけの作業場ではない。社員教育も含めての会社経営ではないか」との思いが強かった。そこで、金子社長は、優先して、「業務」と対極にある「職務」に重きを置いて経営するようになった。その具体的な取り組みが、二〇〇四年の初回から参加した「SJクラブ」での掃除の実践をベースにした「5S」活動だった。さらに二〇〇八年からは「求根塾」にも参加、鍵山相談役の教えを会社経営に活かす努力をはじめる。

金子社長が鍵山相談役の存在を初めて知ったのは、一九九五年のこと。学研から出版された『日々これ掃除』を読んだのがきっかけだった。そのときの感想は、「すごい人だと驚くばかりでした。ただし、自分にはトイレ掃除を素手では絶対やれないと思いました」。

それから六年後の二〇〇一年、イエローハットの研修センターで行なわれた鍵山相談役の講演会に金子社長をお誘いし、鍵山相談役と金子社長を引き合わせることができた。そのとき、金子社長はかなり緊張していた様子だった。

その後、金子社長は当時横浜市長選に出馬していた中田宏さんの事務所近辺の掃除に息子さんと一緒に参加してくれた。

「すぐ鍵山相談役からハガキでなくお手紙をいただき、興奮しました。身分や地位の分け隔てなく接する、すごいお方だと感服しました」

そうはいっても、毎朝の職場周辺の掃除が三日坊主で長続きせず、自己嫌悪に陥っていたという。そんなある日、たまたま鍵山相談役と話す機会に恵まれた。金子社長は率直に、掃除が長続きしないことを相談した。すると、鍵山相談役から返ってきたのは、以下の言葉だった。

「私も、毎日の掃除を休みたいと思うことがあります。怠けたい、楽をしたいという感情に負けることは、人生という坂道に置かれているボールが下に転がり落ちないよう押さえ続ける努力を怠り、次第に下へ下へと自己を落としていく生き方です。ですから、坂道にあるボールが下に転がり落ちないように、必死になって支え続けることが大事なんです」

この言葉を聞いた金子社長の心に「元気」と「やる気」のスイッチが入ったという。

「こんな偉大な方でもそのように思うことがあるなら、私なんかはまだまだ掃除道に入門したばかり。もう一度チャレンジしてみよう、と心を入れ替えたのです」

掃除と朝礼を「5S」の柱に

金子社長が「5S」の柱として導入したのが、掃除と朝礼の実践だった。それまで社内で見向きもされなかった、これら二つの実践を突破口にして、社風を変えたい。金子社長が目指したのは「凜《りん》とした会社」だった。具体的には、①社内外の掃除が徹底され、②挨拶を大事にし、③社員に品性・品格があること。その三つが揃えば、人に「美しい」と感動を与える会社になれるはず。そんな「凜とした会社」をつくりたい。その決心を固めた金子社長は、みずから先頭に立って行動を始めた。

掃除の実践では、まず各店舗に共通の掃除道具置き場を設置した。そのうえで、必要な掃除道具を揃え、直径三ミリ長さ二十五センチのクレモナロープで吊り紐を取り付けた。そしてさらに、各道具に社名を貼り付けて〝命〟を吹き込んだ。

そこまで徹底したのは、掃除を継続するコツが、①掃除道具をきちんと揃える、②掃除道具の置き場所を決める、③工夫しながら掃除する、の三つにあるからだ。それと同時に、金子社長が経営哲学のバックボーンにしている「掃除の神様」鍵山秀三郎氏の教えに忠実でありたかったからである。

一方、始業前の朝礼も新たに取り入れた。それまで、社員は始業時間ギリギリに出社してい

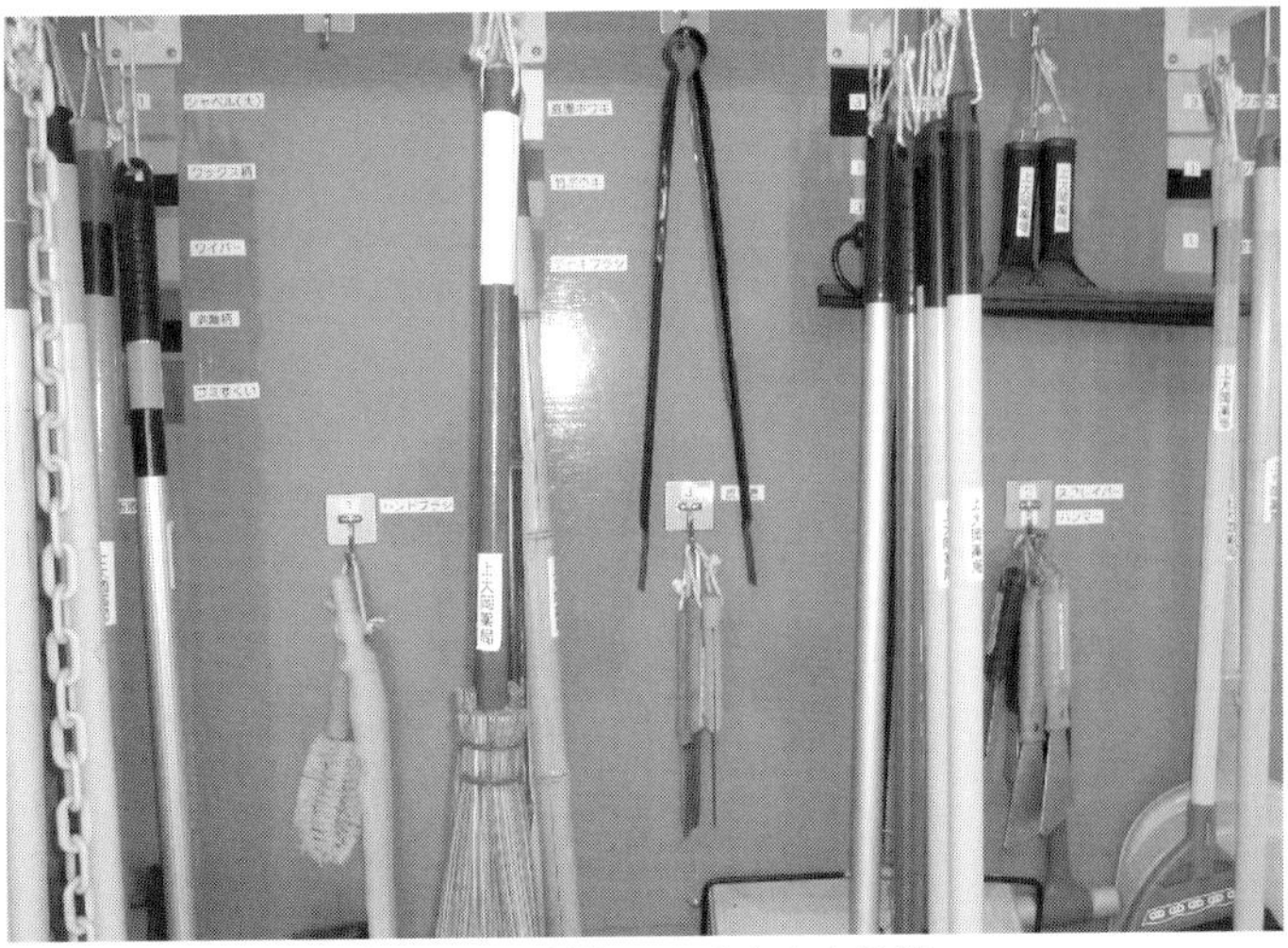

掃除道具は社名や用途のラベルを貼って、きちんと整頓

店舗での朝礼の様子（右端が金子社長）

た。始業十五分前までに出社し、挨拶練習をして社訓まで唱和するような朝礼など、経験したことのない社員ばかりだった。

いざ始めたものの、声は小さく、しまりのない挨拶と司会進行。いくら注意しても、素直に聞き入れて協調する社員は出てこなかった。薬剤師としてのプライドは高いけれども、社会常識に疎《うと》く、モラルも低い社員たち。彼らのあまりの無気力さに、金子社長は何度も心が折れそうになるが、「ここが踏ん張りどころだ」と、みずから手本を示し、率先垂範に努めた。

人は誰しも、自分が払った犠牲の質と量に比例して感化されていくものである。回数を重ねるに従って、率先垂範する金子社長の姿が社員の心を動かし、一体感が芽生え始めた。やがて、なんとか朝礼らしき格好ができてきた。

だが、なかにはどうしても順応できない社員もいた。そういう社員は、一人、また一人と会社を去って行った。

そうなることは、金子社長にとって覚悟の上だった。そのころはまだ、会社の方針が社員にすんなりと受け入れられるような社風になっていないことを自覚していたからだ。それでも、金子社長には後戻りする気などなかった。信じた道を淡々と進むのみだった。

「トラスト基準」をつくり業務を効率化

根気強く努力を続けた結果、とてもできそうにないと思っていた掃除と朝礼の実践が、社風として定着するようになった。やはり何事も、やればできるものである。大事なのは、「できる」か「できない」かではない。「やる」か「やらない」かなのだ。

ただ、新たな課題も生じ始めた。店舗が分散しているため、これらの実践度合いに温度差が出てきたのである。

そこで金子社長は、この弊害をなくすため、「5S」のマニュアルを作成した。各店舗に共通した「5S」の標準書で、「トラスト基準」と呼ぶべきものである。

一マニュアルをA4用紙一枚にまとめ、用紙上部にタイトルをつけ、その下に写真と解説がなされている。たとえば、「トイレ掃除」「トイレ掃除の道具」「社員同士の挨拶」「ワックス掛け」「掃除道具の紐」「薬の空き箱の廃棄方法」といった項目があり、細部にわたってその要点が記されている。大変わかりやすく、これなら勘違いすることもない。

最終的に一〇八項目にも及んだ「トラスト基準」は、「5S」の専門書といってもよいのではないだろうか。実践している社員たちの手によってつくられているため、単なる机上の空論で書かれたマニュアルではなく、きわめて実用に適した内容となっているのである。

この「トラスト基準」のおかげで、社員たちの改善点が元に戻ってしまうケースは、かなり少なくなった。迷ったら、「トラスト基準」に照らし合わせればよくなったからである。誰もがいつでも「あるべき姿」に立ち戻ることができるようになったのだ。

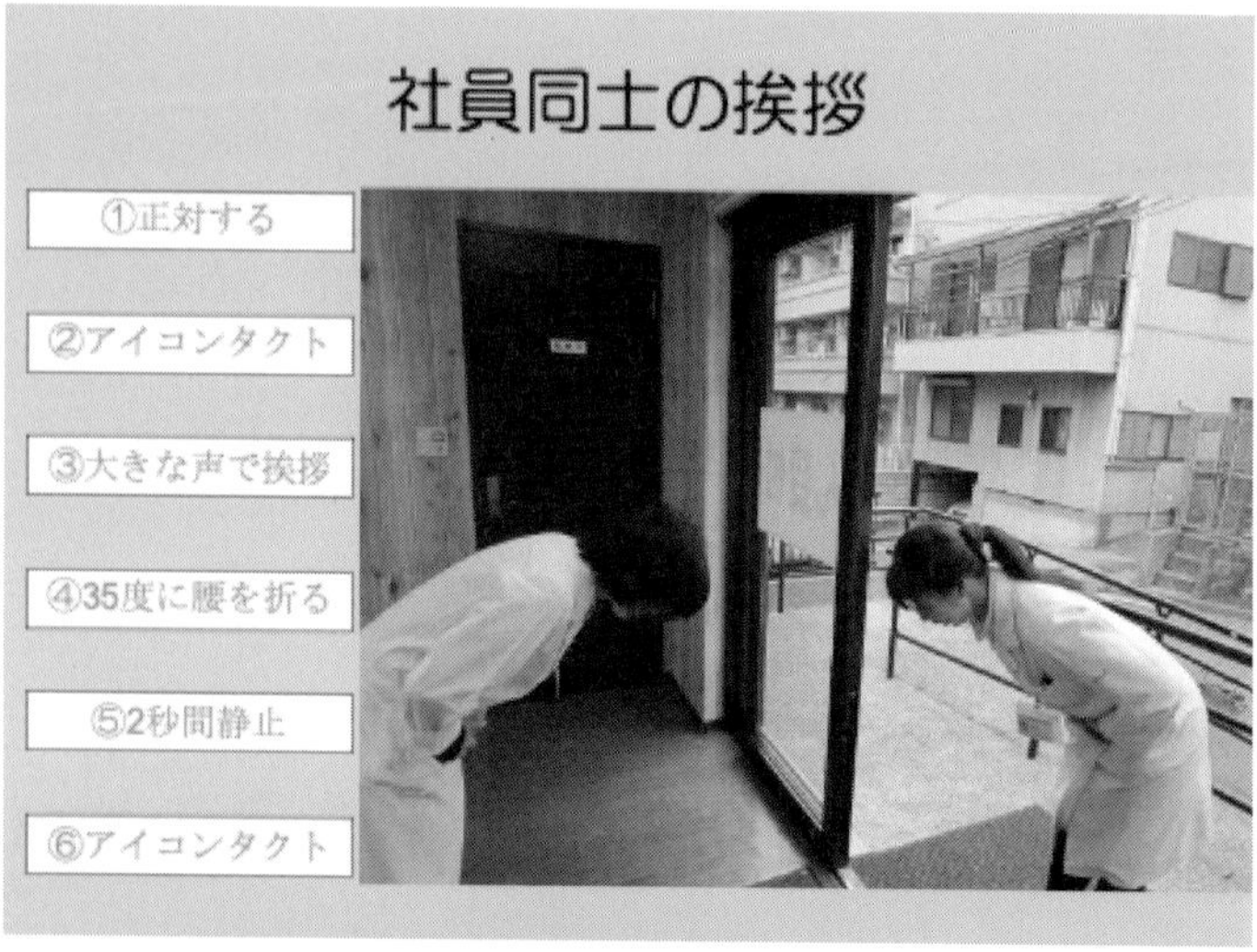
社員同士の挨拶
①正対する
②アイコンタクト
③大きな声で挨拶
④35度に腰を折る
⑤2秒間静止
⑥アイコンタクト

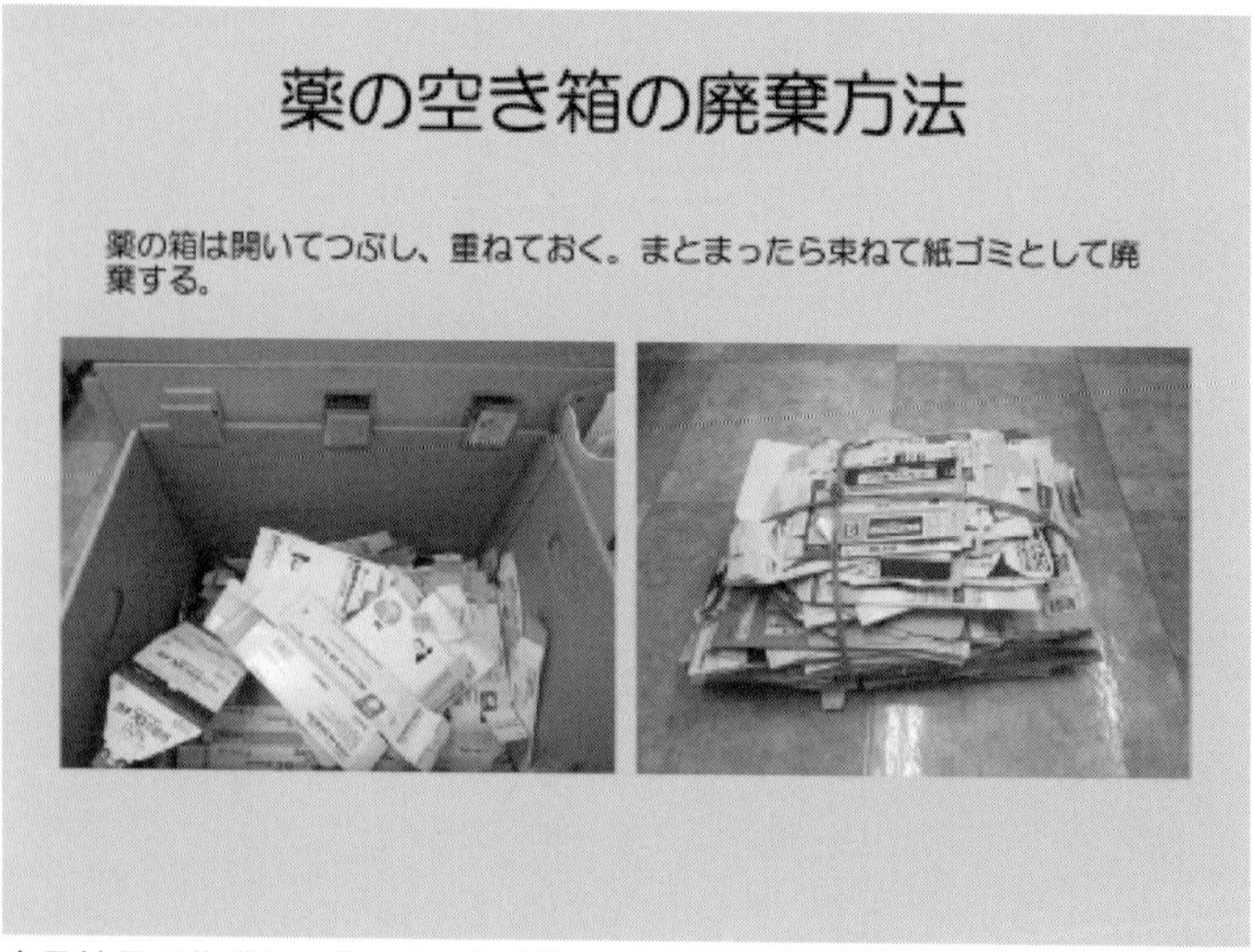
薬の空き箱の廃棄方法
薬の箱は開いてつぶし、重ねておく。まとまったら束ねて紙ゴミとして廃棄する。

金子社長が作成した「トラスト基準」は「５Ｓ」の教科書といえる

ユニークな「5S」巡回制度

さらに、「トラスト基準」を全店に周知徹底すべく始めたのが、月一回の「5S」巡回である。トラストは当時、神奈川県下に四店舗を展開していた。その四店舗に、決められた巡回担当者が「トラスト基準」を持参して、照合したり指摘したりするのだ。

巡回担当者は朝七時までに店舗を訪問して、まず店舗社員と一緒に店舗内と店舗周辺の掃除を約一時間実施する。そして開店十五分前からの朝礼に参加し、気づいたことや感じたことをスピーチする。

その後は店舗内の様子を見て、気づいた改善個所を指摘し、次回の訪問までに善処しておくようにお願いする。場所によっては写真撮影をして記録に残し、次回の訪問時に照合して確認をしている。

最初のころは、巡回する担当者がなかなか率直に改善点を指摘できない雰囲気があった。巡回を受ける店舗社員からすれば、他店からやって来た巡回担当者に粗探《あら》しをされているように感じられ、素直になれないところがあったからである。

ところが、回を重ねるうちに、お互いが抵抗なく素直な気持ちで指摘したり、受け入れたりするような雰囲気になってきた。やがて、前回指摘されたところをぜひ見てほしいと積極的に申し出る社員も見られるほどに、「5S」巡回の理念が浸透していった。

巷間《こうかん》、「女優は見られて美人になる」といわれるが、「5S」においても見られることが重要だといえるだろう。この店舗巡回方式は、お互いに「見られる仕組み」として機能しているのである。見られることで「5S」のマンネリ化を防ぎ、改善へと進む。そして、改善された状態が維持されていくのだ。

そしてもう一つ、大事なポイントがある。それは巡回報告を作成して、情報を共有することである。トラストの「5S」巡回では、訪問を終えた巡回担当者が、写真とコメントを載せた約十ページにも及ぶ中身の濃い報告書を作成した。それを金子社長と各店舗に配布して、情報共有に努めたのである。このような地道な積み重ねが、社内改革の大きな原動力となったのだ。

「5S」を始めるのは、さほど難しいことではない。大変なのは、それをどうやって継続していくかである。金子社長から学ぶべきは、掃除と朝礼の実践を突破口にして、「5S」に取り組み、定着させたことではないかと思う。

実践の伴わない取り組みは、現場にそぐわない形式的な「5S」で終わってしまうことが多い。その点、トラストは自分たちの身体を使って実践することから始めた。実践から得た気づきをもとにして、「トラスト基準」も作成した。自分たちの手によって作成されたものであるだけに、この内容には血が通っている。作成するまでの社員同士の交流も数知れなかったはずである。その過程があったからこそ、定期巡回方式というユニークなアイデアも活かされたのだろ

社員たちも「５Ｓ」活動に意欲的に取り組むようになった

う。

会社を運営するにあたって、「５Ｓ」への取り組みは避けて通れないものである。だとするならば、「５Ｓ」と仲よくつきあっていくのが経営者の知恵というものだ。トラストの「５Ｓ」活動の仕組みには、その知恵が数多く含まれている。理論からではなく、実践から取り組んだ成果なだけに、価値のある実例といえよう。

実際、トラストの「５Ｓ」活動は医療業界でも注目を浴び、大手調剤薬局チェーンの総合メディカルからＭ＆Ａの提案を受けるきっかけの一つともなった。

総合メディカルからトラストの薬局に出向した幹部社員たちも、トラストに勤める薬剤師たちのレベルとモラルの高さに舌を巻いたという。

大手薬局が隣に出店し経営危機に

「5S」を経営の柱において、地元から愛される調剤薬局をつくりあげた金子社長だが、過去には何度も経営危機に見舞われた経験を持つ。そこで、代表的なエピソードをいくつか紹介したい。

なんとか経営が軌道に乗りかけた二〇〇〇年のことであった。大手の調剤薬局が、ヤマト薬局の隣に出店するという一大事が起きた。金子社長に不安と恐怖が襲いかかり、眠れぬ夜が続いた。これが商売の厳しさかと、洗礼を受けた気分でもあったという。

出店予定先の大家に、賃貸する理由と、できれば断れないものか、と恐る恐る尋ねてみた。すると、大家は次のとおり答えたという。

「ヤマト薬局は、調剤ミスが多く劣悪で、処方元の病院は困っている。だから、病院が大手の薬局に頼み、出店をお願いしたのだ」

大家の口上《こうじょう》を聞いて、金子社長は愕然《がくぜん》とした。処方元病院との関係には、自信があったからだ。真偽を確かめるため、病院長に面会を申し入れた。すると、病院長は即座に否定し、心配もしてくださった。そのうえ、大手薬局の出店理由は嘘であることを、大家に説明するよう事務長に命じた。ここまで応援してくださるのかと、金子社長は胸が熱くなった。

すぐに事務長と同行したのだが、大家は話を聞き流すだけだった。万事休す。やがて隣の薬局の工事が始まった。工事前の挨拶などはなく、二カ月後、ついにオープンの日がやってきた。

「ただいまの待ち時間五分」と虚偽の案内板を店外に掲示している。さらに、本部から派遣された薬剤師が店舗の前に立ち、病院から出てくる患者を強引に呼び込み始めた。これらの行為は、健康保険法上、明確な法律違反である。

このとき、金子社長は「アイウィル」の経営者コースの研修中だった。悩んだ末、指導講師に相談したところ、「社長が会社を守らなければ、誰が会社を守るのですか」と一喝《いっかつ》された。これで、弱腰だった金子社長の胆《きも》が座った。

「覚悟を決めて、隣の薬局に一人で乗り込みました。法律違反だといっても、最初は聞く耳を持ちませんでした。しかし、こちらも引かない。口論の末、違法行為はなくなりました。この日を境に、関係が悪化しましたが、何事にも毅然と対応ができるようになりました」

それから数カ月後、隣の薬局が出店した真相が明らかになった。じつは、隣の薬局は、薬の欠品を起こすたびに病院の薬剤部へ借りにいっていた。あまりに頻繁《ひんぱん》に借りるので、不審に思った金子社長は、この件を病院長に報告する旨を、薬剤部長に問い正した。

すると薬剤部長は、隣の薬局に転職を予定していると、白状した。その見返りのために、誘致に協力し、その後も共謀していたのだ。

では、肝心の経営はどうであったか。隣は名の知れた大手薬局だったにもかかわらず、病院の患者さんの九割はヤマト薬局にやってきてくれたのだ。この勝因は、ヤマト薬局の社風の力ではないだろうか。社風がよければ、社員の「やる気」は上がる。必然的に顧客満足度も上がる。社風をよくする最高の手段は、環境整備と挨拶である。それを金子社長は証明したのだ。

猫の死骸をどうするか事件

トラストの各薬局は、毎朝、近隣の掃除を行なってきた。病院の職員や患者さんへはもちろん、通行人の誰にでも、こちらから挨拶をする。結果、病院の職員や患者、そして近隣住民とのコミュニケーションは良好だった。

ある八月の早朝のことである。金子社長が出勤途中、車に轢《ひ》かれた猫の死骸と出遭う。思わず顔を背《そむ》けるほど、損傷が激しかった。アスファルトには、内臓がへばりついている。隣の薬局の前だが、ヤマト薬局にも近い。

動物の死骸の始末は何度か経験しているが、今回はレベルが格段に違う。猫の死骸を始末すべきか否か、金子社長の心は揺れた。

「死骸を放置したまま、これから始める掃除はいかがなものか。じつに虚しいものになってしまうのではないか。それよりも、この死骸を見るたびに、人々の心は荒むだろう。『お前の掃除道とは、こんなものか！』と、掃除の神様から問われている気がしました。嫌なことや辛いことを率先垂範するのが、トップの役目と覚悟しました」

　そこで金子社長は、勇気を振り絞って、掃除道具一式を持って現場に向かった。異臭が強い。息を殺しながら、無我夢中で死骸をビニール袋に入れた。次に、飛び散った臓物をスクレイパー（金属のヘラ）で剝がすのだが、頑固にへばりついていて、なかなか取れない。

　そのとき、たまたま信号待ちのトラックの運転手と目が合った。すると、運転手が深々と一礼してくれた。その行為に金子社長は救われた気分となり、勇気が倍増した。こうして誰にも気づかれず、後始末を終えたのだった。

　それから二カ月後、事態は思わぬ展開を迎える。長年競ってきた隣の薬局が、突如閉店したのだ。

　金子社長は、朝の掃除をコツコツ続けた、天からのご褒美と感謝した。否、それ以上に、社風の力だと思ったという。

　以前、金子社長は、脳神経外科医として著名な築山《つきやま》節《たかし》先生（北品川クリニック・予防医学センター所長）を招いて、脳と掃除の相関を学ぶ社内勉強会を開いたことがある。

　そのとき、前頭葉は、「思考・感情」をコントロールする、大脳の重大な司令塔と教わった。築山先生曰く、「脳は筋肉と同様、使わぬと衰える。前頭葉が低下すると、感情系が優位になり、楽や快を求めるようになる。自分の都合を優先する、卑《いや》しい人に陥る。では、前頭葉を鍛えるには、どうすればよいか。整理、整頓が最高の手段で、『思考の整理は、物の整理』」。

さらに、「面倒くさいことや、つらいことにも進んで取り組むことで、前頭葉は活性化する。専門職とまったく関係がない、雑用や掃除が、脳に体力をつける。結果、人間としての器は大きくなり、仕事ができる有能な人へと成長する」という。

省《かえり》みると、ライバル薬局の出現が、金子社長に緊張感を常に与えた。会社存続のためなら何でも取り組み、貪欲《どんよく》に学んだ。猫の死骸も始末できるまで、前頭葉は鍛えられた。また、隣の薬局が反面教師となって、会社の品性・品格とは何かも教えてくれたのである。

抜き打ちの税務調査に完勝

ある晩秋の朝、開店を待つかのように、薬局の前で三人の男たちが待ち構えていた。朝礼を終え、金子社長が薬局の外に出ると、「社長の金子貴一さんですか?」と、一人の男性に声をかけられた。ノルマを達成できない製薬会社の営業担当は、月末になると一括購入の懇願に来る。彼らもそうだろうと高《たか》を括《くく》っていたところ、「私たちは、こういう者です」と、神奈川税務署の身分証明書を提示するや、三人が突然、金子社長を取り囲んだのだ。

「これから貴社の調査を行ないますので、ご協力よろしくお願いします」と、慇懃《いんぎん》に挨拶されたのだが、金子社長は、税務調査は本来顧問税理士を通して行なわれるはずという確信があった。

そこで、疑問に思い、問い質《ただ》すと、「特別な案件である」との一点張り。

ヤマト薬局を見学される鍵山相談役(左)(2011年10月)

しかし、顧問税理士の立ち会いを強く主張したことで、ようやく午後からの調査開始が決定となる。その間、帳簿類等のチェックを、社内一丸となって入念に行なった。「特別な案件」の言葉が金子社長の心に引っかかる。

午後二時、招かれざる客が、再びやってきた。三人を代表して、上席国税専門官が、調査目的は二つあると口火を切った。一つ目は、雇用もしていないのに、架空名義で人件費を水増ししている。二つ目は、有効期限が切れた医薬品を、現金問屋に売りさばき、帳簿外の不当な利益を上げている。

どちらもまったく身に覚えのないことなので、金子社長の不安はすぐに払拭《ふっしょく》された。それなのにどうして税務署の調査が入るのか。もしかしたら内部告発なのかと問い質すと、税務署の三人は同時にうなずいた。

「貴社の各店舗に当職員が、それぞれ二名待機しております。同時進行でこの調査を開始しますので、各店長さんにもご協力をお伝えください」

用意周到な調査に金子社長は唖然とした。こうして四店舗同時進行の調査が開始された。直近一年間の出勤簿の提出を促され、シフト表との突合。勤怠管理ソフトの説明。給与明細書のチェック。人件費の水増しがシロと判明するやいなや、次は有効期限切れ廃棄薬の調査に移った。

「廃棄薬の帳票に関しては、数年前から整備していたので、こちらも自信はありました。廃棄薬が年々逓増《ていぞう》となり、顧問の会計事務所から再三指摘を受けていたからです。そこで社員の廃棄薬のコスト意識を高めるために、帳票を整備しておいたのです」

やがて、各店舗で調査していた税務署員から、廃棄薬もシロである報告が、続々と上席国税専門官に入ってきた。結果は空振りだったのだ。

調査終了後、金子社長が内部告発の経緯を質問したところ、一年前の投書であるとのこと。内部告発の投書は、国税庁には連日大量に届いているそうだ。その分、調査の開始時期は遅れる。トラストに対する投書には、恨み辛みも書きこまれていたとのことだ。

金子社長が一年前の記憶に遡《さかのぼ》ると、鮮明に思い出す出来事があった。ある店舗で採用間もないパート社員とトラブルがあった。シフトどおりに出勤しないので、解雇通告をしたら逆上し、会社に対する不満を延々と吐き捨てて退職していった。犯人は確定できたが、金子社長が何よりも学んだことは、内部告発に耐えられる会社経営をしなければいけないということだった。

税務署の職員たちは、近々に本来の税務調査を行なう旨を告げ、立ち去って行った。

翌々週、リベンジの税務調査が、二日間にわたり行なわれたが、こちらも完璧な会計処理を認めさせ、追徴金ゼロの完勝で終わった。

余談だが、トラストの社員たちは、要求された資料や帳簿類を瞬《また》く間に提出したそうで、これには税務署員も唸《うな》ったらしい。帳簿類に至っても、トラストでは「5S」を徹底しているからだ。

掃除で学んだリスク管理術

P・F・ドラッカーは、職場の整理整頓状況を見れば、その会社のレベルが推し量れるといっているが、金子社長が「5S」の旗振り役を率先しているからこそ、続いているのだ。

その原動力は何か。金子社長は「大和掃除に学ぶ会」に参加して学んでいるからと話す。

「大和掃除に学ぶ会」は、ニッコーの山﨑貞雄会長、金子社長、私の三人が世話人となり二〇〇八年に立ち上げた組織で、毎月二回、大和駅前と厚木基地周辺の清掃を午前六時前より一時間かけて実施している。

「この会のすごさは、掃除道具のメンテナンスが徹底していることです。準備にも余念がありません。開始一時間前には世話人も集合し、大量の掃除道具を美しく並べます。おかげで、世話人

大和駅前清掃で米軍厚木基地のウィーマン司令官と（左から、金子社長、ニッコーの山﨑貞雄会長、筆者）

の一人である私も、午前二時半に起床しなければ間に合わない。真冬の早朝は、さすがに萎《な》えることもありますが、掃除で人間の器ができあがることを実感します。仕事の基本を学ぶ場も、すべてここにあるといってもいい」

鍵山相談役も「大和掃除に学ぶ会」の活動はいつも賞賛しており、厚木基地周辺の掃除を提案されたのも鍵山相談役である。

私も毎回参加しているが、同会の特筆すべきことは、掃除道具の片付けだ。十分以内の短時間で、八十名分ほどの掃除道具を全員で見事に片付ける。洗浄の水を無駄にしない。流れるように作業は進むから、いつも感心させられる。

近隣の厚木基地の米軍からも、毎回五十名ほど参加することも地元で話題を呼んでい

菅刈公園の掃除を終えて（左から、小学校教諭の清水和美さん、ニッコーの山﨑貞雄会長、鍵山相談役、ヘイコーパックの鈴木健夫社長、金子社長、御用Qの上田純社長）

る。しかも、歴代の厚木基地司令官が率先して参加するのが大きな特徴でもある。大柄な軍人たちが、グレーチングに頭を突っ込んでゴミを取る姿は微笑ましいし、道行く人が驚く光景でもある。終了後の道具洗いの片付けも進んで手伝ってくれる。言葉の壁はあっても、連係プレーは抜群だ。このような草の根的な交流こそが、鍵山相談役の願いであり、真の日米親善ではないだろうか。

以前、鍵山相談役をはじめ「大和掃除に学ぶ会」の世話人たちが、横須賀基地に停泊中の空母ジョージ・ワシントンに、厚木基地司令官から横須賀基地参謀長に栄転したウィーマン氏から招待されたことがある。スケールの偉大さに、誰も言葉が出ない。ウィーマン氏から着艦訓練の説明を受ける。戦闘機の後尾にあるフックを甲板のワイヤーに引っ掛け着艦させるのだが、高速飛行の戦闘機を一瞬で着艦させるとは、まさに命懸けである。

「日本の国防のために命懸けの彼らに対し、騒音訴訟に明け暮れる日本人を恥ずかしく思います。厚木基地の周辺はもともと野原で、徐々に人が住み始めたわけです。この土地特有の環境を知りながら、後から来た住民に訴訟する資格はあるのでしょうか。米軍に入隊する年齢層は十代と若い。厚木基地にも若い軍人さんがたくさんいます。彼らが駐留しているからこそ抑止力になっていることを忘れてはいけないと思います」

今回の税務調査で、会社のリスク管理は「5S」が基本と確信した金子社長。「軍事訓練と同様、日頃の整理整頓がすべてだ。何かあるのが人生。有事は、必ず誰にでもやってくる」と悟ったそうだ。

「気遣いの達人」鍵山相談役から学んだこと

金子社長は、鍵山相談役は「掃除の達人」であることはもちろん、「気遣いの達人」でもあるという。そう感じたエピソードを紹介しよう。

鍵山相談役は、旧イエローハット本社そばの菅刈公園で掃除をしたあと、近くのファミリーレストランで朝食をご馳走してくれるのだが、参加した人たちから駐車場のチケットを回収し、会計と一緒にまとめてハンコを押してもらい、返してくれるという。

沖縄の普天間基地のフェンスに括りつけられたテープをはがす鍵山相談役

「ご馳走になったうえ、そこまでしていただいて申し訳ない気持ちでいっぱいになります」

沖縄では反基地闘争の一環として、「平和活動家」を名乗る人たちが連日、米軍の普天間《ふてんま》基地のフェンスに赤い旗やガムテープを括りつけ、出入りする米軍関係者に罵声《ばせい》を浴びせるといった行為を繰り返していた。二〇一二年九月、二名の勇気ある若者がこれに挑み、テープを剝がし始めた。それから一人、また一人と参加者が集まり、やがて「フェンスクリーンプロジェクト」というボランティアの清掃活動に発展した。その記事をたまたま目にした鍵山相談役が、有志を募ってプロジェクトに参加した。二〇一三年六月のことである。

じつは、沖縄のいわゆる「平和活動家」の多くは、日教組（日本教職員組合）の元教師である。鍵山相談役はこう語っている。

「私は『日本を美しくする会』の発足から二十年来、全国さまざまな学校を見てきましたが、日教組の力が強い学校はたいていトイレが汚れています。悪いことはいつも汚いことからはびこるもの。トイレが汚い学校は、生徒の心も荒んでいました。平和活動家が汚したフェンスをそのままにしておけば、やがては街全体が汚れ、住む方々の心の荒みにつながります。いかなる理由があろうとも、街を汚す行為に正義はありません」

二〇一三年六月、私と金子社長は鍵山相談役に同行して沖縄に向かった。このとき、幹事役として、現地のメンバーと連絡を取ったり、バスの手配等を担当したのが金子社長だった。

「とにかく鍵山相談役の指示の細かさには驚きました。那覇空港の到着ロビーでは、通路にたむろすることなく、壁際に立つように。バスの運転手さんには心づけを渡したか、お昼は用意したか。普天間基地の前にバスを停めると交通の支障になるので、駐車場を探しておくこと。極めつけは、バスの中で帽子を持参していない人に手を上げさせ、途中下車して帽子を買わせたことです。熱中症にならないようにとの配慮ですが、誰もそこまで気が回っていませんでしたので、すごい方だなと感心しました」

鍵山相談役が脳梗塞で倒れたのは、二〇一五年十月十六日。幸い、三週間で退院し、リハビリも一カ月弱ですみ、順調に回復された。しかし、薬は飲み続けている。その薬を調剤していたのがトラストである。

「病院から退院後、鍵山相談役から処方箋とお手紙が届き、びっくりしました。近くに薬局はいくらでもあるのに、わざわざ私のところに依頼された。その気遣いにはまいったと思いました。おかげで薬を鍵山相談役のご自宅に何度かお届けする幸運にも恵まれました」

なかには冷や汗をかいたエピソードもあるという。

「鍵山相談役と菅刈公園でグレーチングの掃除に取り掛かったときのことです。『金子さん、すみませんが、会社に戻って十能《じゅうのう》を取ってきてくれませんか』といわれました。そのとき、とっさに『十能って何ですか』と聞き返せばよかったのですが、『はい、わかりました』といってしまったのです。それでイエローハットさんに戻ったのですが、はて十能とは何で、どこにあるのかもわからない。困り切っていたときに、たまたま顔見知りの社員さんを見つけたので、『十能を探しているのですが』といったら、すぐに持ってきてくれました。このとき、この社員さんが仏さまに見えたと同時に、『聞くは一時の恥、聞かぬ

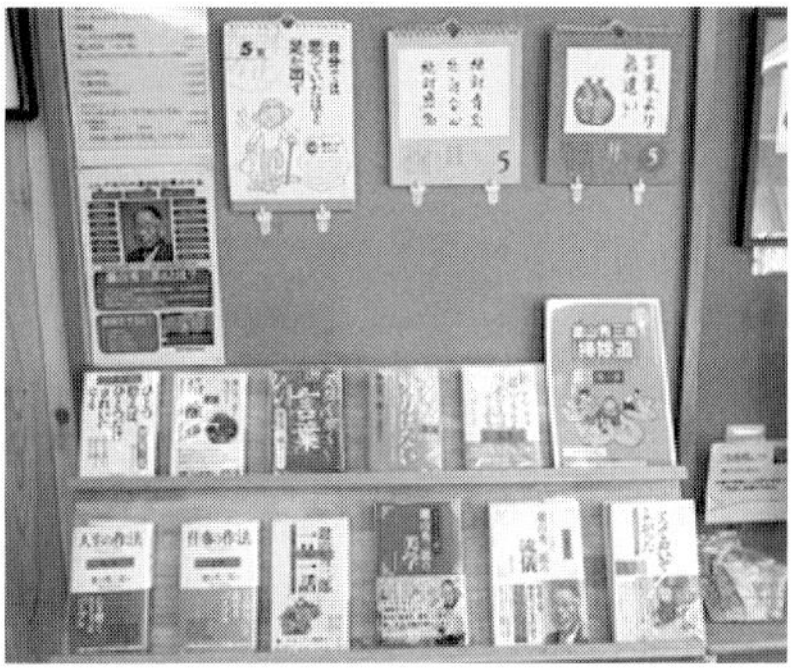

トラスト時代、金子社長は各薬局内に鍵山相談役の日めくりカレンダーや書籍を販売するコーナーを手作りで設置。コンスタントに売れていたという

は一生の恥』ということわざが身に沁みました」

ちなみに、十能とは小型のスコップで、主に炭や灰を運ぶために使われるが、側溝の掃除にも重宝されている。鍵山相談役は、グレーチングの掃除に十能が必要と考え、金子社長にお使いを頼んだのだろう。いま振り返れば、微笑ましいエピソードである。

「凜とした会社づくり」のお手伝いをしたい

金子社長がトラストを経営譲渡したのち、二〇一八年に設立したのがさわやか企画だ。主な業務は企業のコンサルティングだが、「凜とした会社」を一社でも多くつくりたいという目標は変わらない。

「昨今、几帳面なことや真面目なことを嘲笑する日本人が多くなってきました。掃除や挨拶を疎かにする企業も散見されます。企業が目先の利益だけ求めるようになれば、いずれ日本の倫理道徳が崩壊します。それをいちばん憂いているのが鍵山相談役であり、私も多くの企業に『鍵山掃除道』を取り入れてもらうべく、活動しています」

金子社長が、トラスト時代の経験を活かしてコンサル事業に乗りだした理由はもう一つある。それは実家の町工場がさんざん苦労してきたからだ。

金子社長の父は戦前、大日本航空（日本航空の前身）の輸送機のパイロットとしてアジア各地を飛び回っていた。戦後は、食料品の自動加工器を開発する会社を設立、日米欧六カ国で特許を取得するなど、内外の期待は高かった。ところが、金子社長が十七歳のときに父が自動加工器の完成を見る前に六十六歳で他界、残ったのは研究開発に費やした莫大な借金だった。

金子社長は四人きょうだいの末っ子で、長兄の彰男さんとは十四歳も離れていた。その彰男さんと次兄の道敏さんが会社を引き継ぐことになったが、借金の返済に追われる日々。仕事になることなら何でも引き受けたため、工場は一年中フル稼働状態となり、金子社長も大学が休みのときは朝から晩まで油まみれになって手伝ったそうだ。

なぜなら、二人の兄も姉の珠代さんも家庭の経済事情から大学進学を断念しており、せめて末っ子の金子社長だけは大学に行かせたいと応援してくれた。その恩に報いたいと思ったからだ。

「長兄は心やさしく寡黙だったため、社員たちをうまく使うことができませんでした。それでも弱音一つ吐かず、重度の病で入退院を繰り返す次兄と共に、父がつくった会社をつぶさないよう過酷な労働をこなし続けました。ただ黙ってひたすら前に進む兄たちの背中が、いつも私を励ましてくれるのです。また、あのつらかった時代があったからこそ、どんな苦難や困難にも負けない精神力と、人情の機微がわかる謙虚な人間に近づけたのではないか。それが私たち兄弟の財産になったといまでは感謝しています」

そんな厳しい経営を強いられている会社はたくさんあるに違いない。ならば、金子社長にできることがあればお手伝いしたい。それが「さわやか企画」の願いでもあるのだ。

第十二章　武州養蜂園の取り組み

掃除を続けたことで気づきが生まれた

埼玉県熊谷市にある㈱武州養蜂園は、二〇一七年に創業五十年目を迎えた、蜂蜜の製造販売を手がける業界屈指の老舗である。資本金七千万円、社員数八十名、売上高八億円。この会社を率いるのが、二代目経営者の栗原正典社長（五十一歳）だ。

栗原社長は、父親である先代の他界によって会社を継いだ。当初は母親が名義上の社長を務めていたが、実質的には栗原社長が実務をこなしていた。やがて栗原社長が後継指名されて、二〇一二年に正式に社長の座に着いたのだ。

先代社長は、掃除に熱心な人だった。掃除の実践者として名高い鍵山相談役を師と仰いでいたこともあり、社外の掃除活動にも積極的に参加していた。もちろん、その活動を社内に定着すべく、さまざまな企画を提案し、開催していた。

はちみつを持つ武州養蜂園の栗原正典社長

しかし、当時の栗原社長は、先代社長の方針をそれほど深く理解していなかった。むしろ、いやいやながら掃除をしていた。先代社長に反発して、できない理由だけを述べて口論になっていた時期もあった。親子関係でよくありがちな、感情の対立だったのではないかと思う。

そんな栗原社長が掃除の大切さに目覚めたのは、先代社長が他界してからのことである。自分が経営する立場になって初めて、先代社長の教えを理解できるようになったのだ。

社長という肩書はついても、思うように社員がついてこない。先代社長のように、指示命令も行き渡らない。現実の経営は、思うようにに運ばないことばかりだった。対応に苦慮《くりょ》していた栗原社長が、一筋の光明を見出したのが掃除の実践だった。

生前、先代社長がよく口にしていた鍵山相談役の言葉が思い出された。

「二代目社長は、社員から気の毒がられるような実践が伴わなければとても務まらない。その具体的な実践が掃除だ。誰よりも早く出社し、率先垂範して掃除をすることから始めるのだ」

新米社長として苦悶《くもん》の日々を過ごしていた時期だっただけに、先代社長の言葉が身にしみた。それからの栗原社長はほかの誰よりも早く出社して、独り黙々とトイレ掃除をすることから始めた。共感して手伝ってくれる社員はいなかったが、不思議と心は落ち着いた。肩ひじ張らない姿勢で社員と接することができるようになったのも、それからのことである。

自分の気持ちが落ち着いてくると、社員の態度にも少しずつ変化が見られるようになった。問いかけや指示に対して社員も、心が通じる反応を示すようになってきたのだ。そして拒否反応が蔓延していた掃除の話も、次第に受け入れられる雰囲気ができていった。

先代社長がよく口にしていた言葉の真意は、こういうことだったのだ。そのことに気づいた栗原社長は、先代社長の教えを素直に受け入れられたような気がしたという。

「会社をきれいにする会」を立ち上げる

先代社長が他界して約三年が経ったころ、栗原社長は「会社をきれいにする会」を立ち上げ

「会社をきれいにする会」開会式の光景（手前左が栗原社長）

た。毎月一回、午前の時間を使って社内を徹底して掃除をする活動だ。毎回、業務に支障のない社員が約二十〜三十名参加している。

この会の趣旨は、会社全体に掃除をする社風を根付かせることである。開催にあたっては、社内から「5S」委員を八〜十名選出し、この委員が中心となって運営をしていく。

委員の主な任務は、年間掃除予定の企画立案だ。日時と場所が決まれば、掃除内容によって班分け。同時に、掃除手順と道具の準備も行なう。掃除の前には開会式、掃除後は感想発表会を開催する。その進行役も、委員の重要な任務の一つとなっている。

なかでもとくに注意を払っているのが、後片付けである。使用した道具はきれいに水洗いして、乾いた雑巾で拭き取る。そのうえで、錆びやすい金物類には防錆《ぼうせい》スプレーを塗布《とふ》しておく。ここまで道具を大切に扱うのは、次回、気持ちよく掃除ができるようにするためだ。

「道具は生きている」という気持ちで大切に使い、使用後はきれいに洗っていつもピカピカにしておくと、自然に愛着が湧いてくる。そして愛着が湧いた分だけ、より丁寧に扱うようになる。

道具を大切にする人は、人も大切にする。道具を使いっ放しにしたり、粗末に扱うような人が、人を大切にできるはずがない。後片付けを通して、人の上に立つ心構えを学んでもらいたいのだ。

活動を始めたころは、どこから始めていいか途方に暮れる状態だった。それでも焦らず、一カ所ずつ徹底掃除したことによって、次に取り組むべき課題が浮き彫りになってきた。

いまでは工場全体を見渡しても、手つかずの「開かずの部屋」は一つもないほどに改善が進んでいる。つまり、一通り問題箇所の徹底掃除が終わったということだ。最初の一歩を踏み出さなければ、ありえなかったことである。

賞味期限切れの大量在庫を発見

「会社をきれいにする会」で、冷凍庫の掃除をしたときのことである。

武州養蜂園の社内には、蜂蜜の原料や製品を貯蔵するため、五基の大型冷凍庫がある。もとも

冷凍庫の徹底掃除によって大幅な経費削減につながった

と、ゆとりをもった数であったため、冷やす必要のないものまで冷凍庫に入れられている状況だった。

そこで栗原社長は、全冷凍庫の徹底掃除を決心した。まず冷凍庫内のものをすべて出して、内部の掃除から開始。早くもその時点で見つかったのが、賞味期限切れの大量在庫だった。

販売価格二百円の瓶入り蜂蜜ジュースが、なんと約一万五千本も見つかったのだ。費用に換算すると、三百万円を優に超える死蔵品である。この蜂蜜ジュースを約三十人がかりで約三時間費やして廃棄した。

驚いたのは、これらの在庫の廃棄後、五基のうち二基の冷凍庫が不要になったことだ。整理したことによって、庫内にゆとりある空間ができたからである。不要になった冷凍庫は現在、物置として使用されている。

その結果、冷凍庫として使用しなくなった二基分の年間電気代、約百十八万円の経費が削減。掃除に着手したからこそ、これほどの大幅な経費削減に結びついたのだ。省エネが叫ばれている昨今、自社の経費削減だけにとどまらず、社会的にも意義のある成果となった。

不思議なもので、こうしたことは連鎖していくものである。社内の冷凍庫を掃除したことによって、専門業者の冷凍庫に預けていた原材料のことが気になりはじめた。数年前から、いつか何かに使えるのではないかと保管していたものだ。

「もったいない」という気持ちばかりが先んじて、廃棄できず後生大事に保管していたが、しょせんそのときに使わないものは、いつまで経っても使わないものである。今回、自分たちで掃除をしたことによって、思い切ってそれらも廃棄処分する決心がついた。

大事なのは、「使える」か「使えない」かではなく、いま「使っている」か「使っていない」かなのだ。年間六十万円の保管料を払って預かってもらっていた原材料の原価は、約千七百万円にも上った。その廃棄処分の業者見積りが約百五十万円。さすがに、この処分だけはたとえ手間がかかっても自分たちの手で行なうことにした。それもこれも、掃除に着手しなければ、いまでもそのまま不良在庫となっていたのである。

会社にはさまざまな無駄が潜《ひそ》んでいるものであるが、無駄の中でも、過剰在庫と不良在庫くらい会社の財務を圧迫するものはない。この過剰在庫と不良在庫こそが、会社における諸悪の根源となっている。にもかかわらず、後回しにされ、最後の最後まで放置されているのが現状だ。

それらがなくならないのは、なぜか。主な理由は三つ考えられる。

一つ目は、まとめ買いによる過剰在庫の常態化。

二つ目は、「いつか使うかもしれない」という未練。

三つ目が、整理・整頓されていない社内の実態によるもの。

以上が、大まかな原因になっているのではないかと思う。

事実、武州養蜂園の場合も、原材料の一括仕入れによって過剰在庫になっていた。また、「いつか使うかもしれない」という未練があって、冷凍保管料まで支払って保存していた。そうした実態に鈍感になっていたのも、社内の掃除が行き届かず、在庫が乱雑に置かれていたからだ。

在庫管理に限らず、問題解決のコツは、まず現状を明確にすることである。そのためにも、掃除の実践を避けて通ることはできない。

掃除をすれば、現状が明確になる。そうなると、次にやるべきことが見えてくる。当然、無駄なこと、余計なもの、使っていないものも見えてくる。

この無駄なこと、余計なもの、使っていないものを整理しない以上、会社の業績が好転することはない。根本的な問題解決のためにも、掃除の実践こそがその第一歩になるのである。

「汝《なんじ》の足下を掘れ、そこに泉がある」

いまこそ、このニーチェの言葉に、素直に耳を傾けるときである。

入念な事前準備がカギを握る

栗原社長が始めた「会社をきれいにする会」は、二〇二一年六月で百八十回目を迎えた。十五年間、ひたむきに掃除と向き合い続けてきたこの取り組みが、会社にどう根付き、現在、どのように実を結びつつあるのか、紹介したい。

他界した先代社長は、掃除に熱心な人だった。掃除研修「会社をきれいにする会」は、先代の思いを風化させせまいと、二代目の栗原正典現社長が始めた取り組みだ。

この会だけは、会社がどんな状況にあってもこれまで休むことなく継続してきただけあって、会社の行事として定着。いまでは研修内容も充実し、成果が目に見えてわかるようになってきた。取り組みを始めたころとは見違えるほどの進歩である。

「段取り八分に、仕事二分」といわれる。事前準備に万全を期せば、あとの作業はスムーズに進めることができる。結果として、作業の効率と質が上がる。掃除から学ぶべきはまず、この事前準備の大切さだろう。

「会社をきれいにする会」を開くときも、事前準備には万全を期すようにしている。リーダーの池田康彦さん（営業担当）が中心となり、遅くとも一週間前には当日の段取りにかかる。掃除場所の下見とともに、必要な道具の準備を始めるのだ。

このとき、班分けと道具の種類・数に配慮する。予定した場所を予定した時間内で終えるために重要な準備の中で、池田さんが工夫していることを一つだけ紹介しておこう。

それは、汚れ具合や作業人数に合わせて、多めの雑巾を準備しておくことだ。水を含ませた雑巾をすぐに使えるようにあらかじめ絞って、カゴ等の容器に四つ折りにして入れておく。こうすれば、作業中に汚れた雑巾をそのたびに洗わなくてすむ。

使用ずみの雑巾は、作業後にまとめて洗濯機で洗えばいい。これで作業時間の無駄が大幅に軽減されるわけだ。それだけでなく、雑巾を洗う水の量も大幅に減らすことができる。

ほんの小さな工夫だが、こんな事前準備が作業効率を大きく変え、実際に作業にあたる従業員たちは、いつも助けられている。

さて、「会社をきれいにする会」当日——。毎朝の社内の朝礼と合わせて、開会式を行なう。挨拶練習、社是と社訓の唱和、社長挨拶に続いて、会の開催要項説明。そして、班ごとに整列して、リーダー紹介と作業後の感想発表者の指名と続く。

とくに力を入れているのが、挨拶練習である。掃除同様、会社として重要視しているものの、普段は形式的に交わされがちな挨拶。この「会社をきれいにする会」の開会式を、挨拶を基本から見直し、修正する絶好の機会としているのである。

挨拶練習には、挨拶リーダーを置いているのが、工夫の一つ。リーダーは、挨拶の練習には加わらず、声の大きさ、姿勢チェックにあたる。「おはようございます」と、頭を下げて動作をいったん停止したところで、皆の挨拶をチェックするのである。

背筋・首筋は真っ直ぐ伸びているか、腰を曲げる角度はいいか、手の指はきちんと揃って伸びているか、両足のかかとはついているか、つま先は逆八の字に開いているかなど、細かくアドバイスを行なう。

挨拶は単純な作法である。しかし、単純であっても、相手から好感を持たれるような挨拶としてこの作法をこなせる人はそう多くない。単純なことほど、繰り返し練習をする必要がある。

「単純なことで差をつける」――私たちの師である鍵山相談役の教えでもある。

開会式は、その練習・訓練の場として、またレベルを維持する仕組みの一つとして大変重要なものになっている。約十五分間の開会式の後、いよいよ一時間の掃除実習だ。リーダーの指示に従って、作業を開始する。注意すべきは、あらかじめ決めた範囲を徹底して仕上げること。欲張って範囲を広げすぎないのが鉄則である。

武州養蜂園でいつも心がけているのは、会の開催日までに約八割方を仕上げておくことである。会の当日は、残り二割の作業に八割のエネルギーを充てて仕上げるのだ。こうすることで、きめの細かい掃除が可能になる。

限られた時間の中で細部まで仕上げようとしても限界があるものだ。何事も一度に処理しようとせず、「分けて考える」ことを視野に入れると、問題解決が容易になる。

掃除も「分けて考える」ことで、掃除道具の事前準備が的確にできる。実作業でも、やるべき

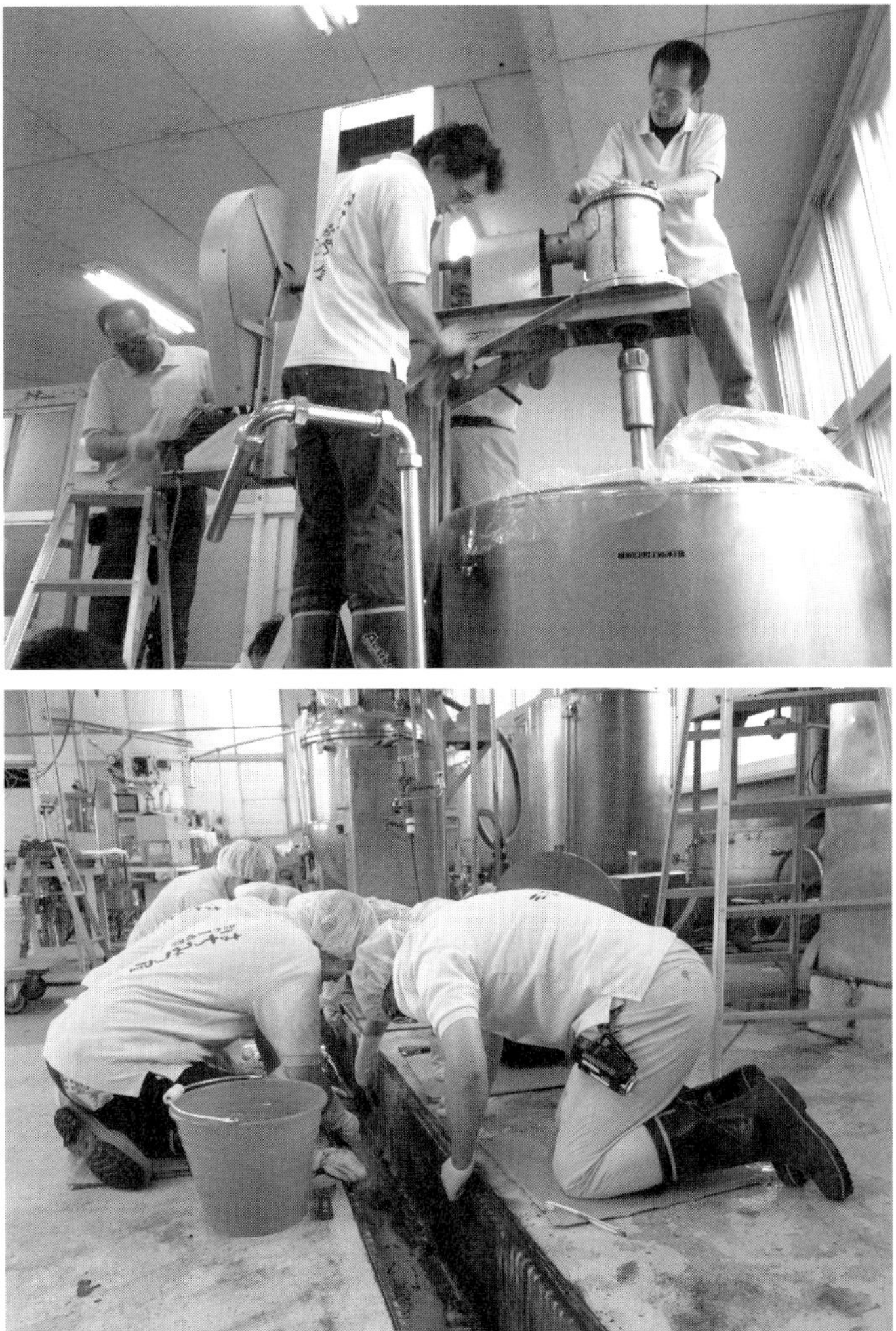

製造機器も（上）も、工場内の排水溝（下）も定期的に掃除する

ことが具体的に指示できる。すべての面で無駄がなくなり、効率がアップするのである。

本来、仕事とは、そういうものだ。複雑な難しい事柄はできるだけ単純なものに分け、やさしくする。複雑で難しいまま放置しているようでは、責任ある仕事をしているとはいえない。掃除の工程を分けて行なうことは、それに気づかせてくれる。

大雑把《おおざっぱ》な掃除をいくら繰り返しても、細部はすっきりきれいにはならない。問題を先送りするのと同じことだ。

後片付けでは無駄遣いしない心を養う

実習が終われば、後片付けだ。後片付けで最も注意しているのは、水を無駄遣いしないこと。そのために、掃除前に道具洗い用の水溜めを二つ用意しておく。一つは粗洗い用、もう一つは仕上げ洗い用。基本的に、この二つの水溜めで道具洗いをすませてしまうという工夫である。

洗う順序は、比較的きれいな道具から、そして、できれば金物から洗うのが基本である。

具体的にはまず、はさみやスクレイパー（ヘラ状の刃がついた汚れをこそげ取る器具）、工具類から洗う。次に、たわしやスポンジ。そして、最後にちり取りやほうき類を洗う。

汚れが少ない道具から洗うのは、水溜めをできるだけ汚さないようにしておきたいからである。だから、土汚れが付着しているスコップ類は、水溜めで洗う前に外で土をこそげ落とす。また、金物から先に洗うのは、危険防止のためである。汚れた水溜めに金物を沈めてしまうと、うっかり手を入れたときに危険だからだ。

水資源は貴重である。水道の水を出しっ放しにしては無駄遣いになるが、こうして水溜めを活用すると、かなりの節水になる。限られた資源の効率的な利用。これも掃除において学ぶべき大事なことの一つである。

閉会式では、閉会式で指名された人が感想を発表する。参加人数にもよるが、通常、各班から一名が発表を行なう。実践した直後とあって、言葉に熱がこもり、聞き応えのある感想が続く。大事なのは、その人が「何をいったか」ではなく、「何をしたか」。聞く側はそこに心動かされるものだ。

感想発表は、掃除直後に、実践した当事者自身が自分の言葉で話すからこそ、心に響く。話し方の上手下手や内容の濃淡とはまた別次元なのである。反対に、実践もせずに、掃除や挨拶についていくら多くを雄弁に語ったとしても、他人の心を打つことはない。

掃除をしたあとの感想発表が、社員同士の心を通わせ、ひいては風通しのよい社風づくりにつながっていくことを、ぜひとも知ってほしいと思う。

閉会式の締めくくりは、栗原社長の講評だ。社員と一緒になって汗をかいて取り組んだあとの講評なだけに、平生とは違い、話す側と聞く側とに一体感が漂う。その場にいるみんなが、体験と実践の感触を共有しているからこその雰囲気だ。

およそ会合や式典での社長の長々とした挨拶や訓示は、社員にとってありがた迷惑でしかないことが多い。満足しているのは社長だけというのが実際のところではないか。ところが、一緒に掃除をしたあとの社員の反応は明らかに違う。不思議なものである。

これも、トップが率先垂範して掃除に取り組む大きなメリットの一つ。社員は社長の言葉よりも、行動を見ているのだ。

聞く耳を持たない者に、いくら熱心に話をしても無駄なことである。だから、何でもいい、社員と一緒に行動しよう。そのうえで話してみることだ。社内を結束するのは、案外難しいことではないことに気づくはずだ。

「会社をきれいにする会」終了後、毎回、「5S」委員だけによる振り返りを行なっている。当日の研修で、よかった点、悪かった点を指摘しながら、次回へ活かすために話し合う。

気づきの感覚は、実践した直後が最も鋭くなっている。掃除前には思いもつかなかった小さなことにも、実践によって目が向き、次から次に気づきが生まれてくる。だからこそ、実践直後のこうした振り返りは、何より貴重な時間なのだ。

平素は口の重い社員でも、このときばかりは活発に意見を出す。しかも、会社の実態に合った意見ばかり。気づきをもとにした生きた意見であるだけに、その後の改善にそのまま活用でき、意義が大きい。

仕事上でも、こうした意見が出るようになれば、会社の業績が向上しないはずがない。形式だ

鍵山相談役（右）のアドバイスに聞き入る栗原社長と社員たち

けの会議やミーティングは百害あって一利なしだ。これこそが、掃除から学ぶべき実践知であり、武州養蜂園でも日常の社内業務におおいに活かされている。

どの会社でも、この掃除の実践をベースにした「5S」活動を通して、生きた学びをしてほしいものだと、切に願う。

最後に、どうしても伝えたいことがある。私が武州養蜂園を訪問するとき、必ず栗原社長ご自身が熊谷駅までお迎えに来てくれるのだ。私はJR熊谷駅着AM七時十三分の上越新幹線に乗るのだが、いつも改札口まで出迎えてくれるので、申し訳ない気持ちで一杯になる。

そこで、あるときから熊谷駅にAM七時四分に着くJR高崎線に乗車するようにし、着いたらすぐに駅の構内にあるスターバックスでコーヒーを二つ買って、駅前の駐車場で私が栗原社長をお待ちするようにした。

お迎えについてはこれまでも何回か丁重にお断りしたのだが、頑として受け付けてくれない。その心温まる厚意に甘えてしまっているのだが、心のなかでは震えるような感動を味わっている。鍵山相談役の教えにも「心を遣うときは、身体を使え」とある。栗原社長の実践はまさに、この教えそのものである。

第十三章　アクセスの取り組み

不況だからこそ掃除を徹底する

神奈川県川崎市に本社を置く㈱アクセスは、遊技場経営を中心とする総合アミューズメント企業である。神奈川や東京でパチンコ店を五店舗、レジャーホテルを一店舗運営しているほか、新卒採用支援事業やスポーツクラブ、イタリアンレストラン等の経営も手掛けている。資本金五千万円、社員百三十名を擁し、売上高六十一億円を上げる優良企業である。創業は一九五四年。

同社を率いるのは日比野光守社長（六十八歳）で、社員の人間性向上を図り、業界の社会的評価を高めようと、これまで心を砕いてきた。そのために会社を挙げて長年取り組んできたのが、掃除の実践をベースにした「５Ｓ」活動だ。

二〇一七年二月五日、アクセスがホスト役となって第三十七回「ＳＪクラブ」合同研修会が開催された。さまざまな業種十五社から約百名が、会場となった同社近隣の小学校に参集した。

師と仰ぐ鍵山相談役（左）とアクセスの日比野光守社長

ホスト役の当番が回ってくると、周到な準備が必要となる。開催案内の資料作成と郵送、会場設営や研修のスケジュール作成、さらに、掃除道具や食事の準備まで、一切の運営を社員総動員で行なうのである。そのため、アクセスが今回の合同研修を開催するには、それなりの覚悟が必要だった。昨今、業界の景況が思わしくないことが大きな理由だった。

しかし、日比野社長は社員を前に、こう宣言した。

「いま、業界は不況です。こういうときになると、『掃除なんかやっているときではない』という人が多くなります。しかし、わが社はそうであってはいけないと思います。むしろ、こういう時期だからこそ『いま一度、掃除を徹底する』という考え方にならなければばなりません。幸い、二月五日、当社でＳＪクラブの合同研修会が開催されます。この合同研修会と真正面から向き合って、徹底した改善改革に取り組み、その勢いをこれからの会社経営に活かしてまいりましょう」

かくして、アクセスは社員一丸となって、第三十七回「ＳＪクラブ」合同研修会の開催に向け、動き始めたのだった。

掃除で獲得した地元小学校からの信頼

合同研修会では、各地から大勢の参加者が集まってくる。全員が一堂に会する会場の設定も課題の一つだ。ところが今回、その会場をいともスムーズに決定することができた。会場候補とした地元の小学校からすぐに快諾《かいだく》が得られたのである。

じつは、三～四年前も、この小学校に同じ依頼をしたが、断られた経緯がある。

当初、「校内の掃除をさせてください」とのアクセス社員のいきなりの申し出に、面談した学校責任者は怪訝《けげん》そうな様子を見せた。パチンコ店という業種への抵抗も大きかったのかもしれない。「職業に貴賤《きせん》なし」だが、ギャンブル的趣向から、「パチンコ」への世間の目が厳しいのも事実だ。面談した小学校の責任者も、パチンコ店と学校の掃除とがどうしても結びつかなかったのだろう。

地元小学校の校庭の側溝を掃除するアクセスの社員たち

それでもアクセスの社員はあきらめず、何回となく小学校に足を運び、丁寧にお願いをした。

そのうちに、誠意と熱意が届いたのであろう。場所と日時を限定したうえで、学校の掃除をさせてもらう許可をいただいた。最初に任されたのは、共用室の床掃除とワックス掛け。念願かなったアクセスの社員は喜び、心をこめて作業にあたったのはいうまでもない。

これをきっかけに、以後、アクセスは毎月一回のペースで同校の掃除をさせてもらうことになった。これまでに、トイレ掃除、校庭の草取り、側溝の泥上げ等々、さまざまな場所の掃除をしてきた。

最初のころは、事前に掃除の日時が決められ、鍵もそのたび借りていた。ところが、ある時期から、学校の年間行事表を渡されるようになった。「この行事表を参考にして、掃除する予定を組んでください」というのである。

以来、よほどのことがないかぎり、アクセスの予定に沿って掃除をすることが許されるようになった。校門と部屋の鍵も預けてもらった。学校から絶対の信頼を勝ち取り、出入り自由の立場になったのである。

いまでは学校から過分なる感謝をされ、アクセスからの掃除に関する提案も好意的に受け入れられるようになった。こうした平素からの関係が、今回の「ＳＪクラブ」合同研修会の会場提供につながったのだ。

合同研修の日、私はアクセスの店舗から商店街を歩いて、会場の小学校まで行った。その途中、小さなお菓子屋さんの前を通りかかったとき、店主らしき高齢のご婦人から、「いつも、ご苦労様です」と親しげに声をかけられた。どうやら私が着ていたアクセスの見慣れたジャンパーに、平素掃除する姿を重ねてのねぎらいの一言だったようだ。

この出来事だけでも、アクセスがいかに地元に受け入れられているかがわかった。

社内の「5S」から近隣地域に活動を広げる

アクセスが社内での「５Ｓ」活動を始めたのは、約四年前にさかのぼる。川崎店が皮切りだった。以後、あらかじめ決めた職場（店舗）を会場にして、毎月一回、日比野社長をはじめ各職場のリーダーが十五名前後集まり、半日を費やして実践してきた。

活動の基本は掃除。身体を使って掃除をすることで、「気づく力」を育むようにしている。座学だけでは、気づいたことを即行する行動力に結びつけることは難しい。掃除の実践を通して、「いっていることをやっている人」に育てることが目的だ。

毎回、開会にあたっては、まず基本に則った挨拶練習が行なわれる。このアクセスの挨拶練習は、とくに必見の価値がある。声の大きさ・首や腰を曲げる角度・姿勢・リズム・笑顔に至るまで、受けて心地よい完成度の高い挨拶だ。

参加した各リーダーは、この「５Ｓ」活動での学びを持ち帰り、自分たちの店舗に取り込むようにしている。職場が分散しているだけでなく、年中無休の職種であるため、全社員を一度に参加させることは難しい。全社員に会社の取り組みを理解してもらうために、繰り返し開催し続けているのだ。

この活動を開始する前、店舗施設の各所は老朽化が進んでいた。社歴が古いだけに、床は汚れ、壁にもシミができ、場所によっては壁紙が破れていた。また、トイレや駐車場にも、積年の埃と汚れがこびりついていた。

それでも、店舗内はかろうじて清潔に保たれていた。問題はバックヤードだ。そこで、定例の活動ではバックヤードの掃除を集中的に行なった。まずは社員が気持ちよく仕事に打ち込める環

誰もが感心させられるアクセス社員の挨拶練習

境をつくりたかったのである。

地道な取り組みではあったが、回を重ねるごとに、掃除をすることで味わう感動が大きくなっていった。その感動が、次なる取り組みへの原動力になっていった。川崎店から始まった活動は、次第に他の店舗へと広がっていった。

やがて、その活動範囲は店舗や社内だけにとどまらず、近隣の街頭掃除や公園の掃除にまで発展していった。今回会場となった小学校の掃除活動も、そうした流れのなかの一つだったのである。アクセスは、いまでは「地域の掃除活動に熱心なパチンコ店」として、近隣から認知されるようになった。

地域から必要とされる会社に

よい会社と悪い会社の違いは何か。「ＳＪクラブ」の活動で、私たちが精神的支柱にしている鍵山相談役の教えは次のとおりだ。

「判断基準の一つとして、次のことがいえると思います。それは、地域の人々から必要とされる会社がよい会社。反対に、地域の人々から迷惑がられている会社が悪い会社。いくら利益を上げようが、大会社であろうが、この基準に照らし合わせてみれば、よい会社か悪い会社かがはっきりします」

たしかに、収益性のよい会社だとか大きな会社だということも、よい会社の基準の一つに違いない。だが同時に、地域の人々から必要とされ、社員にとって誇りにできる会社かどうかということになると、必ずしもイコールではないのではないかと思う。

社員が会社を誇りにできるのはやはり、お客様や地域の人々から評価され喜ばれたときだ。その点、アクセスは、地域や公共の施設の掃除を続けることで、周辺地域の人々から確固たる信頼を得る会社になってきた。

同時に、社員の意識にも大きな変化が見られるようになった。掃除で周辺地域をきれいにしたことによって、社会貢献している意識を社員自身が実感するようになったのだ。そうした自信

早朝から大和駅前清掃に参加する日比野社長（左）
（中央がニッコーの山﨑貞雄会長、右がマック米軍厚木基地司令官）

も、自分たちが従事している仕事への誇りにつながってきたのだろう。

いまでは、業界内での認知度も上がり、好感度の高いパチンコ店として地域の人々からも必要とされる会社になっている。

アクセスが取り組んでいるのは、自社内や近隣小学校などの職場周辺だけにとどまらない。八年前からは、車で一時間ほどもかかる神奈川県大和市の大和駅周辺での街頭早朝掃除にも、毎回十名前後の社員が参加している。

さらに、東日本大震災や熊本地震など、近年発生した大災害に対しても、いち早く多額の災害支援金を寄付してきた。それもこれも、働いている社員に、社会の一員として誇りを持ってもらいたいという日比野社長の一念だ。

社員が会社を誇りにできてこその会社経営である。アクセスはその誇りを、掃除によって勝ち取ったのだ。

無理なく「5S」が続けられる仕組み

アクセスは店舗が各地に分散しているため、会社が目指している「5S」を全店舗に周知徹底するのは容易なことではない。そこで考え出されたのが、次のような方法だった。

まず、各店舗の「5S」委員が、月一回、一つの店舗に集まり、約半日をかけて「5S」研修を開催。その店舗単体で掃除を行なうのが困難と思われる場所を徹底的に掃除する。そして、次の回は別の店舗を会場として行ない、全店舗で順々に実施していくというものだ。

参加対象者は、日比野光守社長をはじめ、本部役職者と各店舗の責任者で、十五〜二十名程度の人数になる。

研修会の大まかな流れとしては、開会式、掃除実習、閉会式の順に進行する。

開会式では、挨拶練習、「SJクラブ」憲章の唱和、掃除説明が行なわれる。次に、掃除実習が約二時間。そして閉会式では、参加者全員がそれぞれ感想を発表し、それに対して日比野社長から講評がなされる。最後に、各店舗からの「5S」実践報告と質疑応答を経て終了となる。

紙に書いてしまえば、ただそれだけのことである。「ただそれだけ」の取り組みではあるが、

バックヤードの駐車場も徹底的に掃除

アクセスではこの「５Ｓ」研修会が毎月休まず開催され、二〇二一年七月現在、九十一回目を記録した。七年以上にわたって続けられてきたということからみても、この仕組みが有効に機能しているのは間違いのない事実だといえよう。

アクセス独自の「５Ｓ」活動が有効に機能している理由として、大きく分けて次の三つが考えられる。

第一の理由は、無理なく「５Ｓ」を続けられる仕組みになっていることだ。

もともと「５Ｓ」活動は、ある一定期間やればそれで終わりというわけではない。会社がそこにある以上、ずっとやり続けなければならないのが「５Ｓ」活動である。だからこそ、アクセスのように無理せず続けられる仕組みが必要なのだ。

営業終了後、店舗内の隅々まで掃除

第二の理由は、見られる仕組みになっていることだ。

アクセスの「5S」研修の際、「5S」委員が訪問すると、開催職場に緊張が走る。その分だけ、「5S」に対する意識が高まるのだ。それは、同じ店舗のメンバーだけで開催したのでは決して生まれない効果である。

そして第三の理由は、価値を共有できる仕組みになっているということだ。

職場が分散していると、同じ「5S」活動を推進していても、多かれ少なかれ変質して伝わるものである。それでは、会社の一体感をつくり出すことはできない。

その点、アクセスの「5S」活動は各職場の代表が一堂に会して開催しているため、職場間での共通認識の変質幅をより小さくできる。しかも、同じ作業を通して確認し合ったことは、書類やメールで認識したことよりも、数倍深く理解することができる。また、日比野社長と一緒に掃除をして、会社の考え方や方針を直接聞けるのも、またとない機会になるはずだ。

ほかにも考えられる理由はあるが、ここでは大まかに三つの理由を紹介した。次は、この三つの理由から派生した、具体的な成果を紹介することにしよう。

「5S」活動がもたらした効果とは

①社員におもてなしの作法が育まれてきた

サービス業であるアクセスの社員として最も求められる能力が、おもてなしの作法である。これが身についていない人に、サービス業は務まらない。

ところが、このおもてなしの作法くらい、単純なようで難しいことはない。接客する相手は一人ひとり違う人間であり、そのときの状況によって求められる内容もさまざまだからだ。そのため、万人向けの画一的な研修では、個別のお客様に臨機に対応できるおもてなしの作法を身につけることは難しい。

その点、各店舗を順番に訪問して掃除をするアクセスの「5S」活動は、生きたおもてなしの作法を身につける研修として最適であろう。

川崎店で「5S」研修を開催したときのことである。暑い夏の日、参加者たちは近くにある公園の草取りと掃除を実施した。汗まみれになって作業を終えた参加者が事務所に引き上げてくると、そこには冷たい飲み物とキンキンに冷えたおしぼりが置いてあった。

火照《ほて》った身体の参加者にとって、これほど、おもてなしの心を感じるサービスはなかった。開催会場の社員たちに、参加者を少しでももてなしたいという気持ちが湧いていたからだろう。

このように、人を喜ばそうとする気持ちがみずから湧いてくれば、次から次に気づきも生まれ、よりよいサービスにつながる。その、人を喜ばそうとする気持ちが、相手に心地よいおもてなしとして伝わるのだ。

②式を執れる社員が育ってきた

人の上に立つ管理者に求められる能力の中でも、「式を執る」能力は欠くことができない資質である。どんな職場でも、朝礼や会議、イベント等は行なわれる。その際、式を執ってまとめるのが、管理者の務めだ。

管理者がきちんと式を執れるようになると、職場の雰囲気がキリリと締まってくる。反対に、式を執れる管理者がいない職場は、締まりがなく、無気力な雰囲気が漂う。会社訪問をした際に、直感で活気を感じる職場はどこも、きちんと式が執れているという点で共通している。

アクセスの「5S」活動では、日比野社長をはじめ全店舗の役職者が開催店舗に集結して、合同研修を実施する。自店舗だけの「5S」活動のときとは違って、主催者は否が応でも緊張が高まる。そうした状況で、運営や司会進行を務めるのである。

当然、事前準備にも念が入る。場合によっては、しっかり練習をして当日に備える。こうしたことの繰り返しが、「式を執る」能力の向上につながるのだ。

私が知るかぎり、アクセスの「5S」研修における進行は別格である。大きな声で、基本に則った姿勢で進められる式次第は、参加していて気持ちがよい。その場に身を置いているだけで、自然とやる気がみなぎってくるのだ。それはアクセスの社員の「式を執る」能力のレベルが高まっていることの証といえるだろう。

③社員間の交流がスムーズになってきた

アクセスでは、月一回の社内「5S」活動を通して、それまでほとんど交流のなかった他の職場の同僚との交流の機会が増えてきたのも、大きな効果だったのではないかと思う。

同じ会社に属していても、職場が違えば社員間の交流はそれほど行なわれないものである。ましてやアクセスのように、店舗が離れていればなおさらのことだ。実際、「5S」活動を始めるまではその傾向にあった。

だが、「5S」活動を始めるようになって、月一回、違う職場の社員同士が顔を合わせ、挨拶や会話を交わす機会が生まれた。それによって、社員間の関係も深まるようになってきた。

それは単に、社内の人間関係がよくなったという効果だけではない。会社には必ず、配置転換に伴う人事異動がある。その際、掃除を行なった体験を通じて異動先の店舗のことが把握できていれば、新しい職場環境に抵抗なく順応することができる。アクセスにとって、実はそれもかなり大きな効果なのではないかと思う。

平凡×徹底×継続＝超非凡

日比野社長が師事する鍵山相談役の教えに、「平凡×徹底＝非凡」という方程式がある。身の回りの平凡なことでも、徹底すると非凡な能力になるという意味である。

さらに、超非凡になるための方程式が、「平凡×徹底×継続＝超非凡」だ。「5S」は平凡なことであるが、徹底して継続すれば、超非凡な会社になれるというのが鍵山相談役の教えである。問題は、「どうやって徹底して継続できるか」ということだ。その解決策をアクセスの「5S」活動から学ぼうとすれば、次のようなことになるのではないかと思う。

まず、「徹底」。いくら徹底といっても、そう簡単にできるものではない。徹底するためには「徹底しやすい」、そして「徹底したくなる」仕組みが必要だ。アクセスの「5S」活動には、その仕組みが無理なく組み込まれている。

各職場の代表が月一回、一堂に会して、決められた場所を決められた時間内で徹底してきれいにする。この繰り返しが「徹底しやすい」、そして「徹底したくなる」訓練になっているのである。

「継続」については、「5S」研修が会社の年間行事として組み込まれていることが大きい。なかでも日比野社長みずからが「すべての業務に最優先して」参加している姿は、継続する上での大きな求心力になっている。

やはり、「5S」の定着は社長の率先垂範にかかっているのだ。「5S」は仕事ではない、ヒマな人がすること、仕事の手が空いたらやろう、という程度の考え方をしている社長の会社に「5S」が定着することはない。

以上、アクセスが手がけてきた方法は、決して特別なことではない。鍵山相談役が提唱してきた「徹底」と「継続」を、会社の実態に合った方法で愚直に運用してきたということだ。そのシンプルな仕組みが「5S」の成果に結びついているのである。

第十四章　シバ電話工業の取り組み

売上の減少に歯止めがかからない

神奈川県横浜市に本社を置くシバ電話工業㈱は、同社の資本金は二千万円、社員十二名のこぢんまりとした会社だ。業務内容は、電話交換機等の音声通信設備およびネットワーク等のデータ通信設備の販売・設計・施工・保守。日本電気㈱の製品をほぼすべて扱い、電話事業一筋に経営してきた。

同社の創業は古く、一九二〇（大正九）年。二代目社長だった大村剛士会長の父が創業メンバーの一人であった。戦時体制による一時期の閉鎖を経て、一九四五年に再興、一九六五年に法人組織として、大村会長が設立した。

戦後の好景気も追い風となり、需要は年々増加、設立時から業績は右肩上がりに成長を遂げる。一九八二年には新社屋を建設。業界では押しも押されもせぬ老舗企業の地位を確立し、一九

「ＳＪクラブ」開催前の綿密な打ち合わせ（立っているのが鴨川謙司社長）

九八年ごろまで経営は順風満帆であった。

ところが、同業他社との苛烈《かれつ》な競争に巻き込まれ、収益率が激減。長年在籍していたベテラン営業社員の退職で固定客が減少し、新規開拓も先細り。順調だった会社経営に、少しずつ陰りが見え始めた。

さらに、通信機器のモバイル化に伴う従来型固定電話の需要減少が追い打ちをかけてきた。年々売上が減少し、社員も一人また一人と辞めていった。会社はまさに重大な危機を迎えようとしていた。

三代目社長の鴨川謙司さんが経営の舵取りを任されたのは、そんなときだった。就任したのは、二〇一〇年。四十一歳のときである。以前から体調が思わしくなかった大村社長は、若い鴨川さんに経営を一任する決心をしたのだ。

会社としては何をおいても、業績回復の方策に着手したい。しかし、若手の鴨川新社長にバトンタッチするにあたって、大村会長はこう提案した。

「これからは目先の利益ばかりにとらわれても、前進は望めない。まずは、根本的な改善から取りかかるべきだ」

「5S」を実行に移す難しさに直面

大村会長と鴨川社長は、まず、同業他社で順調に業績を伸ばしていた数社を見学した。それらの会社の共通点は、いずれもきれいに整理整頓がなされていたこと。同時に、社員の表情が明るく、大きな声で挨拶を交わしていたことだった。

これに刺激を受けた大村会長と鴨川社長は、会社に帰って改めて社内を見渡してみた。どんよりと淀んだ雰囲気、雑然とした事務所や倉庫、汚れた営業車等々。それまで気にも留めていなかったことが、問題点として次から次へと浮かび上がってきた。他社を見学したことによって、当たり前だと思っていたことも問題意識を持って見るようになったのである。

「これではいくら営業に力を入れても空回りするばかり」と気づいた大村会長と鴨川社長は、原点に立ち返り、「5S」の実践を通しての社員教育を取り入れようと決めたのだ。

それでも、最初は、「5S」に関連する本を読んだり、講演会に参加する程度だった。本や講演会で学んだことを、機会があるたびに社員にも伝えていた。しかし、これはかえって逆効果だった。自分たちの現実・環境とのギャップに、社員たちは無気力感を深め、ますますやる気を失っていった。

鴨川社長は、実習が組み込まれた「５Ｓ」に関するセミナーや研修にも、みずからいくつか参加してみた。ところが、そのときは得心ができても、自社に帰ってくると、どのように実践すればいいかわからない。なかなか実際の行動に移すことができずにいた。

そのころのことを鴨川社長は、こう振り返る。

「研修の内容はほとんど形式的な話ばかり。具体的な教えが含まれておらず、心に響きませんでした。それが、自分の行動に火が点《つ》かなかった原因ではなかったかと思います」

これでは意味がない。外部での研修だけに頼っていては、いつまで経っても変わらない。できることからでいい。まずは、自分たちの手と足を使って実践することから始めることが大事ではないか。

そう気づいた鴨川社長は、社員全員で、社内の問題箇所を月一回、半日間を費やして徹底的に掃除することを決めた。さらに朝礼も見直した。それまでのおざなりなものから内容を大きく変え、活気のあるものにしたのである。

最初はおぼつかないものであった。だが、回を重ねるごとに少しずつ変化が見られるようになった。掃除の取り組みにも、さまざまな工夫が見られるようになってきた。当初はやらされ感が強く漂っていた朝礼にも、少しずつ社員の自主性が感じられるようになってきた。

実践の手応えを肌で感じた鴨川社長は、掃除と挨拶による社員教育の徹底への意をますます強めた。「この機会を逃したら、改革の機会を失う」。手を緩めることなく、取り組みをさらに強力に推し進めていったのである。

掃除で職場も社員も変わった

まず手をつけたのが、会社周辺の徹底した掃除だった。駐車場にも使用している一階部分は、それまでゴミが散乱し、雑草は生え放題。そのうえ、不要なものがあちこちに置きっぱなしになっており、見るからに雑然とした状態だった。

会社の顔ともいえる玄関先であるにもかかわらず、クモの巣が張り、すさんだ雰囲気そのもの。これでは、来訪される方々に失礼なばかりか、自分たちの気持ちも暗く沈んでしまう。

そこで、不要なものは徹底して廃棄することにした。そのうえで雑草を除去し、隅々《すみずみ》に至るまできれいに掃除をした。当然のことであるが、あたりが見違えるようになった。清浄な空気がみなぎり、目にするものすべてが、イキイキと光り輝いて見えた。

作業にあたった社員は皆、驚嘆の声をあげた。

「こんなに場の雰囲気が変わるのか！　掃除する前と後では、天と地ほども違っているじゃない

倉庫に積もり積もった在庫(上)。廃棄したら７割もの空きスペースができた

か！」

自分たち自身の手できれいにしただけに、達成感でいっぱいだったのだろう。自画自賛の声が、社員たちから次々に上がり、しばらく止まなかった。

そうなると自然に、いままでは気にも留めなかった汚れや乱れが、あれもこれもと気になってくる。「次は倉庫をきれいにしよう」という声が、社員の一人から上がった。これはなかなか手ごわい場所だとわかっていても、皆のやる気は衰えることはなかった。

約一カ月の準備期間を経て、倉庫の掃除が始まった。まず、足の踏み場もないほど雑然と物が詰め込まれた倉庫から、すべて運び出すことから始めた。もちろん、一度に全部を片づけることなどできるはずはない。範囲を決めて、一区画ずつ作業を進めていった。

おそらく、長年開かずの空間だったのだろう。およそ使い物にならないと思われる商品や部品が山ほど出てきた。これらは、新商品が開発され、いまでは使用できなくなっている部品ばかりだ。なかでも、配線用の銅線と基盤の数々は、最も高額の不良在庫品だ。

片づけ作業をしながら大村会長がふとつぶやいた。

「買ったときの仕入れ額で換算すると、おそらく四千万円以上にはなるだろう」

じつにもったいない話ではあるが、使用できない部品を持っていても、なんの価値も生まない。これに関して、鍵山相談役が、現役時代にいつも口にしていた言葉が思い起こされる。「諸悪の根源は、過剰在庫」である。いくら安く仕入れても、いつまでも倉庫で眠っているようでは価値がないという意味だろう。

シバ電話工業もこれをきっかけに、倉庫で長年眠っていた死蔵在庫を専門の廃棄業者に数十万円で引き取ってもらって、一掃したのである。おかげで、あれだけ物が詰め込まれていた倉庫に、約七〇パーセントもの空きスペースができた。必要な物を探す時間も、大幅に短縮できるようになった。

たかが倉庫の掃除をしただけのことだ。しかし、社員には大きな発見につながったのだろう。「無駄をこんなに放置していたのか！」というのが、皆の率直な驚きだった。問題を解決するには、みずから気づくことこそが早道なのだ。

その後も、社内の掃除に加速度がつき、シャッターや階段の錆落としと塗装、倉庫の床貼り、営業車の掃除、トイレ掃除、事務所の整理整頓へと進んでいた。そして、現在。社員たちのやる気、取り組みに、さらに弾みがついている。

社風も業績もすべてが好転

社内外をきれいに掃除し、それまでの朝礼を見直した過程で、最も大きな変化があったのは、社員と社内の雰囲気だった。どちらかというと、寡黙で会話の少ない社内だったのだが、社員同士の明るい会話が聞かれるようになった。そのことで、協調性と連帯感が芽生えてきたのであ

率先してペンキ塗りに取り組む鴨川社長

る。

低迷する業績の打開策ばかりと向き合っていたころには考えられなかった雰囲気だ。当時とは打って変わって、穏やかで、しかも前向きな社風になってきたのである。

不思議なものだ。そんな社風になるにつれ、業績にも回復の兆《きざ》しが見えてきたのだ。最悪期を切り抜け、昨年からは黒字に好転してきた。それまで支給が途絶えていたボーナスも、二年連続して支給されるまでに回復したのである。

業績が好転した理由は、おそらく次の三つに集約されるだろう。
①朝礼を活性化したことによって、明るく元気な挨拶が飛び交うようになった
②明るくなった社員の仕事ぶりが、その他の社員にも好感をもって受け止められる

会社近くの歩道橋の階段を社員総出で清掃

ようになっていった

③掃除の実践によって整理整頓が進み、無駄な経費や物探しの時間が大幅に減少した。事実、この「5S」活動に着手してから、決算上もすべての経費が激減したという

そしてまた、会社を取り巻く人々の対応にも変化が現れてきた。周辺の住民からは、付近の掃除をする社員たちに、「いつもすみません。ご苦労様」と親しみをこめて声がかけられることが多くなった。取引先や銀行からも、「毎朝、掃除をしておられますね」と挨拶代わりにいわれるようになった。

さらに、主な仕入れ先である日本電気のパートナービジネス営業本部からは、特筆すべき事例として取材を受けた。そして、そのときの記事が全国の販売店に紹介された。

このような変化は、本を読んだり、講演を聞いたり、セミナーや研修に参加するだけでは、とうてい起こりえなかったものである。社長みずから勇気を奮って一歩踏み出し、できることから行動を始めたからこそ、次々にいろいろなことが好転を始めたのだ。

業績回復に近道はない。遠回りのように思えても、「5S」の実践を通して社員の人間性向上から着手するのが大切なのだ。その点、鴨川社長は賢明な道を選んだといえよう。

第十五章　シンコーの取り組み

スチール社のモデル販売店としても有名

神奈川県横浜市で建設機械などの販売・レンタルを行なっているのが㈱シンコー（資本金一千万円、社員数十一名）だ。創業者である新納《にいのう》政光社長（七十一歳）は、みずから動かなければ気が済まないという、率先垂範を地で行く経営者である。

新納社長は鹿児島県奄美大島で四人兄弟の次男として生を享《う》ける。ただ四歳のときに神奈川県に移住したため、浜っ子ともいえる。子どものころから機械いじりが大好きだった新納社長は大森工業高校（現大森学園高校）を卒業後、油圧製品を扱う油研工業㈱に就職。その後、大阪のエレベータの設置やメンテナンスを行なう会社に転職、ここで足場の設置から電気の配線まで、さまざまな技術を学ぶ。

「ビルにエレベータを設置する仕事はほんとうに楽しかったですね。大阪から横浜に戻ることになって、採用試験を受けたのも都内にあるエレベータの会社でした。経験を買われて採用されたのですが、通勤途中に気分が悪くなってしまい、出社できなかったのです。毎日、満員電車に揺られながら会社に通うのは無理だとあきらめました。エレベータの設置作業が天職だと思っていましたから、そのときはかなり落ち込みました」

しかし、人生、何が幸いするかわからないものだ。もしエレベータ会社に就職していれば、新納社長が「生涯の師」と仰ぐ鍵山相談役と出逢うことはなく、掃除の魅力に目覚めることもなかったかもしれない。

さて、新納社長は落ち込みながらも地元で職探しをした結果、建設機器のレンタルを行なう会社に採用される。社員三名の小さな会社だったため、油圧ショベルなどのレンタル業務から修理まで幅広い仕事を任された。あるとき、営業で出かけた横須賀市には競合他社が少なく、レンタルの需要が高いことを知る。そこで、社長に横須賀市に営業所を新設したらどうかと提案したが、却下される。

「社長は温厚でいい人なのですが、現状維持派で、とくに将来ビジョンを持っているわけではなかったので、このままこの会社にいても仕方がないかなと思いました。また、自分の力を試してみたいという気持ちも強かったですね」

そこで新納社長は円満退社のうえ、有限会社新光産業（のち㈱シンコーに社名変更）を立ち上げる。新光とは、新しいことをしたいという意欲に自分の名前の一文字「光」を加えたものだ。一

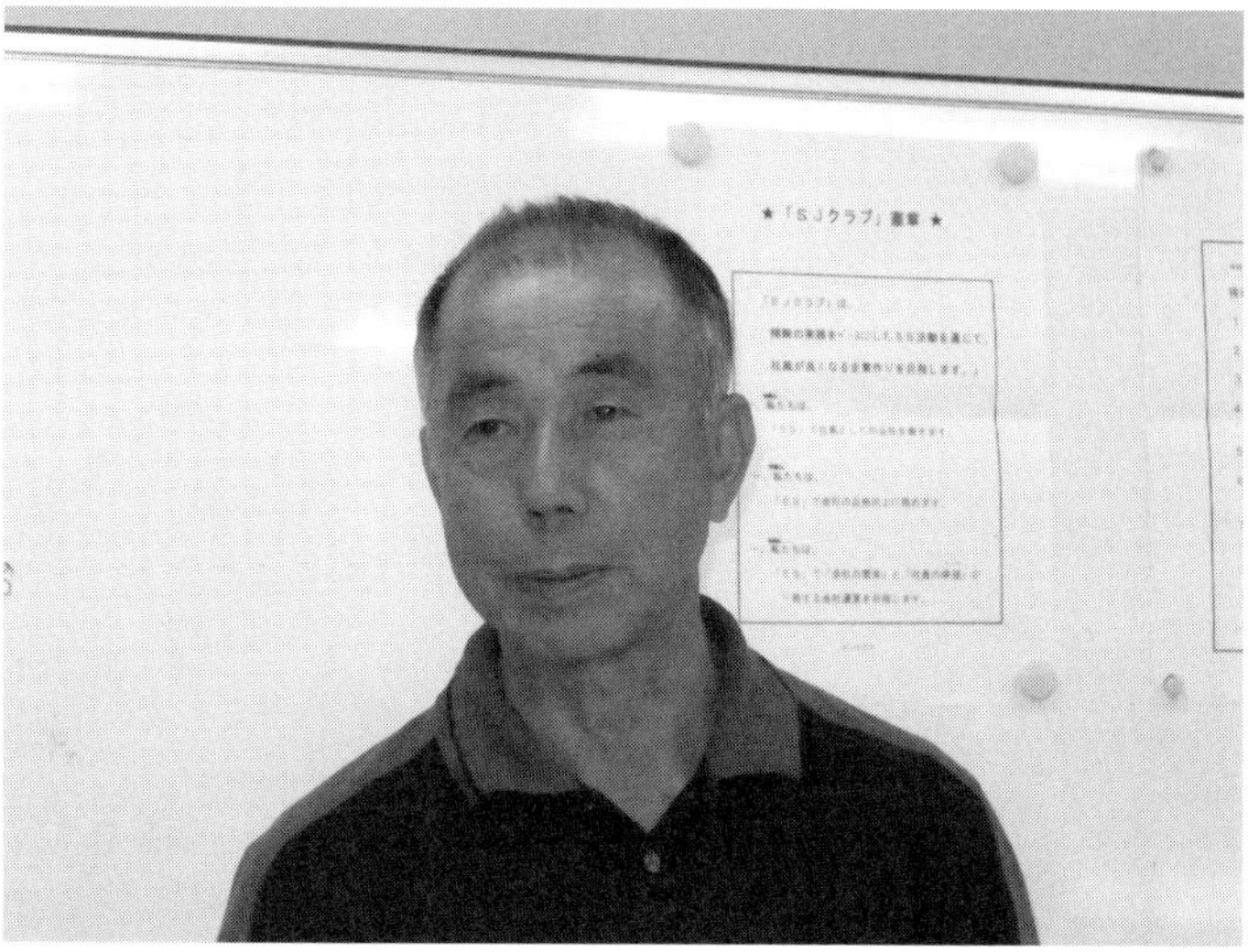

シンコーの新納政光社長

九八三年七月、新納社長三十三歳のとき、自宅を会社にしての船出だった。

建設機械のレンタルは初期費用が膨大にかかるため、最初は水道施設工具の販売や修理からスタートした。まだ独身だったので、母親に電話番を頼んで、寝る間も惜しんで仕事に没頭した。やがて少しずつ業容を拡大し、造園管理機械や水道施設工具、建設機械等の販売・修理・レンタルなどを手掛けるまでになった。

また、世界的なチェンソーメーカーであるドイツのスチール（ＳＴＩＨＬ）社の日本における認定販売店にもなっている。

「もともと、造園や建設機械を扱うようになるなら、オンリーワンショップを持ちたいと思っていたのです。そこで、ボッシュやヒルティなどを検討していたところ、たまたまス

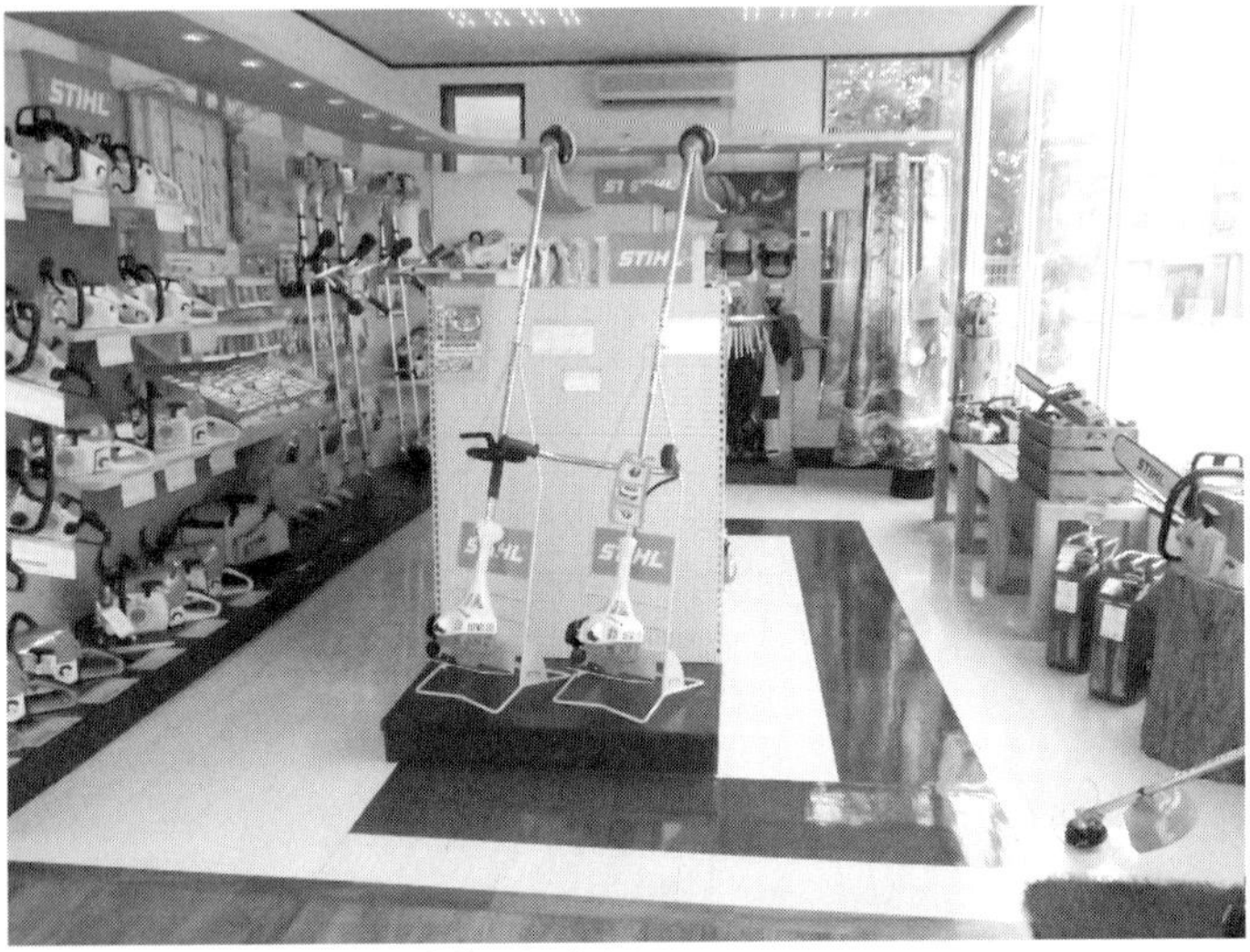

スチール社の国内モデル店舗に認定されている

チールの営業マンが訪ねてきて、スチールショップをつくりませんかと。スチールの特徴は、ネット販売をしない、ホームセンターでも売らないということです。なぜならスチールはお客様第一主義が経営理念のため、対面での販売・修理・メンテナンスができるお店でしか製品を販売しないのです。しかも、販売台数世界NO．1チェンソーブランドの地位を確立している。そんな経営姿勢に共感して、ショップをつくることに決めました」

　スチール認定販売店になるためには、多岐にわたるスチール製品の知識や機能を熟知し、お客様のニーズに合った製品を適切にアドバイスできる人間を配置しなければならない。また修理やメンテナンスにも対応できる技能も必須だ。そのための講習があり、いわば一級整備士並みのライセンス（スチールメカニック）をスチール社から授与されてはじめて販売店として認定されるのだ。

ちなみに、スチールショップは全国に約二百店舗あるが、神奈川県内には二店舗しかなく、そのうちの一店舗がシンコーである。しかもスチール社から国内モデル店舗として認定され、定期的に見学者を受け入れるまでになっている。

社員教育の必要性に改めて気づく

シンコーの社是は「『はい』と答えて実行する」そして「お客様から『ありがとう』の言葉をもらい感謝される」という、きわめてシンプルなものだ。しかし、シンプルだからこそ、実践するのは難しいともいえる。それでも創業以来、新納社長の誠実な人柄と堅実経営で、数多くのお客様の信頼を得てきた。

仕事柄、レンタル業は朝早くから夜遅くまで営業時間が拘束される業界である。ほとんどの場合、レンタルするお客様が仕事前に立ち寄り、機械をトラックに積んでいかれる。そして夕方になると、レンタルした機械を返却するため立ち寄られる。

「昔は朝六時には店を開けていました。日曜、祭日も休みなしで、とにかくお客様の要望に応えるために何でもやりました。なぜなら、お客様を選べなかったからです。お客様は少しでも安いところから借りるのが当然ですので、いつでも借りられるメリットを打ち出すことで差別化を図らざるをえませんでした」

当然、社員も拘束される時間が長くなる。そのうえ、来客が少なくなる昼間は、外回りの営業と機械の掃除や点検・修理に忙殺《ぼうさつ》される。一人何役もこなさなければならない仕事だ。少人数の会社だと、どうしても社員一人にかかる負担が多くなる。

そうした避けがたい業界の事情もあって、新納社長は創業以来、先頭に立って率先垂範することが習慣になってきた。業界の宿命ともいえる人材確保の不安定さを考えると、新納社長みずから動かざるをえなかったのである。それこそ、早朝から夜遅くまで働き詰めの毎日だったはずだ。その努力が実って、浮き沈みの大きい業界の中で生き残れてきたのだろう。

そんな新納社長に転機が訪れたのは二〇一二年のこと。たまたま知人に誘われて「横浜市戸塚倫理法人会」に参加することになった。そのとき、会員たちの挨拶のすばらしさに圧倒されたという。また、そのときの講師の講演が人材育成についてであり、人を育てる大切さにも気づいたという。

「それまで私は、社員のほうから先に挨拶するものだと思っていましたが、それは大きな勘違いでした。上に立つ者ほど先に挨拶しなければいけないと気づいたのです。また、倫理法人会の活動指針には、『各種の活動をとおして地域社会の発展に寄与する』『環境の保全と美化に貢献する』といった文言があります。思い立ったら即行動で、私にできることは掃除しかないと思いました」

2014年９月、「沖縄の街を守る会」で初めて鍵山相談役と出逢う

鍵山相談役との出逢い

新納社長が掃除に目覚める大きなきっかけとなったのが、二〇一四年四月に神奈川県大和市の「大和掃除に学ぶ会」に参加したことだった。じつは倫理法人会には「ＳＪクラブ」のメンバーであるトラストの金子貴一社長も所属しており、それがご縁で、金子社長が参加している「大和掃除に学ぶ会」に誘われたのだ。

当日は早朝六時から大和駅前の街頭清掃を行なったのだが、徹底した掃除のやり方や掃除道具の片付け方に驚いたという。

「このとき、掃除に対する概念が百八十度変わりました。ほんとうの掃除とはこうやるのか。いままで私がやっていた掃除とはまったく違うと愕然としたのです」

そして運命の出逢いが訪れる。鍵山相談役が率先して活動していた「沖縄の街を守る会」に新納社長も参加したのである。「沖縄の街を守る会」とは、沖縄の普天間基地のフェンスに、基地反対派が大量のテープを括り付けているほか、基地周辺に空き缶を投げ捨てるなど、街の美観を損ねていることを憂えた鍵山相談役が、有志を集い、巧妙に括りつけられたテープを剝がすという地道な作業を行なう活動である。

新納社長が参加したのは、二〇一四年九月の第四回「沖縄の街を守る会」だった。このとき、初めて鍵山相談役と出逢った新納社長は、鍵山相談役が率先してテープを剝がしたり、基地のフェンス脇の側溝に溜まったゴミを片付ける姿に感動を覚えたという。

鍵山相談役に同行した私も、この沖縄にて新納社長と初めて出逢ったのである。

それまで本業だけに没頭してきた新納社長は、鍵山相談役が掃除の実践によって人生や会社経営に大きな影響をもたらしたことを知り、目の覚める思いがしたという。そして、鍵山相談役の生き方・考え方に深く傾倒していった。

とくに新納社長が共感したのは、鍵山相談役がこれまで貫いてきた率先垂範の生き方だった。同時に、みずから下坐に下りて率先垂範しながら、それでいて人を包み込むような鍵山相談役の穏やかな人柄にも魅了された。

鍵山相談役は自転車一台での行商から起業したイエローハットを東証一部上場の会社にまで築

き上げた類稀なる経営者だ。さらに本業とは別に、「鍵山掃除道」を日本全国のみならず、世界にまで広めた稀有の社会活動家だ。いずれも、誰にでもできることではない。

その非凡なことを成し遂げた鍵山相談役の原点が掃除だったことに、新納社長は救われるような気持ちになった。掃除ならば、自分でもできる。いまからでも遅くはない。鍵山相談役の教えを実行すれば、自分にも道が開けてくるような気がしてきたのである。

以来、新納社長は「鍵山掃除道」のことで頭の中がいっぱいになった。「わが社をこの掃除で変えたい」。掃除を社内に導入することで、これまでの社風を変えるきっかけにしたかったのだ。

それからの新納社長の行動は早かった。すぐに「横浜求根塾」に入会するとともに、「ＳＪクラブ」の合同研修会にもオブザーバーとして参加することを決めた。

新納社長が初めて「ＳＪクラブ」の合同研修会に参加したのは二〇一五年二月。このときの衝撃はいまでも忘れられないという。

「開会式から始まり、挨拶練習、朝礼発表、そして各社の『５Ｓ』の成果報告……決められた時間内にみごとに進行していく様子を目《ま》の当たりにして圧倒されました。しかも中小企業の社員たちが堂々とプレゼンをしている。『ＳＪクラブ』に入ると、こんな立派な立ち居振る舞いができる社員が育つのかとびっくりしました。それに比べてわが社の社員はとてもついていけないのではないかと不安にもなりました」

しかし、鍵山相談役との出逢いの場があるたびに足を運び、直接、指導も受けてきた新納社長は、ついに肚を固め、表面的な取り組みでお茶を濁《にご》してきた社内の掃除のあり方を改める決心をする。新納社長にとっては、鍵山相談役との出逢いが、人生と会社を変える原動力になったのだ。

毎月一回、会社を挙げての「5S」活動を開始

シンコーが本格的な「5S」に取り組み始めたのは、二〇一七年十月からである。新納社長は、「SJクラブ」の合同研修会に二〇一五年から個人的に参加しており、掃除の実践をベースにした「5S」活動こそ社風を変えると確信したからである。

ところが、本格的に取り組む覚悟を決めたものの、それを実行するには大きなハードルがあった。それは、レンタル業特有の勤務形態である。日曜祝日以外ほぼ毎日出勤状態だった業務体系を変更するだけでも、さまざまな困難が伴った。いざ取り組むとなると、少なくとも半日は休業状態にせざるをえなかったのである。

それでも、新納社長は決行した。新納社長にとって今回の「5S」だけは、避けて通れない最優先事項だったからである。それだけに、覚悟を決めてからの新納社長の取り組みは、それこそ率先垂範で、全社員を巻き込んでの活動になった。

キックオフにあたって最重要視したのは、まず実施する日を確定することだった。『5S』活

「５Ｓ」研修の開会式の様子

動をすべての業務に最優先する」という不退転の覚悟を表明すべく、毎月第三土曜日を開催日に決めた。年間行事として決めてしまえば、なし崩しになることが避けられるからだ。そのうえで、全員参加を通達。さらに、開閉会式と掃除研修の時間配分を決め、各式次第に従って、その月の「５Ｓ」研修を開催するようにした。

もちろん、司会進行やリーダーの役割も明確にした。その担当者にはそのための予行練習を課し、十分な準備をして臨むように指示した。

最初はたどたどしかった司会進行も、回を重ねるごとに堂々としたものになってきた。司会進行役が堂々として、落ち着いた声で話すようになれば、参加者もその気になる。その分だけ、研修そのものも引き締まった感じになってきた。

仕事もそうだが、大事なのは、始める前にこうした基本をきちんとできるようにすることである。できなければ、できるまで何回も練習をする。この姿勢さえあれば、大概のことはスムーズに運ぶようになる。

社内での「5S」活動の開始にあたり、こうしたことに対する新納社長のこだわりが、その後の活動を意義あるものにしていったと思う。

笑顔があふれ、連帯感も実感

だからといって、最初から全社員の賛同を得てスタートできたわけではない。面と向かっての反対意見こそ出なかったものの、積極的な参加表明もなかった。どちらかというと、仕方なく参加しているというような雰囲気でのスタートだった。

シンコーに限らず、なにか新しいことを導入すると抵抗が生じるのは、よくあることである。その際、社長が逡巡《しゅんじゅん》していると、その企画は間違いなく頓挫《とんざ》する。新企画の成否はひとえに、社長の覚悟にかかっているからだ。

その点、シンコーの場合、新納社長の決心は固かった。この「5S」活動だけは、不退転の覚悟で臨みたいと、決意を胸に強く秘めてスタートしていたからだ。

率先垂範で掃除に取り組む新納社長

幸い、新納社長の思いを理解した田中裕之取締役営業部長（現専務取締役）が、素直に反応してくれた。新納社長の覚悟に応えて、田中部長が積極的な参加表明の手を挙げてくれたのである。田中部長にとっても「５Ｓ」は初めての体験だったが、真摯にその任務に取り組んでくれた。

そんな田中部長の献身的な取り組みもあり、回を追うごとに社員の中からも協力者が現れるようになった。もともと言葉よりも行動が先の社員たちばかりである。やることさえ明確になれば、行動は早かった。

掃除をした後の感想では、「あっという間に時間が過ぎて楽しかった」とか「事前準備をしてくれたリーダーに感謝したい」「成果を上げるためにも、連係プレーが大事だと痛感した」という前向きな意見がいくつも寄せられるようになった。

そうなると、やることなすことが好循環で動くようになる。社員の表情も活き活きとしてきた。それまでの表情とは明らかに違う、好感の持てる笑顔が多くなってきたのだ。

笑顔が多くなると、お互いに親しみのこもった会話が飛び交うようになる。そういう光景を見ながら新納社長は、「会社の風通しがよくなってきた」と喜んだ。きっと、「5S」活動を通して、社内に連帯感が生まれた手応えを実感していたのだ。

当然のことであるが、会社は組織である。組織に属する社員がバラバラの価値観で勝手に行動していては、会社の力が十分に発揮されない。みんなの力が結集されてはじめて、大きな力になる。そのためにも、会社における連帯感は最重要事項である。

問題は、その連帯感をどうやってつくり出していくかということだ。

これまで多くの会社が、さまざまな工夫と努力をしてきた。たとえば、座学や会議による方法。あるいは、社内の運動会、旅行会、飲み会等もその一例だ。

こうしたことも確かに、連帯感を育むのに役立ってきた。しかし、時間と経費をかけた割には、いまいち中味の薄い連帯感しか感じ取れなかったのではないだろうか。原因はおそらく、人間本来の達成感を共有できていないからではないかと思う。

その点、掃除の実践をベースにした「5S」活動は、一緒にきれいにしたという深い達成感を例外なく共有することができる。そして、共同作業する分だけ、連帯感も強くなる。とくに、掃除でつながった連帯感には、不思議な求心力が宿る。

さらに見過ごせないのは、社員と社長の距離が、いとも簡単に近くなることだ。ともに額に汗して、汚いところをきれいにすることによって、立場を超えた一体感が生まれるからだろう。その結果、社員と社長が価値観を共有できるようになるのだ。

客層が明らかに変わってきた

「5S」活動をはじめて変わったのは、風通しのよい社風だけではない。最近なんと客層が変わってきたという。

「以前は手形が不渡りになったり、集金に行ってもお金を払ってくれないお客様もいました。ある年末のことです。十万円に満たない金額の集金でしたが、お客様が払ってくれない。『それでは困ります』と申し上げたら、『貸すほうが悪い』と怒鳴られました。もともと、貸すのが仕事である当社としては返す言葉もなく、引き下がらざるをえませんでした」

ところが、最近は未回収やクレームなどのトラブルもなくなり、いいお客様が増えたという。それはシンコーの事務所や倉庫が見違えるほどきれいになったからではないか。たとえば、お客様が商談に訪れると、みなさん事務所の前で「靴のまま上がっていいでしょうか」と聞くという。もちろん事務所は土足でＯＫなのだが、床があまりにきれいなので思わず聞いてしまうのだ

道路から見えるスチールの店舗も見違えるほど光ってきた

ろう。

それに関して、思い出したエピソードがある。私が以前経営していた会社では、入り口に「靴をよく拭いてからお上がりください」という張り紙をしていた。あるとき、それを見た鍵山相談役がこういわれた。

「こういうことを書かなくてもすむようにすることですね」

これには返す言葉がなかった。その意味で、シンコーの事務所は「鍵山掃除道」を見事に実践しているといえよう。

実際、シンコーの経営状況を聞くと、「SJクラブ」に入る前より利益率が上がっているという。ところが、新納社長はそれを喜んでいるわけではない。

「弊社で利益率がいちばん高いのがレンタルで、次に修理、いちばん低いのが製品の販売です。しかし、将来的には製品の販売をメインにして、レンタルの比率を下げたいと思っています。なぜなら、製品をレンタルするより買ったほうが、お客様にとっては得になる場合が多いからです。それでは利益率が下がるかもしれませんが、お客様にいかに喜んでいただくかのほうが大切なので、販売を強化したいのです」

初めての合同研修会に挑戦

「ＳＪクラブ」に参加してわずかのあいだに目に見える変化を実感した新納社長の次の目標は、合同研修会のホスト役になることだった。それは、二〇一五年二月に参加した合同研修会で見た、他社の社員たちの生き生きとした朝礼発表や堂々とした「５Ｓ」の成果報告が目に焼き付いて離れなかったからである。

ホスト役になると、準備にそうとうな時間を取られる。もともと社員数の少ないわが社がやるのは無謀なのか。うちの社員のレベルでは時期尚早なのか。しかし、ホスト役を経験すると、社員が大きく成長すると「ＳＪクラブ」の社長さんたちが口を揃えていっている。だから、なんとかやりくりして挑戦してみたい。

新納社長の心は揺れ動いていた。そんなとき、社員の一人がこういった。「社長、やってみましょうよ」。主任の山口進さんだった。山口主任はスチール認定のスペシャリストの資格を持つショップ責任者でもある。

山口主任の一言で新納社長の肚が決まった。二〇一九年十月、武州養蜂園での合同研修会の閉会式で「次の開催場所とホストはシンコーさんです」と発表されたのだ。開催は二〇二〇年二月二十三日と決定。年末年始の休みを考慮すると、実際の準備期間は三カ月くらいしかない。

実行委員長は新納社長の背中を押してくれた山口主任に決定。それから社員全員で計画づくりから始めた。うれしかったのは、強力な援軍が加わったことだった。「SJクラブ」のメンバーであるシバ電話工業の鴨川社長が社員共々、ホスト役になれない代わりにお手伝いに回りたいと申し出てくれたのだ。さらに、心強い助っ人が現れた。それが上田純さんと櫻井雅人さんだった。

上田さんは社員五百名を擁する㈱バイク急便（現㈱By－Q）の元代表取締役（現㈱御用Q代表取締役）で、「SJクラブ」や「求根塾」の立ち上げから参加している、筋金入りの「鍵山掃除道」の実践者である。櫻井さんも鍵山相談役を師と仰ぎ、各地の掃除に学ぶ会に参加する同志である。上田さんも櫻井さんも自分の仕事をこなしつつ、時間が許すかぎりシンコーに駆け付けて、適切なアドバイスをしてくれた。

その結果、新型コロナウイルスの感染が広がる直前の二〇二〇年二月、約五十名が参加した合同研修会のホスト役をシンコーの社員たちがみごとに務めきったのである。

「合同研修会を経験して、社員みんなが一皮むけたと思います。もちろん他社さんに比べればま

泥が詰まっていた会社の入り口の側溝も徹底掃除

だまだですが、他の会社の社員がうちの社員を育ててくれたと実感しています。また、『5S』で身の回りをきれいにすることが、結果的に最高のコロナ予防策になると確信するようになりました」

新納社長のいうとおり、掃除の徹底と整理整頓こそ最善のコロナ対策であり、お客様の信頼を勝ち取る近道なのである。また、合同研修会を経験することで、シンコーの社員がたくましくなったこともたしかである。「SJクラブ」の活動で何が得られるかと問われれば、中小企業の普通の社員に「人前で話す力」「自分の考えを表現する力」「自ら実践する力」が身に付くと答えたい。これだけの能力が身に付けば、社長にとっては願ってもない社員教育の場となるのだ。

「広める」よりも「深める」会社経営へ

新納社長は、健全に事業承継していくためには人材育成が急務と考え、その取り組みとして始めたのが、掃除の実践をベースにした「5S」活動だった。その活動にいちばん熱心に取り組んでくれたのが、長年新納社長の片腕として働いてきた田中専務である。

そこで新納社長は、田中専務に後継社長を託すことに決めた。覚悟を決めた田中専務は現在、アイウィルの「十八カ月間経営者養成コース」を受講中だ。この研修の最大の特徴は、経営者にとっていちばん大切な人間性と人間的魅力を磨くことにある。それは新納社長の信念でもある。

「経営者にもっとも必要なのは、素直な人間性だと思います。人間性ですべてが決まるといっても過言ではありません。それは鍵山相談役の言動を通じて確信しました。私はほんとうの師という存在を持たずに生きてきました。鍵山相談役とその側近である亀井社長と出逢って、初めて人生の師を持つことができたのです。人生の師とは、心から信じられる人です。それからはブレずに生きることができました。本の読み方も変わりました。鍵山相談役の本を何度も何度も読むうちに、本質とは何かを理解できるようになったのです」

後継社長に指名した田中専務に新納社長が頼んだことは、まさに鍵山イズムそのものといってよいだろう。それは、「広める」よりも「深める」会社経営を心から託しているからだ。「5S」

活動を通して、「深める」ことによって自然と「広がる」と確信したからである。

鍵山相談役も、イエローハットが成功した理由を問われたとき、「平凡な人が平凡な仕事をしても成り立つ会社にした」と答えている。そして、「平凡なことを誰にも負けないくらい継続すれば、非凡になる」ともおっしゃっている。新納社長もシンコーという会社を「普通の人が普通の仕事をして成り立つ会社にしたい」との信念だ。その具体的な実践として、「５Ｓ」活動を置いてもらいたいのである。

第十六章　社会福祉法人いずみの取り組み

母の人生は『ヨイトマケの唄』そのもの

神奈川県横浜市で五つの認可保育園を運営しているのが社会福祉法人いずみである。理事長の中村秀信さん（六十七歳）は、いつもニコニコ顔で周囲を和ませる、布袋《ほてい》さまのような人柄だ。

中村理事長にはもう一つ肩書があり、それが㈱ニッセイの会長である。ニッセイ（本社・神奈川県藤沢市）は、業務用のダストコントロールマットの製造・販売ならびにリースや広告マットを媒体とした広告宣伝業務などを手掛ける会社で、従業員百名、全国に百五十の代理店を持つ優良企業である。

中村理事長は二〇〇九年にニッセイの代表取締役に就任、九年後の二〇一八年に会長に就任した。その前年の二〇一七年に社会福祉法人いずみの理事長に就いている。なぜ現役の経営者が、保育園の理事長を兼務することになったのか。それには深い理由があるのだが、まずは中村理事

保育園に面する道路の塀の草取りをする中村秀信理事長

長の波乱万丈の人生を紹介したい。

　中村理事長は一九五三年十月三十日、長崎県の島原半島の南西部に位置する小浜町（現雲仙市）で五人きょうだいの末っ子として生まれる。父はたいへん器用な人で、大工、左官、植木職人、板前から彫刻や絵描きまでこなせる腕を持っていたという。

　しかし、中学生のころに怪我で難聴になり、やがて耳がほとんど聞こえなくなってしまった。そのため仕事先でストレスが溜まり、お酒を飲んで発散するようになる。稼いだ金は酒代に代わり、酒乱状態で家に帰ってくるため、家庭内暴力も日常茶飯事で、中村理事長が生まれたころ家計は火の車だった。

　苦労したのは母親である。

「母の実家は広い田んぼがあり、牛や馬も飼っている、かなり裕福な農家でしたが、父のところに嫁いで人生が変わってしまいました。それでも愚痴をこぼすことなく、寡黙《かもく》で辛抱強い人でした」

中村理事長が小学二年生のときに父が亡くなったため、母は日雇いの建設作業員として働きだした。

「当時は父の母親がまだ健在でしたから、母は朝早く起きて、義母と五人の子どもの食事をつくり、仕事に出かける。丸一日重労働して、日当はわずか百円。それでおかずを買って帰宅して夕食の準備。それから川へ行って洗濯し、銭湯が閉まるギリギリの時間に駆け込む。そして家計簿をつけて寝るという生活でした。そのため私は中学を卒業して家を出るまで、母と長い会話をした記憶がありません。ただ、川へ洗濯に行くときの、少し腰が曲がった小さな後ろ姿はいまでも目に焼き付いています」

母は中村理事長が二十一歳のとき、末期の胃ガンで他界する。最後は神戸に住む長兄のもとで暮らしていたが、身体がどんなにしんどくても、長兄が営む工場の掃除を手伝っていたという。

「同じ長崎出身の美輪明宏さんの『ヨイトマケの唄』こそ、母の人生そのものでした。『苦労苦労で死んでった』という歌詞を聞くたびに、涙が溢れてくるのです」

姉のすすめで高校も大学も自力で卒業

そんな母の姿を見て育った中村理事長は、中学を卒業後、神戸の長兄のもとで働きだした。長

ニッセイの本社工場（上）とオリジナルの広告マット（下）

兄は靴の縫製《ほうせい》工場を経営しており、ミシン職人を何人も雇い、業績も安定していた。ところが、三番目の姉からの「これからの時代、せめて高校だけは出たほうがいい」とのアドバイスもあり、一年後、福岡市の夜間高校に入学する。それから四年間、運動用マットの製造工場で働きながら、学費も生活費も自分で稼いで、無事卒業する。

三番目の姉はきく子さんという。このきく子さんこそ中村理事長の人生に大きな影響を与えることになる。きく子さんは頭脳明晰で、社交的かつ行動力のある才女だった。高校生のころは毎日予習・復習を欠かさなかったので、テスト前に駆け込み勉強をすることもなく、テストはほとんど満点だったという。

きく子さんは上京して、ライオンズマンションを手掛ける㈱大京に入社、経理部などで働いたのち、欧米の高級車を販売する会社の経理部長に転職。いずれ税理士になることを目指していたので、簿記論など五科目のうち三科目をクリアしていた。二十五歳のころには本業（経理部長）のほかに五社ほどの経理業務を担い、月に百万円以上稼いでいたというから驚きである。

そのきく子さんの次なるアドバイスが「大学へ行ったらどうか」だった。そこで中村理事長は進学を決意する。ただし、高校と同様、学費も生活費も自分で稼がねばならないので、夜学を選択、法政大学経済学部（二部）に合格する。互助会やクリーニング店で働きながら六年かけて卒業したため、すでに二十七歳になっていた。

最初の就職先は蛇の目ミシン工業㈱だったが、一カ月で退社してしまう。

中村理事長の人生を導いてくれた姉のきく子さんと、2006年４月に開園した「いずみ青葉台保育園」

「営業に配属され、当時二十数万円もするコンピュータミシンを販売するのですが、一台も売れなかったのです。正確には一台成約に至ったのですが、それが六畳二間に五人の子どもを抱える主婦でした。この人はいずれミシンのローンに苦しむのではないかと悩んでしまったのです。友人から、いまにも自殺しそうな顔をしているよといわれたこともあり、自分は営業に向いていないと判断、ミシンを売る前に会社を辞めてしまいました」

たった一カ月で会社を辞めてしまった中村理事長に仕事を紹介してくれたのも、姉のきく子さんだった。当時、きく子さんが勤めていた会社のビルの四階に「まだ小さいが、ビジネスの将来性が見込める会社があるから、受けてみなさい」といわれて面接に出かけたのがニッセイだった。

ニッセイは、一九七四年、ダスキンを脱サラした森島和也さんが、「日清」の商号でジュウタンのクリーニング業を始めたのを創業とする。「日清」とは、「日本を清らかに～美しい日本を演出する」という意味を込めた企業理念である。もともと森島さんはダスキン時代に広告マット（店名や社名を入れた玄関やフロアのマット）を考案するが、役員会で却下されたため、独立を決意した。そこで、独立後すぐに「ニッセイ広告マット」として商標登録を出願、自社工場を建て、製造を始める。翌一九七五年には代理店方式による全国展開に着手、一九七八年には代理店が百店を突破するほど成長を遂げる。ところが、このころから経営が悪化の一途をたどる。

「私が入社した一九八〇年には、月商が三千万円なのに、借金が九億円もあったのです。これは代理店方式の落とし穴ともいうべきもので、権利金が一店舗あたり百万円入るので、それを元手に本業以外のビジネスに手を出してしまい、借金が膨らんでいったのです。じつは、もう営業はコリゴリだったので、面接では経理を担当させてくれるのならお世話になりたいといいました。運よく採用されて経理に配属されて、最初に知ったのが莫大な借金でした（笑）。逆にいえば、借金がなくなれば給料が倍になるのではないかと思いました」

中村理事長がニッセイに採用されたことを姉のきく子さんに報告すると、きく子さんからのアドバイスは、「上司の話はよく聞き、素直に『ハイ』と返事をしなさい」というものだった。そこで中村理事長は、上司から「カラスは白い」といわれても、次の話を聞くために「はい、そうですね」と相槌《あいづち》を打つくらいの気持ちで接してきたという。

「タニサケ塾」で下坐行の大切さを学ぶ

中村理事長は、経理を希望したものの、経理の知識はほとんどなかった。そこで、すぐに専門学校に入り、仕事が終わったあとに勉強する日々を送る。そんな矢先、創業者の森島社長が急逝《きゅうせい》してしまう。中村理事長が入社してわずか五カ月後のことだった。

後任の社長は、会社の実情に詳しい総務部長の長谷川光伸さんが引き継ぐことになった。長谷川社長は中村理事長の上司だった人である。長谷川社長は業界初の広告マットのリース販売方式を取り入れたほか、直営の営業所を増やすことで利益率を上げる経営に舵を切った。
そこで中村理事長に白羽の矢が立ち、東京に新たな営業所をつくる役割を命じられることに。営業がいやで経理の仕事についた中村理事長にとっては青天の霹靂の人事であった。しかし、姉から素直が大事といわれたこともあり、オフィス探しから人の採用まで、すべて一人でこなして、東京営業所を立ち上げた。じつはこのとき中村理事長が採用したのが、現社長の石川好男さんである。

「彼には一カ月、トイレ掃除とお茶くみを担当してもらいました。いまは借金で厳しいけど、夢はあるよ。借金がなくなれば給料が倍になるよ。そんな話をよくしました」

東京営業所を軌道に乗せた中村理事長は営業部次長として本社に戻る。自分には向いていないと敬遠していた営業で実績を上げるうちに、この仕事が天職だと思えるようになったという。その後、常務取締役のときに長谷川社長から後任の社長に任命される。

中村理事長は社長就任の一年前の二〇〇八年、㈱タニサケ（本社：岐阜県揖斐《いび》郡池田町）の松岡浩会長が主催する「タニサケ塾」に参加する。タニサケは松岡会長らが開発したゴキブリ殺虫剤「ゴキブリキャップ」の製造販売で高収益を誇る優良企業であり、松岡浩会長は古くからの「鍵山掃除道」の信奉者でもある。

中村理事長と松岡会長の出逢いは仕事を通じてのことだった。業務用の広告マットを扱うニッセイに松岡会長が「ゴキブリキャップ」の売り込みに訪れたそうだ。それから松岡会長が編集制作している月刊の社内報『フレッシュタニサケ』が送られてくるように。そのなかの「タニサケ塾」が気になり、いつか参加したいと思っていたそうだ。「タニサケ塾」とは、原則として月一回、一泊二日の日程で、トイレ掃除、洗車、気功・功法、朝礼、工場見学、講話などを行なう研修会で、すぐに定員が埋まるほどの人気を誇っていた（現在は町営の宿泊施設がなくなってしまったため休止中）。

「もともとニッセイは店舗やオフィスの清掃はもちろん、トイレのシートクリーナー、トイレマット、消臭剤、芳香剤、尿石を取るグッズなど多様な商品を販売していましたので、タニサケさんでのトイレ掃除も楽しんでできました。いちばん心に響いたのは、松岡会長の『社長は下坐行が大事で、誰よりも早く出社して、トイレ掃除や社内の掃除を実践することです』という言葉でした」

それから中村理事長は始業（八時四十五分）前の六時には出社し、毎日二時間以上をかけて、社内のトイレ掃除はもちろん会社周辺の掃除にも精を出した。会社が休みの土日は、自宅の近隣の道路掃除からはじまり、最寄り駅（東急東横線の反町《たんまち》駅）や公園（反町公園）まで掃除の範囲を広げていった。

また本社工場の敷地は八百坪近くあるのだが、東日本大震災の影響で業績不振になったとき、経理に家賃の値下げ交渉をお願いしたところ、大家さん曰く、「朝、毎日のように通って見ていました。こんなに掃除を熱心にする会社なら、中もきれいに使ってくれているはず。厳しいときは「お互い様」と、快く値下げに応じてくれた。これで年間約五百万円の固定費削減になったという。

さらにおまけもあった。大家さんが敷地の裏の崖《がけ》をコンクリートで固めてくれたことにより、四十二坪の余剰スペースが生まれた。そこに新たに湘南営業所を新設し、本社の人員でやりくりすることで、賃料も人件費も節約できたのである。

鍵山相談役との出逢い

二〇〇八年に「タニサケ塾」に参加した中村理事長は、松岡会長から鍵山相談役を紹介される。最初の出逢いは「日本を美しくする会」が主催する「鍵山塾」だった。「鍵山塾」とは掃除の実習と鍵山相談役やゲスト講師による講演を通して、ビジネスや生き方のヒントを得る啓発セミナーであり、年に二回、一泊二日の日程で行なわれる。二日目の早朝は新宿歌舞伎町周辺の街頭清掃で、全国から集まってきた有志と一緒に汗を流す。「鍵山塾」は二〇一六年六月まで十三回開催されたが、中村理事長はそのうち七回も参加した優等生だ。

「鍵山相談役は、『鍵山塾』で同じ話を一度もされませんでした。毎回、違う話をされるのです。ふつうの経営者ですと、講演で話すのはだいたい同じような内容になってしまいます。しかし、鍵山相談役は話の引き出しをたくさん持っておられ、かつ含蓄のある内容なので、心の奥底

2013年３月の「鍵山塾」にて（中央が鍵山相談役、その左後ろが中村理事長）

に残るのです。それに、実践力のすばらしさ。これほど言行一致の人はいないと感動しました。また、ゲスト講師の話もすばらしく、さすがに鍵山相談役が講師に推薦される方はレベルが違うなあと思いました」

自身も「鍵山掃除道」の虜《とりこ》になった中村理事長は、新宿の街頭清掃をはじめ、羽田街道おもてなし清掃（東京オリンピック・パラリンピックに訪れる海外からのお客様をきれいな日本へお迎えしたいという思いで始まった活動）や、「大和掃除に学ぶ会」の厚木基地周辺清掃などにも参加、志を同じくする経営者たちと知己を得る。その一人が、シンコーの新納政光社長だ。

「シンコーの新納社長とは仕事場や自宅が近いこともあり、懇意にさせていただいています。二週間に一回、早朝の二時間、新納社長と二人で洲崎《すざき》神社（横浜市神奈川区）の掃除もしています」

そんな中村理事長が、ニッセイの社長を務めながら、社会福祉法人の理事長を兼務することになったのは、姉きく子さんの死と関係がある。

きく子さんは高級輸入車の販売会社で経理部長を勤めるかたわら、何社もの経理業務を請け負っていたことは前述した。そのころ、子どもを保育園に預けながら働いていたのだが、その保育園が不祥事を起こして閉園になってしまう。そこで、きく子さんは、ならば自分で保育園をつくってしまえと、蓄えてきた資金で保育園をつくってしまったのだ。

最初は無認可の保育園からスタートしたが、二〇〇六年には横浜市認可の「いずみ青葉台保育園」をオープン。その後、「いずみ反町保育園」「いずみ東白楽保育園」「いずみ松本町保育園」「いずみ反町公園保育園」を次々とオープン、待機児童数の増加に悩む横浜市にとって救世主的な役割を担ってきたのである。

ところが、二〇一七年、きく子さんが末期の大腸がんに侵《おか》されていることが判明する。きく子さんは同年十月十九日に亡くなるのだが、その一カ月半前の理事会で、中村理事長を後任に指名し、理事会の了承を得ていたのだ。

「最寄りの駅まで掃除を広げたころ、私の自宅といずみ反町保育園が近いことから、姉から保育園の周りの道路も掃除してほしいと頼まれたので、掃除をはじめました。しばらくすると、保育士たちのあいだで『変なおじさんがいる』と噂になったそうで、姉が『私の弟だから安心して』

と説明したというのです。ところが、噂は駅前の商店街にも広がっていたようで、『この近くを掃除している、変なおじさんが新しい理事長になったらしい』と話題になっていたというのです（笑）」

「5S」がもたらした一体感と協調性

理事長になって最初に驚いたのは、挨拶の多いことだった。保育園の年間行事は、入園式にはじまり、遠足、七夕会、鑑賞会、祖父母参観、運動会、クリスマス、お餅つき、豆まき、卒園式と、毎月のようにある。理事長としてそれらの行事になるべく顔を出すとともに、挨拶もしなければならない。しかも、五つの保育園をまんべんなく回らなければならない。

「私は口下手なので、挨拶だけはまいったなあと思いましたが、姉が手塩にかけて育てた保育園ですので、できるかぎり対応しています。しかし、施設の掃除や改修など、細かいところまでは目が届かないのが現状です。五つの保育園で働いている職員はパートも含めると百七十人に及びます。預かっている園児は四百人以上になります。職員は子どもたちのお世話で精一杯なのですが、さらに魅力的な保育園にしたいと考え、『SJクラブ』に入ることを決めました」

私が中村理事長と初めてお逢いしたのは、二〇一二年のことである。その後、「横浜求根塾」に入会、「大和掃除に学ぶ会」や「SJクラブ」の合同研修会にも参加くださった。

ただ、中村理事長から相談を受けたとき、正直戸惑ったのも事実である。いままで私が担当してきたのは企業の「5S」であり、その効果は売上や利益といった数字に表れることが多いので、社長も社員も取り組みやすかった。ところが、保育園は企業と違い、営利組織ではない。いったい「SJクラブ」でどんなお手伝いができるのか、最初は見当がつかなかったのである。

「亀井社長にまずお願いしたのは、いずみ青葉台保育園でした。ここだけ他の保育園と距離が離れていること。ただし、亀井社長の事務所からは近いし、最初にできた保育園なので、課題も多いのではないかと思ったからです」

私も知らなかったのだが、保育園が開いている時間は朝の七時から夜の八時までと長い。その間、保育士が一息つける時間は、子どもたちが昼寝をする二時間ほどしかない。その時間に保育士が交代で昼食や休憩を取るのだ。その貴重な時間を「5S」活動に割《さ》いてもらうのは申し訳ないと思った。

そのため、職員の皆さんの負担にならないよう、場所や時間を限って、少しずつ進めることにした。散歩に使う乳母車を磨いたり、寄贈された傘立てをきれいにしたり、玄関周りを掃除したり、といったことから始めたのだ。

同時に、掃除の基本である掃除道具置き場を設置した。その結果、気づいたときにさっと掃除する行動力が生まれた。

限られた休み時間の中で開催する「5S」だが、先生方の取り組みは前向きで、とくに掃除研

公園のグレイチングの泥上げ作業に汗を流す先生たち(上)。
掃除後、危険物が落ちていないか、徹底して探す(下)

修をするようなとき、イキイキと取り組んでくれている。それは感想文にも表れている。

「きれいにしながら、つい夢中になった。汚れたところがきれいになると気持ちがいい」

「きれいにしながら、子どもたちの喜ぶ顔が目に浮かびました」

「自分が父兄の立場に立って考えるとき、きれいにしてあると安心すると思いました」

「自分たちにできるサービスは、きれいな保育園にすることだと思います」

それもこれも、中村理事長の率先垂範から「園をきれいにする」という覚悟を感じているからだと思う。中村理事長みずから掃除と取り組んでいるため、つい周囲も引き込まれている。やはりリーダーの思いに比例して、周囲は動くようになるのだ。

きれいにしているのは園だけではない。運動会に使用させていただいている近くの公園も、定期的に掃除と草取りをしている。圧巻は、積もり積もったグレイチングの土砂の除去。力作業だが、臆することなく取り組んでいるその一所懸命さに感動を覚える。

さらに最後は、「5S」研修参加者が運動場に横一列に並び、地面を見ながら端から端まで、石や金物やガラスの破片が落ちていないか点検する徹底さ。

専門的な資格を持っている保育士さんにとって、必ずしも自分の仕事ではない掃除をみんなでする。そうすることによって、園としての一体感と協調性が生まれたように思う。

「まだ『SJクラブ』に入ってわずかなのですが、いろいろなかたちで効果が現れてきています。たとえば、いずみ青葉台保育園の園庭は砂でしたが、ケガをした子どもがいたので、ゴムチップに替えたところ、保護者から喜ばれました。また、以前は保護者からのクレーム対応に時間がかかっていたのですが、最近はすぐに改善されているらしく、保護者も驚いていると聞きます。職員間のコミュニケーションもよくなってきたように思います」

現在、中村理事長は、週のうち三日を社会福祉法人いずみ、二日をニッセイに通う生活を送っている。保育園で小さな子どもたちと接するうちに、百年先の未来を考えるようになったという。

「二宮尊徳翁は、『遠くをはかる者は富み、近くをはかる者は貧す。それ遠くをはかる者は百年のために杉苗を植《う》う。まして春まきて秋実る物においてをや。ゆえに富有なり』と説いています。私も清潔にして百年先でも平和で子どもたちの笑顔あふれる日本をつくりたい。そのためには、掃除で少しでも社会の荒みをなくすこと。私にできることをひたすら続けるだけです」

第十七章　植木鋼材の取り組み

鐵の「デパート」&「商品開発工場」

栃木県のJR宇都宮駅から車で十分ほどの距離に植木鋼材㈱の本社がある。千七百坪の広大な敷地に大きな倉庫や工場を有し、あらゆる鉄鋼を販売する「鐵《てつ》のデパート」として、多くの顧客に信頼されてきた。

創業は一九六二年七月。現社長の植木揚子さんの父・政行さん（現会長）が二十六歳のとき、わずか十六坪の事務所兼倉庫を実家の庭先に建てたのが始まりである。

政行会長は一九三六年三月二十六日生まれの八十五歳。県立宇都宮商業高校卒業後、日本橋の鉄鋼問屋に就職、住み込みの寮生活を送りながら独立資金を蓄え、八年半後、トラック一台に鉄材を仕入れて宇都宮に戻ってきた。

折からの建築ブームの波にも乗り、事業が徐々に拡大するにつれ、少しずつ土地を買い足し

植木政行会長と揚子社長

て、社員三十人を雇うまでの企業に成長した。その陰には、妻の悦子さん（現専務）の献身的努力があったことは間違いない。

「妻は真言宗のお寺の娘で、会社勤めの経験などありませんでした。ところが、数字に明るく、伝票のチェックから在庫の管理まで、裏方の仕事はすべて妻に任せきりでした。私も真言宗ですので、まさに同行《どうぎよう》二人《ににん》で会社を切り盛りしてきた。妻には感謝の言葉しかありません」（政行会長）

植木鋼材の強みは、自社で大型トラックを保有し、専属ドライバーもいるため、注文から納品までの時間的ロスがないこと。たとえば、朝十時までに注文を受ければ、当日の十六時までには納品してしまうという。また、○・三ミリの薄板から三十六ミリの厚板まで、顧客の注文に応じて切断や折り曲げといった一次加工が可能な設備を有しているので、顧客の生産性向上や工期の短縮に寄与できること。

さらに、オーダー加工によるオリジナル商品をつくる技術もあり、「鐵の商品開発工場」としてのサービスも提供できるのである。

創業五十周年にあたる二〇一二年、植木家の長女である揚子さんが代表取締役に就任、以来九年が経つが、「いまだに父や母に支えられており、修行中の身です」と、謙虚な姿勢を崩さない。

そんな植木鋼材が「SJクラブ」に加入したいきさつについてだが、まずは政行会長と鍵山相談役の出逢いから紹介したい。

鍵山相談役との出逢い

もともと政行会長は、幼少期から家の手伝いなどしてきたので掃除が習慣化されていた。また創業以来、一貫して少量多種の在庫を備えることで、「一枚」「一個」「一本」からという小口対応によって顧客の信頼を得てきた。そのため、倉庫の整理整頓は常に怠らなかった。

「浦安に大きな鉄鋼団地があり、そこから鉄鋼を仕入れるのですが、運んできたトラックから倉庫の棚に種類別、大きさ別に移す作業がたいへんなんです。一瞬たりとて気が抜けない。『5S』を徹底していないと事故にもつながります」（政行会長）

栃木県宇都宮市の植木鋼材本社（上）と倉庫（下）

自前のトラックであっという間に納品してしまうのが強み

ところが、三十二歳のとき、現場での解体作業中に鉄板の下敷きになり、恥骨《ちこつ》を骨折、長期の入院とリハビリを余儀なくされる。一年後、ようやく仕事に復帰できたとき、いままでの生き方を反省する。

「独立以来、とにかく仕事一筋で、会社のこと、商売のことしか頭にありませんでした。でも、それではダメだと。幸い、事故の後遺症もなかった。この世に生かされているんだという気持ちが強くなり、社会のために何かできないかと考えました」（政行会長）

そこで、公共の場を掃除しようと、JR宇都宮駅前のロータリーの掃除を始めたのである。

「いちばん人通りの少ない日曜日の早朝なら、掃除をしても迷惑をかけないだろうと始めました。すると、通りかかった知人が怪訝《けげん》そうな顔をして、『何をやっているんだ?』と聞いてくる。このとき、いいことをするには勇気がいると初めてわかりました。最初は恥ずかしかったけれど、そのうち掃除が楽しくなり、周りの目など気にならなくなりました」

それからコツコツ、たった一人で宇都宮駅の掃除を続けてきた政行会長に大きな転機が訪れたのは、一九九七年のこと。ある経営者の勉強会で懇意にしていた方から、「茨城掃除に学ぶ会」という組織ができて、みんなで掃除をするらしいから、参加してみてはという話が舞い込んだという。興味を持った政行会長は参加を決意、会場となったつくば市立谷田部中学校でトイレ掃除に熱中した。このとき初めて鍵山相談役と出逢ったという。

「当時の鍵山相談役はまだバリバリの現役で、なにごとも率先垂範で動かれる姿を見て感動しました」（政行会長）

その後、すぐにイエローハットの掃除研修にも参加、「鍵山掃除道」の虜になった。

「栃木掃除に学ぶ会」を立ち上げる

茨城の掃除ではヘイコーパックの鈴木健夫社長とも面識を持った。同じ栃木県、しかも宇都宮が近いということで意気投合、自分たちで「栃木掃除に学ぶ会」を立ち上げようという話になった。代表世話人は政行会長が務め、事務局はヘイコーパックが担うという二人三脚の体制でスタートすることになった。

第一回「栃木掃除に学ぶ会」は一九九七年八月に開催された。会場は、宇都宮市立横川中学校。当時、政行会長は同校のPTA副会長を務めていたので、トイレ掃除の実習をさせてほしいと頼みやすかったという。掃除道具はすべてイエローハットが貸してくれた。このとき政行会長は、「いつまでも鍵山相談役に甘えていてはいけない。いずれは自前で揃えたい」と強く願ったという。

九七年十月からは、それまで政行会長が一人でやっていた宇都宮駅前清掃を「栃木掃除に学ぶ会」の活動に加えた。毎月第一日曜日の朝六時から七時まで（六月から九月までは三十分ずつ前倒し）、「県都・宇都宮の玄関口をきれいにして市外からの来訪者をお迎えしよう」を合言葉に、毎回百名ほどの参加者が汗を流している。

ただし、団体として掃除を始めるにあたっては、政行会長が事前に各所を回って理解と協力を得ている。

「JRの駅長さんには大人数で掃除をする許可と、掃除道具を洗うため水道を使う許可をいただいた。タクシー組合には、タクシーの待機場所の一部を参加者の駐車場としてお借りする許可をいただいた。駐車場を管理する会社には、車で来る参加者に無料の駐車券をサービスしてほしいと交渉し、快諾いただいた。そんな皆さんの理解があってはじめて掃除が存分にできるのです」（政行会長）

毎月、宇都宮駅前の街頭清掃に参加する揚子社長

宇都宮駅前街頭清掃が始まって二十四年、これまでの参加人数は延べ一万五千人以上、二〇二二年十月には三百回に到達する見込みである。まさに鍵山相談役がおっしゃる「箸《はし》よく盥水《かんすい》を回す」（盥《たらい》にいっぱいに汲んだ水を、たった一本の箸でも、あきらめずに回し続けていると、やがては盥の水全体がすーっと回り始める。たとえ自分の力が小さくても、努力し続ければ、やがて大きなものを動かしていく力になるという教え）を実践しているといえよう。

「栃木掃除に学ぶ会」の発足一年後の年次大会は、作新学院で開催したいと考えた。作新学院は幼稚園から大学まである栃木県を代表する私立の学校法人だ。ところが、当時はオウム真理教が引き起こした事件（一九九五年の地下鉄サリン事件など）の影響で、宗教団体に対するアレルギーがあり、掃除に学ぶ会も宗教団体ではないかと誤解される羽目になったという。ちなみに、それから五年後、作新学院の理事長より年次大会の会場で使ってほしいとのオファーがきたそうだ。

また、一九九九年に日光の社寺が世界遺産に登録されたのを機に、四年に一回、年次大会を日光で開催し、日光の山内にあるトイレ二十五カ所や参道を掃除してきた。昨年はコロナで中止を余儀なくされたが、毎回全国から百人以上が参集する大イベントでもある。

政行会長は「栃木掃除に学ぶ会」の発足とともに代表世話人を務めてきたが、八十歳のとき、若手経営者の原田孝之さん（小澤製粉販売㈱代表取締役）にバトンタッチ、掃除は揚子社長に引き継いだ。

社長になって初めて気苦労の多さに悩む

さて、揚子社長は一九六四年生まれの五十六歳。三姉妹の長女として生まれたが、会社を継ぐ気などさらさらなかったという。両親も、三姉妹の誰かが婿《むこ》をもらって、婿が会社を引き継いでくれたらいいというくらいの思いだった。

もともと揚子社長は学校の先生になりたかった。その夢はかなわなかったが、幼稚園の教諭の免許は取れたので、幼稚園に勤務。しかし、幼稚園の教育方針が合わず、退職。その後、結婚して家を出るが、ほどなくして離婚、幼い長男を連れて実家に戻ることに。それから植木鋼材の社員として主に母の仕事を手伝うようになる。

三十六歳のとき、植木職人だったいまのご主人と再婚、一男一女をもうける。ご主人は職人をやめ植木鋼材の社員になってくれた。

二〇〇九年、ご主人が二代目社長に就任。当時は前年九月に起きたリーマンショックにより世界中が金融危機に襲われ、日本経済も青息吐息の状態だった。とくに建設需要が激減したため、植木鋼材も苦境に立たされていた。そこでご主人は、鉄の事業に特化していては未来がないと考え、経営の多角化を模索する。介護事業や農業など、将来性のある事業へ参入し、経営の安定化を図ろうと考えたのだ。義父から預かった会社を永続させるのが自分の使命と覚悟を決めたうえでの判断だった。

2016年８月、新宿の街頭清掃で
鍵山相談役（右）と

しかし、鉄にこだわって事業を深化させてきた政行会長や悦子専務にとって、経営の多角化は創業の精神とは相容れなかった。加えて、ドルショック（一九七一年）やオイルショック（一九七三年）をはじめ幾多の経済危機を乗り越えてきた政行会長は、リーマンショックも一過性のものであり、日本経済は必ず再生すると信じていた。そのとき、お客様が求める商品をきちんと供給するのが植木鋼材の使命であると心に誓っていたのである。

当時、揚子社長は常務取締役として、両親とご主人の経営方針の食い違いに頭を痛めていた。そこで、いま一度、父が何のために会社を創業したのかを考えてみた。

「当時の経営理念は、『お客様と共に学び、お客様と共に栄える』で、常にお客様を軸に会社経営をしてきました。その原点に返るときではないかとの思いが強くなり、私が社長を引き継ぐ決心をしました」

二〇一二年、奇《く》しくも創業五十年の節目に、揚子さんが三代目社長に就任。ご主人も揚子さんなら経営を任せられると会社を後にした。

しかし、ほんとうの苦難はここからはじまった。創業者の娘とはいえ、揚子社長はまだ四十四歳。社内からは、「社長が務まるのか」という無言の圧力と「お手並み拝見」という疎外感を感じたという。

「社長になってはじめて、社長ってなんと気苦労の多い立場なんだと知り、主人がいかに大変だったかが身に染みて理解できました。いちばんの気苦労は、やはり人の問題でした。私の思いが伝わらないもどかしさとか、社員同士のコミュニケーション不足とか、会社が一つの心でまとまっていないのです。常務のころはそんなことは気にも留めなかったのですが、社長になった以上、その責任は私にあるという重みが身体にのしかかりました」

「ヘイコーパックさんのような会社にしたい」

そんな揚子社長にとっての救いが掃除だった。もともと政行会長が「栃木掃除に学ぶ会」の代表世話人を務めていたこともあり、揚子社長も毎月行なわれる宇都宮駅前の街頭清掃のほか、山形、伊東、鹿児島などの掃除に学ぶ会にも参加して、「鍵山掃除道」を実践していた。

やがて、掃除仲間であるヘイコーパックの鈴木健夫社長から、「鍵山掃除道」と「5S」をミックスした「SJクラブ」の存在を知る。それまで、揚子社長は、ヘイコーパックを訪れるたびに感心していたという。

「ヘイコーパックさんは、工場内はもちろん、近隣の掃除も徹底して行なっています。また障がい者を多数雇用されていることもすばらしい。それで、ヘイコーパックさんのような穏やかな社風の会社をつくりたいというのが目標になったのです」

植木鋼材は毎朝十五分の社内清掃を行なっている。揚子社長もトイレ掃除、窓ふきなどを続けてきた。また、三年前から加工機の掃除も始めた。「SJクラブ」でヘイコーパックの研修に参加したときに、機械周りがとてもきれいだったからである。

「ひるがえって弊社はどうかと気になりました。そこで点検したところ、二代目を継いだ前社長が導入したツイスター機の粉塵《ふんじん》が大量のココア状態になっていました。弊社の売上の二割は自社

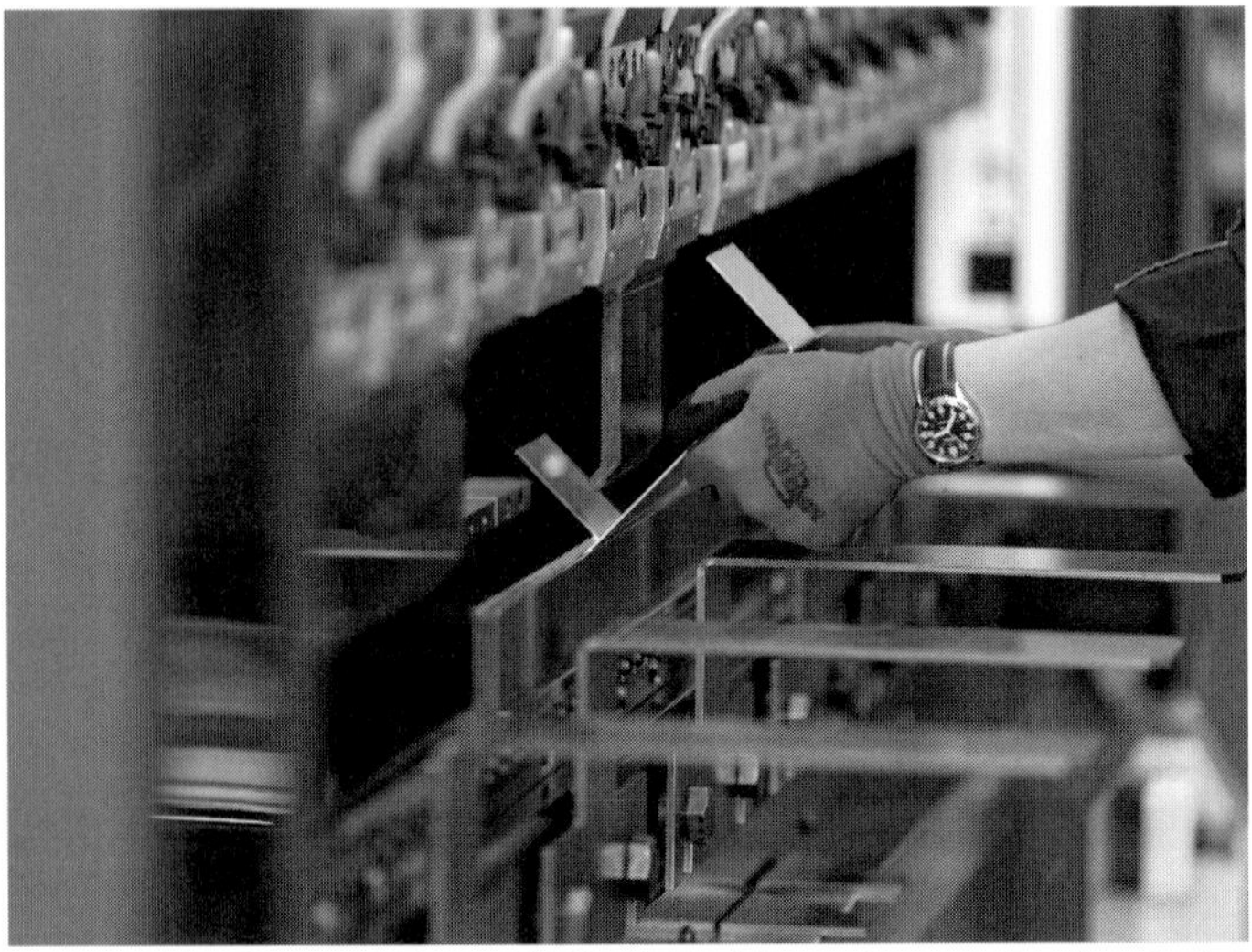

売上の２割を占める自社加工の機械の掃除が疎かになっていたことに気づく

加工です。これではいい製品をお客様にお届けできないし、大事故につながる可能性もあると思いました。そこで機械周りの掃除をすると、加工の仕事に愛着がわき、さらに売上を伸ばそうという意欲が湧いてきました」

揚子社長は、ツイスターの掃除は社員に任せ、翌年はレーザー加工機の掃除に取り掛かり、次はバンドソーの機械の掃除と、毎年社員にバトンタッチをしては次の機械の掃除を続けている。

「掃除を通して、道具を大切に取り扱うことは、人を大切に思うことと同じであると実感しました」

四年の助走期間を経て「ＳＪクラブ」に参加

しかし、いきなり「ＳＪクラブ」に入会する自信はなかった。社員がついてきてくれる自信が揚子社長になかったからである。それは、揚子社長が「ＳＪクラブ」にオブザーバーとして参加するたびに感じたという。

「『ＳＪクラブ』に参加している企業の社員さんたちを見るたびに、すごいなあと溜め息をついていました。仕事でもないのに、嬉々《きき》として掃除に取り組んでいる姿がまぶしかったのです。一方、父から始まって二十年以上続いている宇都宮駅前の街頭清掃に参加してくれる社員は、いまだに二人だけ。掃除の翌日、月曜日の朝礼で、私の『掃除、楽しかったよ』とか、『来月は来てくれる人いるかな』といった発言が強制しているように聞こえたのかもしれません。そんな気はまったくなく、掃除で汗を流す気持ちよさを味わってほしいだけなのですが、なかなか伝わらないですね」

そこで、揚子社長は「ＳＪクラブ」に入る前の準備期間を設けた。二〇一七年より「５Ｓ」の専門家に依頼し、四年をかけて「定位置化」と「表示化」を習慣化することに成功したのだ。これで基礎はできたと判断、二〇二一年、正式に「ＳＪクラブ」に加入した。

私が植木鋼材さんを初めて訪れたのは、二〇二一年三月。ゴミ一つ落ちていない敷地と整理整頓された倉庫や工場を見て、「5S」がしっかりと根付いていることを実感した。ただ、「SJクラブ」で重要な「挨拶」や「朝礼」は、まだまだ声が小さかった。

第一回の「SJクラブ」は二〇二一年四月に実施、「5S」委員会から七名、新人二名、揚子社長の計十名が参加した。掃除場所は会社の出入り口周辺。門扉《もんぴ》を中心に、自動販売機の回収箱なども対象とした。

「会の進め方も運営も5Sの委員長や委員たちで決めてほしいと考えていました。それで、一回目は門扉周り、二回目は外階段を掃除場所に決めたそうです。日頃使わないところなのですが、塗装をしてピカピカにしたい場所でした。掃除をした結果、トイレの窓が開いていて水が入ってしまったというアクシデントが発生しました。剥離《はくり》剤を使うにも、厚手の手袋を準備せず、手がしわしわになったりしました。道具も環境も準備不足だと反省したのですが、改めて自分たちの手で会を運営していく責任感が芽生えたようです」

揚子社長が「SJクラブ」に参加した目的の一つに、「おもてなしの感動」がある。温かいおもてなしの心に触れ、植木鋼材もそのような感動を与える仕事をしたいと考えたからである。

実際、自販機周りの掃除については、当初、「それは会社の所有物ではない」「仕事に関係のない場所ではないか」といった声も聞かれたらしいが、いざ取り組んでみると、気づきがたくさんあったという。それは感想文を見ても明らかだ。

「ペットボトルや空き缶を処理してくれる業者の方の大変さがわかった。これからは、汚さないように使う、少しでも汚れたらこまめに掃除をするなど、次に使う人のことを考えたり、相手を思いやって行動することが重要だと思いました」

「社長がよくいわれる『次の人のための行動』の大切さを空き缶のゴミ箱の掃除で実感しました」

このように、参加者の気持ちが掃除のビフォーとアフターで大きく変わったことを知った揚子社長は、改めて「５Ｓ」の効果を実感したという。

トラックを徹底的に掃除することで事故撲滅へ

「ただ、亀井社長には率直なご指摘をいただいた。それは、『たしかにきれいに掃除ができているけど、感動するレベルではない』というものでした。私の課題は、まさにそこでした。そこそこ経営で終わっていたのです」
そこで揚子社長は、第三回の開催に向けて、５Ｓ委員会のメンバーに「次の会は亀井社長を感動させよう。挨拶の練習を徹底しよう」と提案したそうだ。見えないところで努力をすることが感動をつくるということをわずかな期間で気づくことができたのは立派である。
第三回の「ＳＪクラブ」は自社のトラックの掃除とした。鍵山グループ分けを行ない、仲間の車を徹底的に洗車した。

相談役が、休日になると一家総出でイエローハットの営業車をピカピカに掃除して、社員の事故が激減した話は有名である。揚子社長も、車を掃除することで事故を減らすことができ、尊重される会社にもなることを社員に実感してほしいという。実際、「洗車を自分自身で行なった車を運転することで、きれいなものを傷つけたくないといった精神的に事故を未然に防ぎたくなる気持ちになれる」と社員自身が感想を述べてくれた。

掃除終了後、次回の掃除場所、道具の確認を行なった。事前に行なう準備にも気配りができてきた。委員長を支えようとメンバーが自分たちで動き出したのだ。

揚子社長の目標は、シンク周りの水をふき取ることができる社風をつくることだという。

シンク内の水をきれいにふき取ると心が穏やかになり、次の人のために気持ちよく使ってもらう環境づくりを一人ひとりが実行していくとよい人間関係、よい製品づくりができると願っている。

「毎週土曜日の朝、わずか十五分ですが、会社の周辺清掃を社員全員で始めました。最初はなんで仕事以外のことをさせられるのかという不満も聞こえてきましたが、いまは場所を決めて計画的にやってくれるようになりました。先日は道路わきの草が伸び放題で交通にも支障を与えかねない状態でしたので、そこを集中してやってほしいと頼んだところ、みんな黙々と草取りをしてくれました。終わったあと、『はじめから場所がわかっていたら草刈り機を用意しましたよ』といってくれる社員がいて、うれしかったです」

近隣の掃除をはじめたことで、お礼の言葉をかけてくれる住民やジュースを持ってきてくれる住民もいて、社員たちもやりがいを感じるようになったという。また、植木鋼材に刺激を受けてか、自分の敷地前の道路を掃除する会社もちらほら現れるようになったというから驚きだ。こんな小さな動きが、やがて社会の荒みを減らす大きな力となるのである。

創立六十周年を感謝しての恩返し

社長に就任して九年、掃除の仕方も変わったと揚子社長。

「私自身、昔は草取りをするにしても、『人間ブルドーザー』といわれたくらい、短時間で一気に抜き取るような掃除の仕方でした。しかし、社長になって気づいたのは、早さより丁寧さだということです。丁寧に、丁寧に、草取りをすることで、心も落ち着くし、見えなかったものが見えてきます。社員に接する気持ちも同じだと思いました」

草取りに関しては、政行会長も鍵山相談役に教えられたという。

「鍵山相談役はけっして先を急がない。今日はここまでと最初から目標も決めない。ただひたすら目の前の雑草を丁寧に抜くだけなんです。しかも、抜いた後、根元をきちんと揃えて置く。結果的に片付けるときに楽なんですね。これにはまいったと思いました」

揚子社長は社長に就任してすぐ、ＣＳＲ（企業の社会的責任）に力を入れる必要があると考えた。そこで始めたのが「感謝祭」である。毎年十月、取引先（仕入れ先、顧客・仲間筋）および地域住民や社員とその家族らを招き、屋台や出店のほか餅つきやゲームなどの催しを行なうとともに、鋼材を手頃な価格で販売する「鋼材マーケット」も開催。毎年百人以上が集うイベントとして好評を得ている。

揚子社長が大切にしているのが、社員と家族の誕生日である。

「社員の誕生日を祝うのは当然ですが、奥さんやご主人の誕生日もお祝いしたいのです。家族の協力なくして仕事に集中できませんからね。以前は、誕生日の人の前でハッピーバースデーを歌ってからお花やケーキを渡していたのですが、歌は恥ずかしいからやめてくれといわれて(笑)、歌うのはやめました。最近は食事券を渡して、家族でおいしいものを食べてねといっています」

二〇二〇年、揚子社長は経営理念を変えた。それが「つなぐ」である。「私たちは『鐵』を通して、一つ、人と社会をつなぎます。一つ、人と未来をつなぎます。一つ、人の心と心をつなぎます」。

「自分が代表になり、会社を継ぐ気持ちはあっても、一人では何もできないことに気づきました。父からつないでいただいたお客様、共に働く仲間たち。社員の仕事が連携できて初めて一つの商品がお客様のもとに届くのです。共に働く仲間に感謝、そして送り出してくれるご家族にも感謝。社員さんとよい人間関係ができてこそ、お客様に喜んでいただける仕事ができるのだと強

倉庫もきれいに整理整頓

く感じています」

植木鋼材は、栃木県が制定した「とちぎの子ども育成憲章」の趣旨に賛同し、憲章を踏まえた社会貢献活動の実施を宣言する「とちぎの元気な子ども育て隊」にも参画している。

社内的にも働き方改革を進めており、社員の「仕事と家庭の両立」や「女性の活躍躍進」に取り組む企業として、栃木県が募集した「いい仕事いい家庭つぎつぎとちぎ宣言」「とちぎ女性活躍応援団」の双方に登録されている。ＳＤＧｓにも登録し、次世代への取り組みにも積極的である。

そんな植木鋼材もコロナの影響は免れられず、業績は前年比二割のダウンと厳しい経営が続いている。だからこそ地域や社員を元気にしたいと考えたのが政行会長だ。

事務所前に立つ二宮尊徳の石像

創立60周年につくった清酒と焼酎

「創立六十周年を迎えるにあたり、コロナの前は大々的な創業式典を挙行しようと考えていましたが、そんな状況ではない。そこで、いままでお世話になった恩返しに、行政や病院には車椅子を、お客様には地酒と焼酎などのセットを、社員には永年勤続表彰を贈ろうと考えました」

　その数や半端ではない。車椅子は、栃木県と宇都宮市に各五十台、済生会病院や老人ホーム等に十〜二十台、合計二百十台（費用は千二百六十万円）というから驚きだ。また、地酒六百本、焼酎二百本、カステラ百五十本を特注でつくってもらい、お客様に配布するという。さらに、永年勤続表彰は、一年当たり三万円を支給する。つまり、勤続十年なら三十万円、勤続三十年なら九十万円という大盤振る舞いだ。政行会長曰く、「あの世に金

鎌田建設の「凡事徹底」の碑の前に立つ政行会長（2004年10月）

は持っていけないから、皆さんに喜んでもらえる使い方がしたい」。

じつは政行会長の祖父が社会奉仕に熱心で、幼いころから慈善事業にお金を使う姿を見てきたという。政行会長の菩提寺が建て替えられる話を聞いたときも、建築に使う鉄筋のすべて（三十八トン）や五色幕を寄付している。今回は住職に新しい袈裟《けさ》を奉納する予定だという。

また、各地の掃除に学ぶ会にも手作りの湯沸かし器を寄贈している。

「真冬の掃除でつらいのは、掃除道具の後片付けのとき、冷たい水で洗うことです。駅前など掃除の現場でお湯を沸かすのは難しいからです。そこで、二十リットルの水を二分で沸かせる湯沸かし器をつくり、お贈りしたところ、たいへん喜ばれました」

植木鋼材の本社前には、政行会長の六十年の歩みを刻んだ見事な銅像が建っている。また創立四十周年を記念して建てられた二宮尊徳の石像もある。そのプレートには「積小《せきしょう》為大《いだい》」の文字が刻まれている。小さなことの積み重ねが大きな成果につながるという意で、まさに鍵山相談役の生き方そのものである。

〈著者紹介〉

亀井民治（かめい　たみはる）

昭和21年、鹿児島県生まれ。㈱システムジャパン代表取締役社長。

経営コンサルティング、講演活動に従事。アイウィル「経営者コース」総合指導顧問、「統率力コース」専任講師。薩摩大使。

著書に『エピソードで綴る 鍵山秀三郎の流儀』『エピソードで綴る 鍵山秀三郎の美学』（以上、ＰＨＰ研究所）、『西郷隆盛に学ぶ指導者像』（不尽叢書刊行会）、『実践経営指南録』（三五館）。

編著書に『鍵山秀三郎「一日一話」』『掃除道』『ひとつ拾えば、ひとつだけきれいになる』『人間を磨く言葉』『困ったことばかりでも、何かひとつはよいことがある。』『写真で学ぶ「掃除道」』『マンガでわかる！鍵山秀三郎「掃除道」』『人生の作法』『仕事の作法』『ムダな努力はない』『やっておいてよかった』『困難にも感謝する』『凡事徹底「一日一話」』『ハガキ道』（以上、ＰＨＰ研究所）などがある。

企画編集に、日めくりカレンダー・鍵山秀三郎『凡事徹底』『ひとつ拾えばひとつだけきれいになる』、ＣＤ『鍵山秀三郎　感動の講話集』『生きる勇気になった私の出逢い』（以上、ＰＨＰ研究所）、ＤＶＤ『鍵山秀三郎「掃除心得と生活作法」①②』（システムジャパン）などがある。

「鍵山掃除道」の実践録
「ＳＪクラブ」と「求根塾」の取り組み

2021年10月５日　第１版第１刷発行

著　者　亀井民治
発行者　村上雅基
発行所　株式会社ＰＨＰ研究所
京都本部 〒601-8411 京都市南区西九条北ノ内町11
マネジメント出版部 ☎075-681-4437(編集)
東京本部 〒135-8137 江東区豊洲5-6-52
普及部 ☎03-3520-9630(販売)
PHP INTERFACE https://www.php.co.jp/

制作協力
組　版　株式会社PHPエディターズ・グループ
印刷所　図書印刷株式会社
製本所　株式会社大進堂

 ISBN978-4-569-85028-3

PHP文庫

掃除道

会社が変わる・学校が変わる・社会が変わる

鍵山秀三郎 著／亀井民治 編

掃除を毎日するだけで、赤字企業が黒字になり、荒廃した学校が甦り、犯罪も減少した！「掃除の神様」が語る、驚くべき掃除の力とは？

PHPの本

ひとつ拾えば、ひとつだけきれいになる

心を洗い、心を磨く生き方

鍵山秀三郎 著／亀井民治 編

日本を美しくする会の創設者が語る、人生の処し方から、礼儀作法の身につけ方、リーダーの心得まで。人間を磨くために必読の一冊。

定価 本体一、〇〇〇円（税別）